큰 나라 중국, 쩨쩨한 중국인

큰 나라 중국,
쩨쩨한 중국인

2025년 1월 13일 초판 1쇄 인쇄
2025년 1월 20일 초판 1쇄 발행

지은이   김영수
펴낸이   조시현
기 획   정희용
편 집   강진홍
펴낸곳   도서출판 바틀비
주 소   서울시 마포구 동교로8안길 14, 미도맨션 4동 301호
전 화   02-335-5306
팩시밀리 02-3142-2559
출판등록 제2021-000312호

홈페이지 www.bartleby.kr
인스타   @withbartleby
페이스북 www.facebook.com/withbartleby
블로그   blog.naver.com/bartleby_book
이메일   bartleby_book@naver.com

ⓒ 김영수, 2025
ISBN 979-11-91959-38-3 03910

큰 나라 중국,

쩨쩨한 중국인

김영수 지음

바틀비

차례

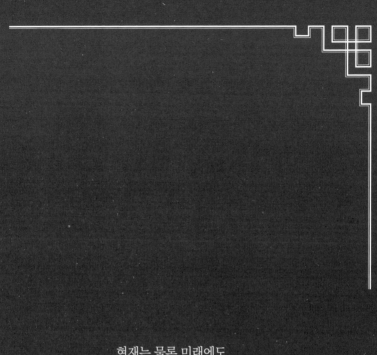

현재는 물론 미래에도
중국은 우리와 뗄 수 없고, 떼어서도 안 되는 나라이다.

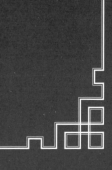

중국을 잘 안다는 착각

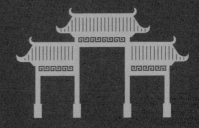

한국과 중국은 지난 수천 년 동안 역사와 문화 방면에서 깊은 관계를 맺었고, 1992년 수교한 이후에는 경제적으로 최대 교역 상대가 되었다. 우리나라에 중국의 존재감은 남다를 수밖에 없다. 남북이 분단된 현실에서 대북 관계, 통일 문제 등에서도 중국의 역할이 매우 중요하기 때문이다. 과거, 현재는 물론 미래에도 중국은 우리와 뗄 수 없고, 떼어서도 안 되는 나라이다. 현실적으로 국익을 위해서라도 잘 지내야 하는 대국이다.

한국과 중국의 역사를 훑어보면 두 나라 모두 거의 함께 전성기를 누린 시기가 있다. 8세기 전후를 시작으로 9세기 중반에 이르는 약 150년 동안이었다. 우리는 신라가 676년 삼국 통일을 이룬 뒤였고, 중국은 당 왕조 때였다. 이 최전성기의 가장 큰 공통점은 두 나라 사이에 전쟁이 없었고, 각자 내부적으로도 전쟁이 거의 없었다는 사실이다. 요컨대 두 나라가 함께 발전할 수 있는 가장 중요한 전제 조건은 전쟁을 포함한 심각한 갈등이 없어야 한다는 것이다. 쉽게 말해, 사이좋게 지내야 한다. 물론 현재의 남북 관계도 획기적으로 개선되어야 한다.

남북 관계가 획기적으로 나아지고, 통일까지는 아니더라도 비교적 자유로운 왕래와 경제 교류가 본격적으로 시작된다면 우리나라와 중국, 우리나라와 러시아의 관계도 변화할 수밖에 없다. 망가진 한·중 관계를 복원하고 경제와 문화 교류가 활기를 띠면 우리 역사상 제2의 국운 융성의 시기를 맞이할 수도 있을 것이다. 그 핵심에 중국이 있다.

우리는 과연 중국과 중국인에 대해 얼마나 알고 있나? 안다면 제대로 알고 있나? 알고 있는 내용은 제대로 된 정보인가? 모르고 있다면 무엇부터 알아야 하는가? 제대로 된 정보가 아니라면 어떻게 해야 하나? 이 책은 이 질문들에 대한 기본적인 답이 될 것이다. 나의 경험에 따르면 심지어 중국 관련 사업을 한다는 기업인들조차 중국과 중국인에 대한 기본적인 인식과 지식의 수준이 놀랄 정도로 낮았다.

중국과 중국 사람을 안다는 것

'사람을 안다'는 것만큼 어렵고 곤혹스러운 문제도 없을 것이다. 한때 유행했던 대중가요의 가사처럼 나 자신도 모르는데 너를 어떻게 알겠는가? 그런데 '안다'의 대상이 다른 나라, 다른 나라 사람이면 그 어려운 정도는 더 커진다.

중국은 우리와 사이가 아주 가까운 나라였다. 수천 년 역사를 통해 시간과 공간을 공유해왔고, 두 차례의 큰 전쟁인 임진왜란과 한국 전쟁을 아군과 적군(?)이 되어 함께 치르기도 했다. 지금은 경제적으로 우리의 명줄을 움켜쥐고 있다고 해도 지나친 말이 아닐 정도로 가까워지고 비중이 커졌다. 그렇지만 그 관계는 온탕과 냉탕을 오간다. 2016년 전후로 불거진 사드 배치 문제로 따뜻한 온천에서 같이 몸을 담그고 있던 두 나라와 두 나라 사람들이 쌀쌀하게 등을 돌리는 형국이 되었다. 그다음 정권 때 간신히 관계가 어느 정도 회복됐지만 지금은 대책 없이 더욱 엉망이 되었다. 심지어 무작정 중국과 중국인을 미워하는 '혐중(嫌中)' 풍조가 전국을 휩쓸고 있다. 우리나라 정부의 외교 실책이 국익은 말할 것 없고 기업인과 국민들에게까지 심각한 악영향을 미치고 있다.

이런 좋지 않은 분위기에서는 좀 더 차분해져야 한다. 그리고 1992년 수교 이후 30년 넘는 동안 두 나라가 맺어온 관계를 되돌아볼 필요가 있다. '목마른 자가 우물을 판다(臨渴掘井)'고, 사실 어떤 나라와 그 나라 사람을 굳이 알아야 할 필요성은 답답한 쪽에 있지 않겠는가? 어쨌거나 상대적으로 답답한 쪽은 우리다.

중국과 중국인을 좀 더 밀도 있게 이해하기 위해서는 '절대 크기'에서 오는 차이를 먼저 인식할 필요가 있다. 이 문제는 수치로 이야기하는 쪽이 한결 효과적일 것이다. 중국의 총면적은 약 960만 제곱킬로미터로 남한의 약 95배나 된다. 우리의 도(道)에 해당하는 성(省) 하나가 보통 우리나라 크기와 맞먹거나 훨씬 크다. 중국에서 가장 큰 성인 신장 웨이우얼(위구르) 자치구(新疆維吾爾自治區)는 면적이 무려 166만 제곱킬로미터에 이른다. 대략 독일, 프랑스, 영국, 스페인을 합한 면적과 맞먹는다. 이런 절대 크기를 인정하지 않으면 이해는커녕 접근조차 쉽지 않다. 이 엄연한 현실이 우리가 중국과 중국인을 이해하는 데 가장 큰 장애물로 작용하는데, 사실 이런 크기를 경험해보지 못했기 때문이다. 이 '크기'의 문제는 이 책 곳곳에서 상세히 다룬다.

현실 사회의 우리는 학교에서든 직장 생활에서든 다양한 지역 출신 사람들과 관계를 맺는다. 관계 맺기의 과정에서 나타나는 상대의 성격은 심리적 특징을 종합적으로 반영한다. 우리는 이를 통해 그 사람의 심리를 파악하고 나와 그 사람의 언행을 조절할 수 있다. 이것이 '관계(關係)'이다. 성격은 가정, 지역, 풍속, 문화적 배경 등 여러 요소의 영향을 받기 마련이다. 따라서 사람과 사람 간의 교류에는 정해진 모델이 있을 수 없지만 상대의 성격과 사고방식, 생활 습관, 문화적 특징을 파악한다면 우리의 삶과 일, 대인 관계를 풀어가는 데 적지 않은 도움이 된다. 생활에서는 계획성을 가지고 진퇴를 자유롭게 선택하고, 비즈니스에서는 상대의 장점을 받아들이고 내 단점을 보완하여 일을 수월하게 처리하여 결과적으로 대인 관계를 잘 풀어가며 좋은 인맥을 쌓을 수 있다. 중국과 중국인을 대하는 일도 이와 다르지 않다.

'한 지방의 물과 흙이 그 지방의 사람을 기른다(一方水土養育一方人)'라는 말이 있듯이 지역에 따라 사람들의 성격도 제각각이다. 중국 사람의 특징을 이해하려면 앞서도 강조했듯이 광활한 땅에서 비롯된 각지의 특성을 먼저 파악해야 한다. 절대 크기에서 오는 다양성과 차이를 인식하지 않고는 중국과 중국 사람 자체를 제대로 이해할 수 없기 때문이다. 그러나 이 넓은 땅에서 수천 년에 걸쳐 형성된 특성을 일일

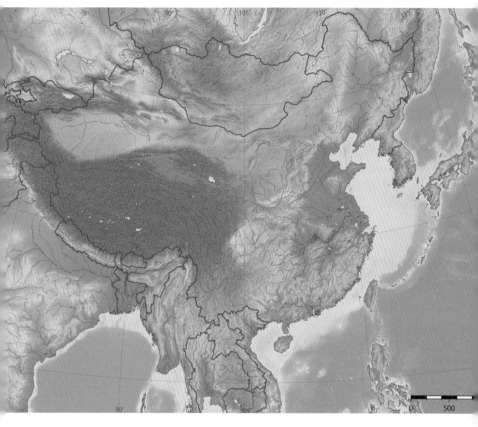

중국 지형도. 중국 알기는 960만 제곱킬로미터에 이르는 크기에 대한 인식으로부터 시작되어야 한다. 절대 크기에서 다양성과 상대성을 발견할 수 있기 때문이다. 중국의 지형은 서쪽이 높고 동쪽이 낮은 '서고동저(西高東低)'이다. 따라서 강들이 모두 서쪽에서 발원하여 동쪽으로 흐른다.

이 파악하기란 불가능에 가깝다. 그나마 창장강(長江, 또는 화이허(淮河))을 경계로 중국을 크게 남북으로 나누어 북쪽 사람과 남쪽 사람의 가장 두드러진 특성을 개괄한 다음 각지의 문화적 특성을 파고들면 조금은 수월하게 각지 사람들과 상인들의 특성을 이해할 수 있다.

중국인들은 대체로 북쪽 사람들을 '중후하고 유머러스하다'고 말하며, 남쪽 사람들은 '재치 있고 여유가 넘친다'고 말한다. 베이징 상인과 거래할 때는 '그들의 유머를 먼저 배워라'라고 하는 이유도 이런 특징을 고려했기 때문이다. 이러한 차이와 특성은 중국 상인에게도 그대로 적용될 수 있다. 중국 상인과 거래할 때는 해당 지역의 특성을 이해하는 것이 필수적이다.

아울러 중국 각지의 특성을 함께 파악하는 것도 큰 도움이 되며, 특히 각지의 역사와 문화적 특성을 함께 공부하면 성공의 절반은 보장된다고 할 수 있다. 중국인만큼 역사와 문화를 중시하고 그것이 몸에 밴 민족도 없기 때문이다. 특정 지역에 살고 있는 사람들의 특성은 그 지역의 자연환경, 역사적 사건, 음식 습관 등과 큰 관계가 있다. 시간을 내서 이런 요소들까지 함께 살필 수 있다면 그 비즈니스는 성공의 8부 능선을 넘는다.

'성격이 없으면 매력도 없다'라는 말이 있다. 중국인, 중국 상인의 특성은 다른 말로 그들의 성격이자 매력이다. 이 성격과 매력이 나아가 그들이 활동하고 있는 지역(중국 사람들은 흔히 '성시(城市)'로 표현한다) 특유의 영혼과 매력을 형성한다. 완전한 지역과 사람은 있을 수 없다. 그만의 독특한 문화적 품위와 정신적 기질이 있기 때문에 그 지역과 사

람에 빠지게 되는 것이다. 중국인의 특징을 단순히 성격의 차원에만
놓고 대하지 말고 그들의 매력이자 정신적 기질로 보면 관계의 경계와
경지가 한 차원 높아질 수 있다.

유의할 사항은 중국과 중국인들의 특징과 주의 사항을 간략하게
정리했다고 해서 그것을 금과옥조(金科玉條)처럼 믿어서는 안 된다는
것이다. 정리를 어떻게 했건 모두가 어디까지나 참고용일 뿐이다. 현
장에서 부딪치는 상대는 얼마든지 다를 수 있기 때문이다. 역사와 문
화를 통한 접근만이 그래도 나은 방법임을 다시 한번 강조해둔다.

중국을 제대로 알고 이해하기 위한 걸음을 떼면서도 마음이 편치
않은 것은 코앞에 닥친 중국의 존재감이나 경제력 때문만은 아니다.
중국이 의욕적으로 밀어붙이는 소프트파워 전략의 가장 날카로운 창
끝이 우리를 겨냥하고 있는 것은 아닌가 하는 의구심이 들기 때문이
다. 또 경색된 남북 관계를 개선하고 실질적으로 교류하는 데 중국의
역할이 어느 때보다 중요하고, 북한 정권의 중국 의존도를 고려하면
이러한 우려는 더 커진다. 중국 알기가 더 절실한 까닭이기도 하다. 최
근 알리익스프레스를 선두로 한 테무 등 온라인 장터 플랫폼의 약탈적
공세를 보면 소프트파워 전략의 위세를 충분히 짐작할 수 있다(알리익
스프레스는 알리바바 그룹 계열의 온라인 쇼핑 서비스이다. 테무(Temu)는 'Team Up,
Price Down'의 약칭이며, 슬로건은 '억만장자처럼 쇼핑하기'다).

이 책《큰 나라 중국, 쩨쩨한 중국인》은 중국과 관련한 여러 분야
를 고루 소개하고, 나아가 중국의 진면목을 보다 깊이 알리는 데 중점

황제 사당의 석상. 중국인의 조상인 '황제(黃帝)'의 고향으로 알려진 허난성(河南省) 신정시(新鄭市)에 조성되어 있다.

을 두고 있다. 그러기 위해 먼저 중국의 겉과 속을 분석했다. 이 작업이 중국을 제대로 알기 위한 절대치는 될 수 없겠지만 기준치는 충분히 될 수 있을 것이다. 이 책이 우리나라와 관련한 각종 문제에 대처할 수 있는 전략을 수립하는 데 조금이라도 도움이 되기를 바란다.

우리나라의 상황이 전반적으로 변화해가는 현실에서 중국이란 존재를 우리의 발전을 위한 지렛대로 활용하려면 무엇보다 발 빠르게 알아가야 하기 때문에 더 그렇다.

서장 • 중국을 잘 안다는 착각

중국인은 원래 쩨쩨하다(?)

2016년 박근혜 정권의 느닷없는 사드 배치로 한·중 관계가 급속히 악화된 적이 있다. 그다음 정권이 어렵사리 정상화시켰는데, 지금 정권이 또 한·중 관계를 한·중 수교 이후 최악으로 만들었다. 심지어 무작정 중국과 중국인을 혐오하는 풍조가 전국을 휩쓸고 있다. 언론의 혐중 조장은 더 심각하다. 대중국 무역에서 거두어온 막대한 흑자가 적자로 돌아선 것은 물론 무역 비중도 크게 떨어졌다.

관광에서 가장 큰 비중을 차지하던 '유커(遊客)'들도 떠났다. 간간이 돌아오고 있다는 보도가 띄엄띄엄 나오지만 이전의 열기는 더 이상 회복하기 불가능해 보인다. 비자 발급도 수시로 제동이 걸리고 발급 비용도 오르락내리락한다. (최근 한시적 무비자 조치가 전격 단행되었는데, 중국의 발빠른 전략의 일환으로 보인다.)

박근혜 정권 당시 사드 문제가 불거지고 중국의 이런저런 보복이 전방위로 진행되고 있을 때 내가 기업인들로부터 가장 많이 받은 질문 중 하나는 저렇게 '큰 나라'가 왜 이렇게 '쩨쩨하게' '보복'하느냐는 것이었다. 그 질문에 대한 나의 대답은 아주 간결했다.

"원래 그렇습니다!"

질문자들은 다들 멍한 표정으로 내 얼굴과 입을 주시했다. 기대나 예상과는 전혀 다른 답이었기 때문일 것이다.

그런 반응은 중국의 보복과 그 보복이 이 정도일 것이라는 점을 예상하지 못했다는 뜻이다. 달리 말해 중국과 중국 사람을 제대로 몰랐다는 의미다. 한·중 관계, 특히 경제에서 중국 의존도가 급속도로 높아졌지만 정작 중국과 중국 사람을 제대로 이해하기 위한 준비와 공부가 그 속도를 따르지 못함으로써 중국에 대한 무시, 무지, 오해 그리고 착시 현상이 단단히 자리 잡았다. 여기에 중국을 잘 알고 있다는 착각이 무지와 오해를 압도했다. 그 결과 중국의 보복을 전혀 예상하지 못했을 뿐만 아니라 그것을 아주 의아하게, 심지어 대단히 불쾌하게 받아들이는 것으로 나타났다.

지금으로서는 한·중 관계를 온전히 회복하는 것은 거의 불가능에 가깝다. 일방이건 쌍방이건 한국에 대한 중국과 중국인의 신뢰가 우리나라 정부의 무지한 정책 때문에 무너졌기 때문이다. 여기에 남북 관계도 최악이어서, 이래저래 한·중 관계의 복원은 더욱더 어려워졌다. 이 관계를 제대로 회복하는 데는 앞으로 상당한 시간이 걸릴 것이다.

그렇다면 지금부터라도 '원래 그런' 배경을 알고 이해할 필요가 있다. 사드 사태는 이런 점에서 중국을 제대로 알고 이해할 수 있는 절호의 기회를 준 값비싼 경험이었다.

당시 내가 받은 질문들로 돌아가보자. 질문에서 세 개의 핵심어를 찾아낼 수 있다. 첫째는 '큰 나라'이다. 우리가 중국을 큰 나라로 보고 있다는 말이다. 두 번째는 '쩨쩨하게'이다. 큰 나라가 왜 그렇게 쩨쩨하게 보복하느냐는 것인데, 이 말에는 큰 나라라면 통 크게 굴어야지 쩨쩨하게 놀면 안 된다는 편견 내지 선입견이 작동하고 있다. 덩치 크다고 작은 애들 안 때리던가? 덩치 큰 놈들이 작은 애들 괴롭히는 것 아니던가? 아무튼 이 심리를 좀 더 파고들면 우리가 늘 덩치 큰 나라로부터 당해온 피해의식이 잠재되어 있다. 그래서 너희는 덩치가 크니까 좀 봐달라고 애원하는 것에 가까운 생각이다. 그리고 셋째는 '보복'이다. 이 보복 문제는 앞으로 자세히 알아볼 예정이다.

이 세 개의 단어를 깊이 생각해보면 중국에 대해 많은 사실을 알 수 있을 뿐만 아니라 중국에 대한 우리의 무지와 편견 등도 함께 읽어낼 수 있다. 나아가 이를 통해 중국과 중국 사람을 깊게 이해할 수 있는 정보를 얻어낼 수도 있다. 먼저 '큰 나라'와 '쩨쩨하게', 그리고 '보복' 세 개의 키워드로 '큰 나라 중국, 쩨쩨한 중국인'이라는 여정을 시작하려 한다. 사드, 그리고 무지하고 대책 없는 외교정책 때문에 치렀고, 지금 치르고 있는 값비싼 경험을 절호의 기회로 활용하는 지혜를 발휘하자. 아차 하는 순간이 가장 빠르다는 말이 있지 않은가.

트럼프가 귀환했다. 중·미의 경쟁 혹은 패권 다툼도 더욱 치열해질 것이다. G1, 2가 벌이는 경쟁의 틈바구니에서 우리는 어떤 입장, 즉 어떤 외교 전략을 취해야 할까? 지금으로서는 전혀 갈피를 잡을 수 없다. 지난 3년간 대중 관계가 악화일로를 걸었고, 정권과 언론의 '혐중' 부추기기도 전에 없이 극성을 부렸기 때문이다.

이런 와중에 중국 당국은 한시적이긴 하지만 한국인의 비자 면제라는 전격적인 조치를 취했다. 느닷없어 보이는 조치에 많은 한국인이 놀랐을 것이다. 이것은 중국 지도층의 전략의 일환이다. 요점만 말하면, 중국의 비자 면제 조치는 이 정권 다음을 염두에 둔 작은(?) 전략의 일환이다.

이런 점에서 트럼프의 귀환은 우리에게 위기를 넘어 기회일 수도 있다. 그렇다면 이 책에서 일관되게 강조한 '중국 알기'는 더욱 현실적 의의를 지닐 것이다. 기본적인 '중국 (바로) 알기'를 주제로 삼은 이 책이 중국과 중국인을 (제대로) 이해하기 위한 디딤돌을 깔기를 바란다. 이제 본론으로 들어가자.

중국과 중국인에 대한 '알기'와 '이해하기'의 첫걸음은 중국 땅에 대한 기본 지식에서 출발한다. 땅의 크기는 단순히 공간에 대한 인식을 결정할 뿐만 아니라 시간에 대한 개념도 다르게 만든다. 중국 사람에 대한 경멸조의 말 가운데 하나인 '만만디'는 게으름이 아닌 공간의 크기에서 오는 시간의 차이와 그에 따른 행동의 차이를 반영하는 표현임을 알아야 한다. 이와 함께 '쩨쩨함'의 역사·문화적 뿌리도 알아보고, 중국을 대표하고 상징하는 큰 강인 황허강과 창장강 등 인문 지리에 관한 정보도 소개한다.

공간과 시간에서
오는 차이

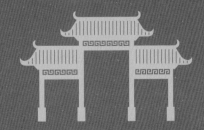

저렇게 큰 나라가

앞에서 저렇게 '큰 나라'가 왜 그렇게 '쩨쩨하게' '보복'하느냐는 질문에 세 개의 키워드가 있다고 했다. 먼저 저렇게 '큰 나라'다. 중국이 큰 나라라는 사실을 우리는 이미 알고 있다는 말이다. 얼마나 큰지, 그 크기가 무엇을 의미하는지를 제대로 알고 있는 사람은 드물지만 어쨌거나 중국이 큰 나라임은 분명하게 인식하고 있다.

그렇다면 중국의 땅덩어리는 얼마나 클까? 나라의 크기를 말할 때 쓰는 단위는 대개 제곱킬로미터(km²)이다. 길이는 킬로미터(km)를 쓴다. 중국의 크기는 얼마나 될까? 중국과 사사건건 부딪치고 있는 미국은? 그리고 우리는?

중국은 다른 고대 문명국과 마찬가지로 자그마한 원시 부락과 작은 땅에서 시작하여 끊임없이 연합하고 융합하고 확장하여 거대한 제국을 이루었다. 진시황이 처음 통일했을 당시의 강역은 약 3백만 제곱

킬로미터였고, 20세기 초 중국 강역이 가장 넓었을 때는 1,140만 제곱
킬로미터에 이르렀다. 2000년《중국통계연감》에 따르면 1999년 현재
중국 땅의 넓이는 960만 제곱킬로미터다. 가장 서쪽은 파미르(帕米爾)
고원(동경 74도), 가장 동쪽은 우수리강(烏蘇里江)(동경 135도), 가장 북쪽은
헤이룽장성(黑龍江省)의 모허현(漠河縣) 모허진(漠河鎭)(북위 53도), 가장 남
쪽은 남중국해 난사군도(南沙群島, 스프래틀리 군도)의 쩡무안사(曾母暗沙,
제임스 암초(James Shoal), 북위 4도)에 이르는 동서 약 5천2백 킬로미터, 남
북 약 5천6백 킬로미터의 길고 넓은 땅덩이다. 동서로 시차(시차는 1천
2백 킬로미터마다 1시간씩 난다)가 4시간 이상이며, 남북 기온차는 겨울의
경우 약 섭씨 70도에 이른다.

중국을 이해하기 위한 첫 번째 키워드이자 절대 키워드는 바로 저
'큰 나라'의 '크기'다. 알다시피 동서의 길이는 시간을, 남북의 길이는
기후 차이를 나타낸다. 따라서 공간의 크기는 시간의 길이와 지역의
풍토를 결정한다. 즉, 시간과 기후는 인간의 생활과 의식구조에 절대
적인 영향을 미친다. 쉽게 비유하면 10평짜리 집에서 사는 경우와 1천
평짜리 집에서 사는 경우 생활 패턴과 의식구조가 다르게 나타날 수밖
에 없는 것과 같다. 여기에 사는 장소가 달라 기후의 격차가 심하면 그
차이는 더 크고 다양하게 나타날 수밖에 없다.

기후에 영향을 주는 가장 중요한 세 가지 요소는 기온, 강우량, 그
리고 바람의 방향이다. 기후는 민족의 탄생과 문화 발전에 가장 큰 영
향을 준다. 저 '큰 나라' 중국은 툰드라 기후부터 아열대 기후까지 공
존한다.

우리가 흔히 경멸조로 말하는 중국인의 '만만디(慢慢地)'는 게으름의 표현이 아니라 공간과 시간의 절대 크기와 차이가 만들어내는 다양한 환경에 따른 일종의 생존 방식이자 생활 습관으로 이해해야 한다. 한겨울에 하이난섬(海南島)에서 반팔 차림으로 비행기를 타고 헤이룽장의 성회(省會, 행정 중심지) 하얼빈(哈爾濱)에 내리면 말 그대로 온몸이 꽁꽁 언다. 하이난은 영상 25도 안팎이지만 하얼빈은 영하 30도 이하이기 때문이다. 실제로 비슷한 차이를 체험한 적이 있다. 2000년 12월 30일에 영상 12도의 상하이(上海)에서 38시간 동안 기차를 타고 창춘(長春)에 도착했더니 영하 30도였다. 천지가 얼어 있었지만 택시 기사들이 스노타이어나 체인도 없이 창춘 시내를 마구 질주하는 것을 보고 정말이지 까무러칠 뻔했다.

중국은 공간적으로 '빨리빨리'를 용납할 수 없을 정도로 크다. 시간적으로 서둘러서는 일이 안 되는 나라다. 따라서 서두를 까닭도 필요도 없다. 크기에서 오는 이런 차이들을 먼저 이해해야 한다.

중국인은 타고난 '뻥쟁이'인가

두 번째 키워드 '쩨쩨하게'로 넘어가기 전에 중국인의 과장, 속된 말로 '뻥'에 대해 이야기해보자. 앞에서 말한 크기와 관계 있고, '쩨쩨하게'와도 연결되기 때문이다. 흔히들 아무렇지 않게 중국 사람은 '뻥이 세다'라고 말한다. 결코 칭찬이 아니고 불신이 깔려 있는 표현이다. 중국 사람들이 하는 말 모두를 믿을 수는 없다는 불신의 벽이 바로 '뻥'이다. 과연 그럴까? '뻥'을 불신과 연결할 수 있나? '뻥'이 세니까 믿을 수 없다는 말은 타당한 추론일까? 중국인 특유의 과장, 즉 '뻥'에는 어떤 배경이 있을까? 한번 생각해보자.

중국인의 과장에 대해 얘기하자면 무협 소설을 빼놓을 수 없다. 다음은 약 80년 전인 1940년대에 나온 환주러우주(還珠樓主, 본명 리서우민(李壽民, 1902~1961))의 대표적 무협 소설 《촉산검협전(蜀山劍俠傳)》의 한 대목이다. 이 책에 묘사된 장면이 당시에는 존재하지도 않았던 핵폭탄이 터지는 모습과 흡사하여 실로 믿기 어렵다. 홍콩 누아르로 한 시대를 풍미했던 쉬커(徐克) 감독이 1983년 이 소설을 원작으로 영화 〈촉산〉을 만들었다.

구자음뢰(九子陰雷)는 크기가 작은 술잔 정도지만, 사용하는 사람이 마음먹기에 따라 강력한 위력을 발휘할 수 있다. 손에서 발사될 때는 그 빛이 결코 강렬하지 않다. 검보라색과 짙은 남색이 번갈아 가면서 번쩍이는데, 뭐 그다지 기이한 구석이라고는 없는 것처럼 보인다. 그러나 일단 위력이 발휘되면 기광(奇光)이 터지면서 화염이 위로는 하늘 저편까지 1만 길이나 치솟고 아래로는 물속 깊이 꿰뚫고 들어간다. 삽시간에 사방 1천 리 안에 살아 있는 모든 생명체가 새까맣게 변해버린다. 이 음뢰의 폭발로 인해 날리는 재와 먼지는 하늘까지 닿는다. 그 가운데 포함되어 있는 모래와 돌들이 마찰을 일으켜 수없이 많은 불똥이 날아다니며, 돌이 녹아 용암처럼 흘러내리기도 한다. 1천 리 밖 먼 곳에서 이 광

무협 소설 《촉산검협전》을 원작으로 쉬커가 만든 영화 〈촉산〉의 포스터. 《촉산검협전》에는 상상을 초월하는 과장이 한 장이 멀다 하고 등장한다.

경을 지켜보면 마치 무지갯빛 불기둥이 하늘을 떠받치고 있는 것 같은데, 한 달이 지나도 흩어지지 않는다.

중국을 나타내는 다양한 표현 중에 '지대물박(地大物博)'이란 말이 있다. '땅은 크고 산물이 풍부하다'라는 뜻으로, 역시 중국의 크기를 가리킨다. 중국 땅이 이처럼 넓고 다양하기 때문에 그 크기를 뛰어넘는 표현이 아니면 실감이 나지 않는다. 이 때문에 자연스럽게 과장된 말이나 표현이 많아졌다.

특히 중국이 문자의 나라인 만큼 과장법을 구사하기에 적합한 한

시와 소설을 비롯하여 각종 문장에 이런 표현들이 집중적으로 구사되었다. 시에 관한 한 신선의 반열에 올랐다고 하는 시선(詩仙) 이백(李白, 701~762)의 시에 나오는 "백발삼천장(白髮三千丈)"과 《초한지(楚漢志)》의 주인공 항우(項羽)의 힘을 표현하는 《사기(史記)》의 "역발산기개세(力拔山氣蓋世)"를 보자.

한 장의 길이가 10자, 약 250센티미터이니 3천 장이면 7천5백 미터다. 백발이 무려 7.5킬로미터란다. 장사 항우에 대한 묘사는 더 심하다. '그 힘은 산을 뽑고, 그 기운은 세상을 덮을' 정도라니 말이다. 이런 표현은 헤아릴 수 없이 많다.

또 과장으로 말하자면 중국 4대 기서 중 하나인 오승은(吳承恩, 1500~1582)의 《서유기(西遊記)》로 대표되는 판타지 소설과 무협 소설을 따라갈 영역이 없다. 이러한 판타지 소설과 무협 소설이 탄생한 실질적 배경이 '지대물박', 즉 크기와 그 크기에서 나오는 다양한 산물이다.

땅의 크기는 상상력의 크기와 어느 정도 관련 있다. 크기가 시간과 공간의 차이를 결정하고, 그것이 또 생활과 의식 형태에 영향을 주기 때문에 다양성을 낳을 수밖에 없다. 생활과 의식의 다양성은 경험의 다양성과 관계된다. 보고 듣는 것이 많고 겪는 일이 다양하면 생각도 다양해질 수 있는 밑천이 되지 않겠는가?

사실 중국에 가서 유적이나 유물을 직접 살펴보면 중국인의 과장이 단순히 과장 차원이 아니라는 사실을 확인할 수 있다. 지금까지 우리는 중국인의 과장을 '뻥'이란 말로 깎아내렸지만 실은 그 크기에 대한 부러움을 애써 감추려 했던 것은 아닐까.

중국인의 과장은 기름기 많고 향이 진한 중국요리를 떠올리게 한다. 그 기름기와 향의 뒤에는 중국인 특유의 도도한 인문 정신이 흐르고 있다. 그렇다면 기름기와 향으로 덮인 요리의 참맛을 느끼기 위해 젓가락을 들어야 한다. 입맛에 맞지 않을 수도 있지만 용감하게 젓가락을 든다면 한 걸음 더 들어가 중국과 중국인을 이해하는 발판 하나를 마련할 수 있다.

더 나아가 그들 특유의 '빵'에 대응하는 우리만의 깊이 있는 '빵'을 찾아내고 만들어서 서로를 이해하는 다리로 활용하는 지혜를 발휘해야 한다. 중국인의 과장을 지금까지처럼 그저 '빵'으로만 치부해서는 아무런 도움이 되지 않는다. 누군가를 제대로 이해하기 위해서는 무엇보다 한쪽으로 치우친 '편견'과 이미 내 안에 들어차 있는 '선입견'을 버려야 한다. 그 상대가 내게 필요한 존재라면 더더욱 그렇다.

쩨쩨함의 뿌리

두 번째 키워드 '쩨쩨하게'로 넘어가보자. '저렇게 큰 나라가 어째서 이렇게 쩨쩨하냐'라는 볼멘소리의 '쩨쩨함'이다. 먼저 '쩨쩨하다'의 사전적 의미를 보면 이렇다.

1. 너무 적거나 하찮아서 시시하고 신통치 않다.
2. 사람이 자잘하고 인색하다.

말하자면 하찮고 시시한 일에까지 간섭하여 인색하게 군다는 것이다. 우리나라의 사드(THAAD) 배치에 대해 보복할 때 중국은 한국 껌 수입에까지 태클을 걸었다. 또 한여름날의 중국 롯데마트에서는 많은 사람이 쇼핑카트에 아이스크림을 가득 싣고 한참 돌아다닌 다음 계산대에 가서는 사지 않겠다며 아이스크림을 쏟아놓았다. 아이스크림은 모두 녹아서 줄줄 흘러내린 뒤였다. 정말이지 쩨쩨하다 못해 지나치고 지독하다.

그런데 다음에 이야기할 '보복'과 이 쩨쩨함을 연계하면 의외로 답은 간단하다. 보복은 쩨쩨할수록 더 큰 쾌감을 주지 않는가? 당하는 사람은 쩨쩨한 만큼 더 치욕스럽고 고통스러울 것이고. 쩨쩨함은 디테일(detail)하다는 말과 어느 정도 통한다. '악마는 디테일에 강하다'라는 말이 있듯이 무슨 일이건 아주 사소하고 자세한 곳까지 신경을 쓰면 일의 완성도와 효과는 높아질 수밖에 없다.

중국 사람은 뻥이 세고 통도 크지만 디테일에도 강하다. 그렇기 때문에 쉽게 주지는 않지만 한번 마음을 주면 그 관계가 오래간다. 물론 신경을 쓴 만큼 상대의 반응과 결과가 있어야 한다.

앞서 언급한 '지대물박'을 다시 생각해보자. 땅은 크고, 그 땅에 존재하거나 나는 산물은 수없이 많다. 가장 큰 것부터 가장 작은 것까지, 가장 많은 것에서 가장 적은 것까지 다 있다. 남아 있는 유적이나 유물도 그렇다. 무게가 1톤에 가까운 수천 년 전의 청동기부터 쌀알이나 머리카락에 글자를 새긴 것까지 다양하다. 이를 다른 말로 '박대정심(博大精深)'이라고 표현한다. '넓고 크고 정교하고 심오하다'라는 뜻이다.

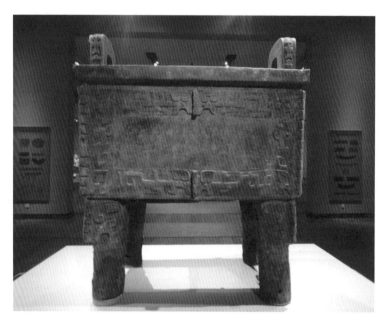

중국에서 가장 크고 가장 무거운 청동기 '후모무(后母戊) 방정(方鼎)'. 은나라 마지막 도읍지였던 은허(殷墟)에서 1939년 출토된 은나라 말기(기원전 약 12세기 전후) 유물이다. 이 네 발 솥은 장방형에 바로 선 귀(손잡이)가 인상적이다. 기둥 같은 다리에 괴수의 얼굴을 한 도철문(饕餮紋)이 장식되어 위압감을 주며, 배 부분 안쪽에는 '후모무' 세 글자가 주조되어 있다. 전체 높이가 133센티미터에 길이 110센티미터, 너비 78센티미터, 무게 875킬로그램으로 중국은 물론 세계에서도 가장 큰 청동기로 꼽힌다.

쩨쩨함의 뿌리는 가장 큰 최대(最大)와 가장 많은 최다(最多)에 있다. 다시 '지대물박'이다. 최대와 최다가 존재하기 때문에 가장 작은 최소와 가장 적은 최소도 존재한다. 엄청나게 크고 넓은 땅에서는 웬만큼 크거나 작아서는 주목받기 어렵다. 이때는 아주 거대하거나, 차라리 아주 작은 쪽이 오히려 눈에 띄기 쉽다. 그래서 복잡하고 미묘한 인간관계에서도 최대와 최소가 공존하며, 디테일하게 안배하고 배려함으로써 상대의 마음을 얻으려 한다. 따라서 이것이 어긋나면 그 섭섭함은 이루 말할 수 없이 크다.

배신은 쩨쩨하게 갚아야 효과를 극대화할 수 있다. 갚지 않는다면 모르겠지만 갚는다면, 갚아야 한다면 디테일하고 쩨쩨하게, 정말이지 상대를 뼈저리게 만들 정도로 철두철미해야 하지 않겠는가? 중국은 가장 큰 것이 가장 많은 나라인 동시에 가장 작은 것도 가장 많은 나라다. 다양함을 수천 년 동안 축적하고 또 경험하면서 중국은 어느 나라보다 디테일에 강한 나라가 되었고, 그것을 인간관계에 고스란히 적용해왔다. 쩨쩨함의 이면에 역시 예의 '크기'가 버티고 있는 것이다. 이래저래 중국과 중국인을 이해하는 핵심 키워드는 '절대 크기'다. 그리고 '쩨쩨함', 즉 정교함이 함께 자리 잡고 있다. 우아하게 표현해서 '지대물박'이고 '박대정심'이다.

이 정도면 저렇게 큰 나라가 어째서 그렇게 쩨쩨하게 굴었는지 어느 정도 이해할 수 있을 것이다. 이해의 정도를 더하기 위해서는 중국인의 심리적 뿌리인 '보복'을 좀 더 이야기해야 한다. 이에 관해서는 3장 '중국인의 심리적 뿌리와 숫자 개념'에서 다루겠다.

인명과 재산을 가장 많이 삼킨 황허강

오늘날 인구 약 1억 명이 사는 허난성(河南省) 일대는 중국 문명의 기원인 황허문명(黃河文明)이 발상한 곳이다. 황허문명은 고대에 발생한 세계 4대 문명 가운데 유일하게 살아남아서 중국의 역사와 문화 발전에 이바지하고 있다. 따라서 중국과 중국인을 알기 위한 많은 키워드 중 하나인 이 거대한 공간이 차지하는 비중이 결코 만만치 않다. 장장 5,464킬로미터에 이르는 황허강을 따라 수많은 나라와 도시, 그리고 강인한 중국인들이 장쾌한 5천 년 중국사를 연출했기 때문이다. 황허강이 관통하는 허난성 지역에만 역사적으로 20개 넘는 왕조가 존재했다고 하지 않는가.

중국인들이 '어머니의 강(母親河)'이라고 부르는 황허강에 대해 알아보자. 황허강은 강물이 쓸고 내려온 흙 등으로 생겨서 강의 영향을 받는 땅인 유역 면적만 약 75만 제곱킬로미터에 이르는 중국 역사상 가장 중요한 강이다. 유역 면적만 해도 한반도 면적의 약 3.4배에 달한다. 이 유역에서 고대 중국 문명이 발생하고 성장했으며, 대부분의 역사도 이 유역에서 연출되었다. 중국에서 두 번째로 긴 황허강은 서쪽 칭하이성(青海省)의 바옌카라산(巴顏喀拉山)에서 발원하여 '궤(几)' 자 모양을 이루며 동으로 흘러서 보하이만(渤海灣)으로 빠져나간다.

여기서 잠깐 중국 하천들의 특징을 알아보자. 중국을 흐르는 강들은 모두 서쪽에서 발원하여 동쪽으로 흘러 바다로 간다. 다시 말해 중국의 지형은 전체적으로 서쪽이 높고 동쪽이 낮은 서고동저(西高東低)

다. 남북으로 흐르는 강이 없기 때문에, 중국인들은 동서로 흐르는 강들의 위아래 쪽을 터서 남북으로 흐르는 운하를 뚫을 수밖에 없었다. 이 점을 상식으로 알고 있으면 중국을 이해하는 데 유용하다.

전설에 따르면 중국의 전체적 지형이 서고동저가 된 것은 신화 속 공공(共工)이란 신이 축융(祝融)과의 싸움에서 지자 홧김에 부주산(不周山)을 머리로 들이받았는데 이때 하늘을 떠받치고 있던 부주산의 기둥이 부러지는 통에 서북쪽이 높아졌기 때문이라고 한다.

고대 중국의 거의 모든 하천이 배가 통행할 만한 환경, 많은 물고기, 관개 가능성 등 사람들에게 도움이 되는 조건을 갖추고 있었다. 하지만 유독 황허강만은 인근에 거주하는 사람들에게 득보다 피해를 많이 가져다주었다. 이 강이 역사상 맡은 역할은 변덕스럽고 거대한 용과 같아서, 한번 움직일 때마다 유별나고 엄청난 재앙을 선사했다. 20세기 초까지 약 5천 년 동안 1천5백여 차례의 작은 범람과 일곱 차례의 큰 범람 및 여덟 차례의 물길 변동(인위적인 변동 한 차례 포함)이 발생했다.

황허강이 물길을 한 번 바꿀 때마다 극심한 공포가 뒤따랐다. 물길이 바뀌는 재난 다음가는 작은 범람도 매번 무서운 인명과 가축의 살상을 초래했다. 황허강은 세계에서 인명과 재산을 가장 많이 삼킨 강이다.

황허강의 반 이상은 황토 고원을 지난다. 이 과정에서 씻겨 내려온 황토와 북방의 광활한 사막에서 불어오는 황사가 황허강 상류를 무척 흐리게 만들었다. 싼먼샤(三門峽) 협곡 아래에 이르면 갑자기 양쪽

산을 사이에 두고 아주 좁으면서 가파르지 않은 평원으로 진입한다. 강은 넓어지고 물의 속도는 느려진다. 그리하여 지금까지 쓸고 내려온 엄청난 흙의 60퍼센트 이상을 이곳에 토해놓기 시작한다.

뤄양(洛陽)에서 보하이만에 이르는 8백 킬로미터 길이의 마지막 단락의 강바닥은 점점 높아져 마침내 지면을 넘어선다. 이곳은 모두 인공으로 쌓은 제방으로 막을 수밖에 없다. 카이펑시(開封市)의 12층 건물에 사는 사람이 무심결에 창문을 열고 강을 보면 아마 까무러칠 것이다. 황허강이 자신의 머리 위에서 동쪽으로 흐르고 있는 놀라운 장관을 목격할 것이기 때문이다.

매년 봄, 얼음이 녹고 여름과 가을 사이 비가 많이 내리는 계절에는 늘 범람의 위험이 도사린다. 여름에는 수백 미터의 강폭이 갑자기 넓어지기 때문에 남쪽 기슭에서 북쪽 기슭이 보이지 않는다. 보이는 것이라곤 일망무제로 솟구치는 누런 파도뿐이다. 제방이 견디지 못하고 터지는 날에는 일대 비극이 일어난다. 황허강은 높은 곳에서 낮은 곳을 내려다보는 형세이기 때문에, 범람하여 새로 형성된 물길에 있는 많은 주민은 특별한 운이 따르지 않는 한 무너진 개미집의 개미들처럼 홍수에 휩쓸릴 수밖에 없었다.

역사상 몇몇 주요 왕조가 제방 보호와 건설을 책임지는 전문가와 전문 기구를 설치하기도 했다. 하지만 정치가 제대로 돌아가지 못하면 이 전문 기구는 도리어 최대의 낭비이자 최악의 착취 기구로 변해버린다. 황허강에 맞선 중국인들은 20세기까지 한숨을 터트리며 운명을 탓하는 것 외에는 별다른 대책이 없었다. 이집트 나일강은 범람한 뒤

황허강의 모습. 황허강이 허난성으로 진입하면 속도가 급격하게 느려지면서 황토를 양쪽 기슭에 토해놓는다. 이 때문에 강 양쪽이 강바닥이나 강물보다 엄청나게 높아졌다. 마치 수십 미터의 높은 터널 속을 강물이 흐르는 듯하다. 이를 거꾸로 매달려 흐르는 강이란 뜻의 현하(懸河)라고 부른다. 왼쪽의 물은 황허이고, 강보다 높은 오른쪽은 황토가 쌓여 이루어진 언덕이다.

기름진 땅을 남겼지만, 황허강은 누런 모래만 남겼을 뿐이다. 이처럼 힘겨운 환경 속에서 찬란한 중국 문명이 탄생했고, 중국인은 이곳에서 특유의 강한 인내심을 길렀다. 중국인이 황허강을 '어머니의 강'으로 부르는 까닭이기도 하다.

중국 허리를 두 동강 낸 창장강

중국을 대표하는 성(城)이라면 단연 장성(長城)이고, 강이라면 창장강 (長江, 양쯔강)을 꼽을 수 있을 것이다. 모두 길 '장(長)' 자가 붙어 있다. 중국인은 중국을 대표하는 두 하천인 창장강과 황허강에 각각 한자 강 (江)과 하(河)를 붙여 구별했다. 필요하면 수(水)라는 글자를 써서 구분 하기도 했다. 잘 알려진 화이수이(淮水)가 대표적이다.

창장강은 무엇보다 중국 땅을 남북으로 길게 나누는 강이다. 그 결과 중국 역사는 크게 강북과 강남으로 나뉘어 역동적인 역사의 명장 면들을 연출했다. 또 창장강은 남북의 주식(主食)을 나눈다. 강 이북은 밀, 강 이남은 쌀을 주식으로 삼고 있기 때문이다.

창장강은 길이 면에서 중국 제일의 강으로, 전체 길이가 공식적으 로 약 6,363킬로미터, 유역 면적은 약 180만 제곱킬로미터에 이른다. 유역 면적이 한반도 면적의 약 9배에 달한다. 많은 중국인에게 숱한 재앙을 가져다준 황허강과는 반대로 창장강은 유쾌하고 자비로운 강 으로 불린다. 모든 하류가 없는 것 없을 정도로 이익을 가져다주었기

황허강과 창장강

때문이다.

　과거에 창장강 유역은 문명이란 측면에서 황허강보다 뒤떨어졌다고 인식되었다. 황허강 유역에서 최초의 문명이 발상할 때 창장강은 야만의 땅이었다는 것이다. 그러나 최근 싼샤(三峽)댐 건설로 창장강 유역에 대한 대규모 고고학 발굴이 이루어진 결과 이곳에서도 황허문명 못지않은 다채로운 신석기 문화와 고대 문명이 공존했다는 사실이 하나둘 밝혀지고 있다. 이에 따라 지금까지의 인식이 근본적으로 변화했다.

　참고로 싼샤란 세 개의 협곡을 말한다. 서쪽 충칭(重慶)에서부터 싼샤댐을 지날 때까지 차례로 취탕샤(瞿塘峽), 우샤(巫峽), 시링샤(西陵峽)를 지나는 세 단락으로, 전체 길이는 약 2백 킬로미터이다. 성시로는 직할시인 충칭을 지나 후베이성(湖北省)으로 들어선다.

6,363킬로미터에 이르는 창장강의 출현으로 중국 땅은 허리 부분에서 두 동강이 났다. 이 때문에 3세기 삼국시대에 북방에 위치한 위(魏)나라 황제이자 문학가였던 조비(曹丕, 조조의 큰아들, 187~226)는 "하늘이 창장강을 창조한 것은 중국을 남북으로 나누기 위함이었다"라고 탄식하기도 했다. 이 강 때문에 강남을 차지할 수 없다는 핑계처럼 들리기도 하지만, 그만큼 확실하게 남북을 나누었다는 뜻이다.

중국인들은 습관적으로 창장강 이북을 북방, 강북 또는 북중국이라 부르고, 이남을 남방, 강남 또는 남중국이라 부른다. 북방에 도읍을 정했던 많은 왕조가 북방 사막지대 유목 민족의 공격을 받고 무너지면 일쑤 남방으로 도망쳐 내려와 창장강의 보호를 받으며 수명을 연장했다. 유목 민족은 땅을 달리는 말 위에서는 능숙했지만 물 위를 가는 배라면 어쩔 도리가 없었기 때문이다. 넓은 창장강을 건널 방법이 없으니 그저 남북 대치라는 국면을 인정할 수밖에.

강남으로 도망친 정권 역시 분발해서 북방을 향해 반격할 능력이 없다 보니 반쪽 강산의 현실을 받아들이는 선에서 타협이 이루어졌다. 위진남북조라는 약 370년간의 대분열 시대와 1백 년 넘는 송나라와 금나라의 대치는 소용돌이치는 창장강이 만들어낸 상황이었다. 참고로 위진남북조시대는 대체로 220년부터 589년까지를 말한다.

오늘날 중국과 중국인에게 창장강은 그 어느 때보다 중요한 의미

싼샤에서 풍광이 가장 웅장한 취탕샤. 중국을 남북으로 가르는 창장강은 싼샤댐이 완공되면서 1년 내내 관광객들의 발길이 끊이지 않는다. 따뜻한 기후와 유람선 덕분에 싼샤의 풍광을 즐기려는 사람이 갈수록 늘고 있다. 물론 중국의 경제력이 이를 뒷받침하고 있기 때문이다.

취탕샤 근처에 삼국시대 촉나라의 황제 유비(劉備)가 세상을 떠난 백제성(白帝城)이 있다.

가 있다. 인류 역사상 최대의 역사(役事)로 불린 싼샤댐 건설이 마무리되면서, 1949년 신중국이 수립된 이후 거의 매년 발생한 창장강 범람을 조절하는 한편, 하류의 상하이를 비롯한 대도시에 안정적으로 전기를 공급하게 되었기 때문이다. 반면 과거에는 그렇게 자주 범람하던 황허강은 1949년 이래 거의 범람하지 않고 있다. 현재 물이 상대적으로 부족한 북방으로 창장강의 풍부한 물을 보내기 위한 '남수북조(南水北調)'라는 또 다른 프로젝트가 진행되고 있다. '남수북조'는 창장강의 물을 황허강까지 보내는 사업으로, 기존의 약 1천8백 킬로미터에 이르는 남북 대운하를 포함하여 세 개의 수로를 건설하는 큰 프로젝트다. 이렇게 보면 창장강은 예나 지금이나 중국 민족에게 큰 혜택을 선사하는 강으로 역할을 다하고 있다.

신령스러운 삼산오악

이제 주제를 산으로 옮겨보자. 중국인은 강을 강(江)과 하(河)로 나눈 것처럼 산도 '산(山)'과 '악(嶽)'으로 구분했다. 우리는 흔히 '산악'으로 붙여 쓰지만 중국은 산이란 이름을 붙여놓고도 어떤 산은 '산'으로 어떤 산은 '악'으로 부른다. 산맥도 산으로 표기하는 경우가 많다. 예를 들어 요즘 한국 관광객이 많이 찾는 타이항산(太行山)은 우리나라 사람이 보자면 타이항산맥이다. 특히 중국인들은 고대로부터 신령스러운 산으로 여겨온 산들을 이렇게 구별하곤 했다. 대표적인 용어가 지금부터 이야기하고자 하는 '삼산오악(三山五嶽)'이다.

　삼산오악은 말 그대로 세 좌의 신령스러운 산과 다섯 곳의 신령스러운 악을 가리킨다. 이 말은 오랜 옛날부터 전해져 내려왔다. 세월을 통해 약간의 변화를 거치면서 정해진 오악은 다음과 같다. 숫자 '오(五)'는 동·서·남·북·중 다섯 방위를 나타낸다. 오악은 특히 오랜 세월 동안 숭배의 대상이 되었기 때문에 이른바 '오악 숭배'라는 중국인의 산악 숭배 사상을 대변하고 있다. 이 숭배를 반영하여 오악에는 고대부터 제사를 지내는 장소인 사당 '묘(廟)'가 있다. 즉, 동악에는 동악묘(또는 대묘(岱廟)), 서악에는 서악묘, 남악에는 남악묘, 북악에는 북악

위부터 시계방향으로 동악 타이산, 서악 화산, 남악 형산, 북악 형산의 현공사, 중악
충산. '오악'은 산악 숭배의 주요 대상이었다. 산은 그 신령스러운 기운 때문에 하늘
과 땅에 제사 드리는 신성한 장소가 되기도 했다. 최고 존엄자들은 이를 통해 존엄
성을 확인받고자 했다.

묘, 중악에는 중악묘가 세워져 있다.

동악(東岳) 타이산(泰山)　산둥성(山東省) 타이안(泰安)에 위치한다. 오악 중 가장 중요한 산으로, 역대 황제들이 하늘과 땅에 제사를 드리는 봉선(封禪) 의식을 거행한 곳이다. 높이 1,524미터의 결코 높다 할 수 없는 산이다. 하지만 사방이 모두 평원이다 보니 이 정도의 높이로도 금세 눈에 띄게 된다. 그래서 '태산에 올라보면 천하가 작게 보인다'라는 말도 생겨났다. 가장 높은 봉우리는 장런봉(丈人峰)이고, 가장 유명한 봉우리는 량푸산(梁父山)이다. 진시황이 봉선제를 지내고 내려오다 소나기가 내려 길옆의 소나무 밑으로 피했는데, 이때의 고마움 때문에 소나무에 오대부(五大夫) 벼슬을 주었다는 전설 같은 이야기도 전한다. 이름하여 '오대부송'인데 지금도 남아 있다(다만 2천 살 넘은 소나무로 보이지는 않는다).

서악(西岳) 화산(華山)　험준한 바위산으로 산시성 화인(華陰)에 위치한다. 높이 1,997미터이고, 동봉 셴런장봉(仙人掌峰), 서봉 뤄옌봉(落雁峰)을 비롯하여 윈타이봉(云台峰), 궁주봉(公主峰), 마오뉘봉(毛女峰) 등 무수히 많은 작은 봉우리가 중봉 롄화봉(蓮花峰)을 에워싸고 있다. 어느 시인이 묘사한 대로 "뭇 봉우리가 마치 아들, 손자처럼 늘어서 있다." 너무나 험준해서 발걸음을 내딛기 어려울 정도다. 9세기 당나라의 문장가 한유(韓愈)가 용감하게 창룽봉(蒼龍峰)에 올랐다가 되돌아오려고 길을 보니 눈이 아찔할 정도의 절벽이 가로막혀 있어 더 이상 용기를 내지 못하고 주저앉고 말았다. 한유는 이제 산 위에서 죽었구나 하는 생각에 대성통곡했다고 한다. 이야기를 들은 지방관이 사람을 보내 한유를 술 취하게 만든 다음 밧줄로 매달아 절벽에서 천천히 내려오게 했다.

남악(南嶽) 헝산(衡山)　후난성(湖南省) 헝양(衡陽)에 위치한 높이 1,290미터의 산이다. 오악 중 가장 낮지만 산세가 끊이지 않고 얼기설기 이어져 72개의 거봉을 거느린다. 주봉은 고대 불의 신의 이름을 붙인 주룽봉(祝融峰)이고, 그 밖에 쯔가이봉(紫盖峰), 윈미봉(雲密峰), 스린봉(石廩峰), 톈주봉(天柱峰)을 합쳐 남악 오봉이라 부른다. 72봉 중 가장 남쪽에 있는 봉우리는 후이옌봉(回雁峰)인데, 전설에 따르면 가을에 북쪽 기러기가 남으로 날아와 이곳에 이르러서는 더 이상 남쪽으로 내려가지 않는다 하여 시인들의 좋은 소재가 되었다.

북악(北嶽) 헝산(恒山)　산시성(山西省) 훈위안(渾源)에 위치한 높이 2,017미터의 산이다. 주봉 톈펑링(天峰嶺)은 날개를 펼치고 막 날아오르려는 보라매와 같은 모습이다. 산속에는 사원들이 들어서 있는데, 위진남북조 시대에 세운 현공사(懸空寺)가 가장 유명하다. 그 모습이 마치 절벽에 걸린 것 같다고 해서 '현공'이라 했다. 건축물들이 마치 마력을 가진 풀로 만장 절벽에 붙인 것처럼 보인다. 전설에 따르면 도교 팔선(八仙) 중 한 사람인 여동빈(呂洞賓, 생몰 연도 미상/9세기 중후반)이 이곳에서 거문고를 타고 바둑을 두었다고 한다. 팔선 중 한 사람인 장과노(張果老, 생몰 연도 미상/7세기 중후반)도 이곳에 은거하며 수련했다고 한다.

중악(中岳) 충산(崇山) 허난성 덩펑시(登封市)에 위치한 높이 1,440미터의 산이다. 충산은 중봉 쥔지봉(峻極峰), 동봉 타이스산(太室山), 서봉 사오스산(少室山)으로 나뉜다. 사오스산 아래에 불교 선종의 메카 소림사(少林寺)가 있다. 6세기 인도의 왕자 출신인 고승 달마(達摩, 495~536)가 이곳에 와서 동굴 벽을 마주 보고 9년간 말없이 앉아 수련했다고 한다. 이를 면벽구년(面壁九年)이라고 한다. 그가 세상을 떠난 후에도 그 그림자가 동굴 벽에 그대로 남아 있었다는 이야기도 전한다. 충산과 소림사 승려들의 권법, 즉 중국 쿵푸는 입신의 경지에 올라 소림파란 이름으로 늘 사악함에 대적하는 정의의 힘을 대표했다.

'삼산(三山)'에 관한 설은 몇 가지가 있다. 먼저 장쑤성(江蘇省) 난징(南京) 서남의 창장강 동쪽 기슭에 세 봉우리가 남북으로 늘어서 있는데, 이를 삼산이라 불러왔다는 설이다. 당나라 시인 이백의 〈금릉 봉화대에 올라(登金陵烽火臺)〉라는 시를 보면 다음 구절에 삼산이 등장한다.

삼산은 구름에 가려 위만 보이고(三山半落青天外)
백로주를 끼고 두 물이 나뉘었네(二水中分白鷺洲).

같은 장쑤성 전장강(鎮江) 주위와 강 안쪽의 진산(金山), 자오산(焦山), 베이구산(北固山)이 강을 끼고 서로 대치하고 있는데, 흔히 '금구삼산(金口三山)'이라고 부른다.

또 하나 널리 퍼져 있는 설은 삼산이 '삼신산(三神山)'이라는 것이

1장 · 공간과 시간에서 오는 차이

다. 고대 전설에서 신선들이 사는 동해에 있다는 봉래(蓬萊), 방장(方丈), 영주(瀛州)라는 세 산을 삼신산이라 불러왔다. 이 삼산에는 불로장생초가 자라고, 궁전은 모두 황금과 백은으로 만들어졌다고 한다. 사마천(司馬遷)의 《사기》〈진시황본기(秦始皇本紀)〉에는 이런 기록이 보인다.

> 제(齊) 지방의 서불(徐市, 또는 서복(徐福)) 등이 글을 올려 바다 중에 봉래, 방장, 영주라는 삼신산이 있는데 선인이 사니 목욕재계하고 어린 남녀를 보내 청하라고 했다. 그래서 서불을 보내 어린 남녀 수천 명을 뽑아 바다로 가서 선인을 청하도록 했다.

배를 타고 삼신산을 찾아 떠난 서불은 돌아오지 않았는데, 그의 배가 도착한 곳이 우리나라 제주도라는 전설이 전해온다. 현재 제주 정방폭포 뒤쪽에 서복기념관이 잘 조성되어 있다. 이야깃거리가 많은 곳으로, 제주도에 가면 한번쯤 들러보길 권한다. 또 서귀포(西歸浦)란 지명도 '서복이 서쪽을 지나 돌아갔다'라는 전설에서 나왔다고 한다.

오늘날 중국인에게 삼산오악은 중국의 명산을 두루 가리키는 말이 되었고, 국민소득이 높아지면서 해마다 많은 중국인이 전국에 고루 분포한 명산을 오르고 있다. 명절이나 10월 1일 건국절 연휴 등에는 발 디딜 틈 없이 엄청난 인파가 명산에 몰리며, 종종 인파에 깔려 죽는 사고까지 일어난다.

중국인에게 과거 역사는 그저 지나간 시간이 아니라 오래된 미래다.

역사를 그만큼 중시한다. 세계 4대 문명 중 유일하게 단절되지 않은

황허문명이 일구어낸 5천 년 역사에 대한 자부심은 말 그대로 대단하

다. 여기에 유일하게 살아남은 상형문자, 즉 한자로 쓰인 엄청난 기록은 그 자체

로 강력한 문화 콘텐츠로 부활하고 있다. 역사는 물론 문화에 대한 자부심은 단순

한 자부심에 그치지 않고 때로는 다른 나라 사람들의 눈살을 찌푸리게 할 정도다.

2장에는 교과서 성격의 딱딱한 역사와 문화가 아닌 쉽게 살펴볼 수 있는 이야기

들을 모았다.

역사, 문화, 한자, 사람

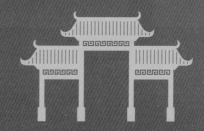

진시황릉 안 파나, 못 파나?

산시성(陝西省)의 성회이자 3천 년 고도(古都)로 전 세계인이 찾는 명소 시안(西安)을 상징하는 문화 유적을 들라면 많은 사람이 진시황릉(秦始皇陵)과 병마용갱(兵馬俑坑)을 꼽는다. 현지 사람들은 병마용갱을 한 글자 줄여서 '병마용'이라 하고, 진시황릉은 한 글자 또는 두 글자를 줄여서 '시황릉'이나 '황릉'이라 한다. 그런가 하면 시안을 다녀온 우리나라 사람 중 일부는 병마용갱을 진시황의 무덤인 진시황릉으로 착각하기도 한다.

진시황은 기원전 221년 중국 역사상 최초로 천하를 통일했다. 병마용갱은 진시황의 무덤 진시황릉에서 동쪽으로 1.5킬로미터 떨어진 곳에 위치한 진나라 유적이다. 전문가들은 이것이 진시황릉을 호위하는 사후(死後) 지하 군단이라고 본다. 진시황이 자신이 죽은 후에도 무덤을 지키도록 지하에 8천 명에 이르는 군대를 만들었다는 것이다.

8천에 이르는 군사는 모두 흙으로 빚어 구웠다. 이를 용(俑)이라 한다. 즉, 병마용이란 흙으로 빚어 구운 병사와 말 인형이란 뜻이고, 갱은 구덩이란 뜻이다. 병마용갱은 이 병사와 말 인형을 묻은 구덩이란 뜻이 된다.

1970년대 중반 지독한 가뭄 때문에 농민들이 우물을 파다가 우연히 발견한 병마용갱은 기본 발굴을 거쳐 1979년 1호갱 전시관이 완공되면서 정식으로 공개되었다. 병마용갱은 모두 세 개의 갱이 전시관으로 만들어져 개방되고 있으며, 발굴은 아직 끝나지 않았다. 개방과 발굴이 같이 이루어지고 있는 셈이다. 거친 통계이긴 하지만 개장 이후 약 30년 동안 입장료가 무려 9백 배 올랐고, 입장료 수입만 우리 돈으로 5조 원 가까이 올리는 전무후무한 기록을 남겼고, 지금도 기록을 연일 갱신하는 중이다.

제왕릉과 그 발굴에 대한 관심도를 따지자면 어마어마한 보물들이 묻혀 있을 것으로 추정되는 진시황릉을 따를 무덤이 없다. 제왕릉을 발굴하자는 주장은 1950년대부터 수시로 터져 나왔고, 병마용갱 때문에 진시황릉 발굴에 대한 주장은 가장 뜨거운 논쟁을 낳았다.

그런데 이러한 주장에 확고부동한 태도로 제동을 건 사람이 있었으니 바로 저우언라이(周恩來, 1898~1976)였다. 1959년 그는 당나라 고종(高宗)과 그 아내 무측천(武則天, 우리는 주로 측천무후로 부른다)의 무덤인 건릉(乾陵)을 발굴하자는 보고서를 받고는 친필로 "우리는 이 일을 제대로 해낼 능력이 없으므로 후손이 완성할 수 있게 남겨두는 것이 좋겠습니다"라는 견해를 밝혔다. 이와 같은 입장은 발굴에 대한 열기를 잠

저우언라이 흉상. 그는 무분별한 유적 발굴 열기를 차단하는 데 결정적인 역할을 했다.

재우는 하나의 기준이 되었을 뿐만 아니라 깨어 있는 정치가 한 사람의 문화 의식이 얼마나 중요한가를 잘 보여주는 사례로 남아 있다.

진시황릉은 발굴을 못하는 것이 아니라 안 하는 것으로 보아야 한다. 의식 있는 전문가들이 적극 나서서 현재 중국 고고학과 과학기술로는 진시황릉을 제대로 발굴할 수 없다고 주장하고 있기 때문이다. 이들 전문가, 특히 병마용갱 발굴을 직접 이끌었던 고고학자 장잔민(張占民, 1954~)이 내세우는 발굴이 불가한 이유들을 간략하게 소개하면 이렇다.

첫째, 진시황릉의 기본 구조조차 확실하게 밝혀지지 않았다.

둘째, 인력과 기술이 부족할 뿐만 아니라 수준도 도달하지 못했다.

셋째, 발굴을 통해 출토될 문물을 제대로 보존할 수 있는 기술력 또한 갖추지 못했다.

넷째, 따라서 문화재는 하루빨리 파는 것보다 하루 늦게 파는 것이 낫다. 제왕릉 발굴에 대한 열기는 식어야 한다.

이렇게 해서 진시황릉 발굴에 대한 이야기는 수면 아래로 가라앉아 있는 상태다. 하지만 이 문제는 언제 또 터져 나올지 모르는 시한폭

진시황릉 원경. 제왕릉 발굴에 관한 논쟁의 중심에는 늘 진시황릉이 있다. 그 배경에는 병마용갱의 놀라운 모습들이 있다. 이 때문에 인간의 욕망이 시도 때도 없이 부추김을 받는다.

탄과도 같다. 전문가들이 제시한 발굴 불가의 이유들 가운데 진시황릉의 기본 구조조차 파악하지 못했다는 대목이 눈길을 끈다. 인력과 기술력이야 현실의 문제이니 논쟁할 거리가 못 되지만 황릉의 구조는 연구 분야라서 얼마든지 논의할 수 있는데 어째서 기본 구조조차 파악하지 못하고 있을까? 진시황릉 이야기가 나온 김에 이 부분에 대한 이야기를 이어가 보자.

상상력의 보물 창고 진시황릉

진시황릉을 안내하는 시안의 현지 가이드들은 관광객들을 대상으로 이런 이야기를 많이 한다. 1970년대 일본이 트랜지스터를 팔아 돈을 많이 벌자 일본 수상이 저우언라이에게 일본이 경비를 모두 댈 테니 진시황릉을 발굴하자고 제안했다. 그 대신 같은 유물이 여러 개 나오면 절반씩 나누자고 했다. 저우언라이는 일언지하에 거절했다. '왜? 진시황릉을 발굴하면 일본을 사고도 남을 만큼 귀한 보물들이 많이 나올 텐데 뭣 하러 서둘러 발굴하나?' 이렇게 면박을 주었다고 한다. 물론 꾸며낸 이야기지만, 그만큼 진시황릉에 대한 관심과 자부심이 높기 때문에 나온 이야기일 것이다.

또 이런 엉터리 이야기도 많이 떠돈다. 일본이 고속철도 신칸센을 깐 이후 중국과 일본 두 나라 정상이 만났다. 그 자리에서 일본 수상은 덩샤오핑(鄧小平, 1904~1997) 당시 주석에게 신칸센 자랑을 한참 늘어놓았다. 이야기를 다 들은 덩샤오핑은 딱 한마디로 면박을 주었다. "그런데 그게 당신네 나라에 왜 필요한데?" 중국처럼 큰 나라에나 소용 있지 일본처럼 작은 나라에 고속철이 무슨 필요가 있느냐는 대꾸였다.

그런데 진시황릉과 관련하여 이런 속설들이 그럴듯하게 들리는 또 다른 이유가 있다. 바로 진시황릉 안에 엄청난 보물들이 있다는 대목인데, 여기에는 나름 근거가 있기 때문이다. 진시황의 무덤에 관한 가장 상세하고 오래된 기록은 사마천의 《사기》 〈진시황본기〉다. 먼저 무덤에 관한 부분을 살펴보자.

> (기원전 210년) 9월, 시황을 여산에 안장했다. 시황이 막 즉위하여 여산에 무덤을 축조하는 공사를 시작했다. 천하를 합병하자 전국 각지에서 노역을 위해 온 자만 70만을 넘었다. 우물 셋 깊이만큼 파고 덧널에까지 이르도록 동을 부었다. 그리고 그 안에는 궁관, 백관, 기이하고 괴상한 기물들을 운반해서 가득 채웠다. 장인에게는 기계 장치가 달린 화살을 만들게 하여, 무덤을 파고 접근하는 자가 있으면 바로 발사되게 했다. 수은으로 하천과 바다를 만들어 기계 장치에 의해 쉬지 않고 흐르게 했다. 천장에는 천문도가, 바닥에는 지도가 만들어졌다. 인어 기름으로 초를 만들었는데 오랫동안 꺼지지 않게 계산했다.

사마천은 이 기록 때문에 2천 년 동안 많은 비판에 시달렸다. 자신이 직접 진시황 무덤에 들어가보지 않고는 알 수 없는 내용으로 가득 차 있기 때문이었다. 또 이 기록과 비교할 수 있는 다른 기록이 없

《사기》〈진시황본기〉의 진시황릉에 대한 기록을 바탕으로 제작된 할리우드 블록버스터 영화 〈미이라 3〉

기 때문이다. 그래서 사실이 아니라 사마천의 상상력의 산물이라는 비판이 쏟아졌다. 얼핏 보아도 도저히 믿을 수 없는 내용이 한둘이 아니다(이 기록을 바탕으로 할리우드에서 만든 블록버스터 영화가 〈미이라 3〉다).

그런데 1981년 중국 학자들 중 일부가 《사기》의 기록에서 한 단어에 주목했다. 바로 '수은(水銀)'이었다. 다른 건 몰라도 '수은'을 흘려보냈다면 진시황릉을 덮고 있는 흙, 즉 봉토에 수은이 남아 있을 가능성이 있지 않을까? 이렇게 판단한 것이다. 이어 고고학자와 지질학자가 협력하고 서양의 선진 기술을 빌려 진시황릉 봉토의 수은 함유량을

측정했다. 진시황릉 봉토 외에 다른 곳의 흙도 조사하기 위해 봉토 표면부터 그 아래에 특수 파이프를 박아 깊이에 따라 수백 개의 흙 샘플을 채취했다.

그 결과 놀라운 사실이 밝혀졌다. 진시황릉을 덮고 있는 흙에 함유된 수은의 양이 다른 지역 토양에 포함된 수은의 양에 비해 현저하게 높았다. 이 실험 결과는 사마천의 기록이 정확했다는 것을 확인시켜주었을 뿐만 아니라 진시황릉이 도굴당하지 않았다는 또 다른 귀중한 사실까지 확인시켜주었다. 이 때문에 진시황릉에 진기한 보물들이 묻혀 있다는 기록이 새삼 주목을 끌 수밖에 없었고, 그래서 여러 황당한 이야기가 나왔다.

이래저래 진시황릉은 끊임없이 화제를 불러일으키는 세기의 유적이 아닐 수 없다. 시안에서 진시황릉을 찾아가 이런 이야기를 꺼내면 또 다른 흥미로운 정보들을 들을 수 있을 것이다. 진시황릉은 발굴하지 않아도 얼마든지 사람들의 이목과 발길을 끌어들이는 무한한 잠재력과 상상력의 보물 창고나 마찬가지다.

미래 중국의 문화 수도 시안

산시성과 그 성회 시안은 지난 수천 년 동안 중국 역사와 문화의 중심이었다. 특히 시안은 10개의 왕조가 도읍을 정한 곳으로 '십조고도(十朝古都)'로 불린다. 시안은 2천 년 전 개척된 비단길의 기점이자,

2013년부터 중국이 추진하고 있는 인류 역사상 최대의 프로젝트 '일대일로(一帶一路)' 사업의 기점이기도 하다. 이 같은 과거의 역사성과 현재의 위상 때문에 시안은 미래 중국의 문화 수도가 될 도시로서 세계적 관심을 받고 있으며, 전 세계 사람들의 발길이 끊이지 않고 있다.

시안은 일찍이 50만~60만 년 전부터 중국인의 조상들이 터를 잡고 살기 시작한 곳이다. 란텐(藍田)의 구석기 원인과 문화, 신석기 문화를 대표하는 양사오문화(仰韶文化)와 룽산문화(龍山文化)가 모두 시안과 그 주변에서 탄생했다. 그 후 기원전 11세기 주나라 무왕(武王)이 상나라를 멸망시킨 다음 이곳에 도성을 일으켰다. 시안은 호지(鎬池)와 가

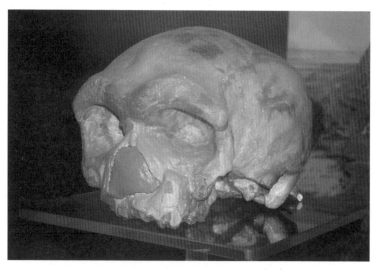

시안 주변 란텐에서 발견된 구석기시대 '남전인'의 두개골. 시안의 역사는 50만~60만 년 전 구석기시대로 거슬러 올라간다.

까웠기 때문에 호경(鎬京)이란 이름을 얻었다. 호경은 그보다 앞서 주 문왕(文王)이 풍수(豊水) 동쪽 기슭에 만든 풍경(豊京)과 보완 작용을 하며 제 구실을 다했다. 풍경과 호경(풍호)은 서주 일대를 통해 통치의 중심이 되었고, 이로써 고도 시안의 첫 페이지가 열렸다.

호경은 상당한 규모를 갖추고 있었던 것 같다. 호경에 관한 《주례(周禮)》〈고공기(考工記)〉편의 기록은 다음과 같다.

장인이 나라를 건설할 때 사방 9리에 문을 셋 낸다. 나라 안의 거리는 가로세로로 교차되는 아홉 개의 도로를 깐다. 왼쪽(동)에는 종묘를 두고 오른쪽(서)에는 사직을 둔다. 남향으로 궁전을 두고 북향으로 시장을 설치한다.

기록에 근거하면 호경은 내성과 외곽, 연못과 원림이 모두 반듯하게 갖추어져 있었다. 또한 귀족의 거주지 외에 노예에 속하는 각종 공인들의 작업장들이 있어 다양하고 수준 높은 청동기를 대량 제작했다.

기원전 350년 진나라의 개혁 군주 효공(孝公)은 도읍을 시안 근처 함양(咸陽)으로 옮겼다. 이후 함양은 2세 황제 호해(胡亥)에 와서 망할 때까지 1백여 년 동안 통일 제국의 도읍으로 역할을 다했다. 당시 함양은 공격과 수비에 유리한 험한 지세를 갖추고 있었다. 인구가 밀집했고 자원도 풍부했다.

진 왕조는 이곳에서 대규모 토목공사를 일으켰다. 함양궁(咸陽宮)을 비롯하여 난지궁(蘭池宮)과 아방궁(阿房宮)이 대표적이었다. 그중에

서도 아방궁은 "다섯 걸음, 열 걸음마다 누각이 나타나고, 회랑이 굽이
치듯 둘러져 있었다. 처마는 높았다"라고 한다. 그러나 진시황이 죽고
진승(陳勝)이 농민 봉기를 일으키면서 진나라는 혼란에 빠졌고, 이어
일어난 초패왕 항우가 함양을 초토화했다.

기원전 202년 진나라 다음으로 천하를 재통일한 서한(西漢) 왕조
는 함양에 속했던 장안(長安)을 도읍으로 정하고 대규모 공사를 일으켰
다. 29만에 이르는 공인을 동원한 끝에 장안성은 로마와 견줄 만큼 큰
도성이 되었다. 한 방향에 세 개씩 모두 12개의 성문을 냈고, 도로는
넓고 평탄했다. 도로 양옆으로는 홰나무, 버드나무, 측백나무 등을 해

한나라 장안성의 담장 유지를 내려다본 모습. 시안은 한나라 때부터 장안이란
이름으로 눈부시게 발전했다.

를 가릴 정도로 무성하게 심었다. 궁전과 궁원이 그 사이로 점점이 자리 잡았다. 미앙궁(未央宮)은 "금과 옥으로 장식한 집에 각종 화려한 조각과 치장" 때문에 고조(高祖) 유방(劉邦)조차 너무 화려하다고 야단을 칠 정도였다. 또 비단길이 개척됨으로써 장안은 비단길의 기점이 되었다.

장안의 수공업, 상업, 문화는 전에 없이 발전했다. 높은 누각과 궁전들은 건축업의 왕성함을 말한다. 국력이 강성해지면 외국의 사절과 상인들이 끊임없이 찾는다. 도로는 사방팔방으로 뚫리고 집들이 많아진다. 아홉 군데의 시장이 열렸고 온갖 물건이 선보였다. 사람과 수레의 물결이 거리를 덮었다. 장안의 모습은 그야말로 장관이었다. 위대한 역사가 사마천의 불후의 저작 《사기》와 유흠(劉歆)의 저서 《칠략(七略)》 등이 모두 장안에서 완성되었다. 장안은 문화로 이름난 도성의 대열에 합류했다.

이후 왕망(王莽)의 신(新)나라가 서한의 2백 년 사직을 끊었다. 이때부터 전국 정치의 중심이 바뀌었다. 장안은 그 후 5백 년 동안 전조, 전진, 서위, 북주 등 스쳐 지나가는 지방 할거 정권의 도읍으로 만족해야 했다.

581년 북주(北周)의 양견(楊堅)이 주 정제(周靜帝)를 폐위시키고 자립했다. 수(隋) 왕조의 출발이었다. 수나라는 지금의 시안을 도읍으로 정하고 대흥성(大興城)을 축조했다. 수나라가 중국을 통일한 이후 얼마 지나지 않아 시안은 다시 전국의 중심이 되었다. 그러나 양제(煬帝)의 폭정 때문에 사방에서 난리가 났다. 산시성 타이위안(太原)의 유수(留

守)로 있던 당 고조(唐高祖) 이연(李淵)이 618년 수나라를 멸망시키고 천하를 다시 통일했다. 당나라도 시안에 도읍을 정했다. 고도 시안은 이때부터 최전성기로 들어섰다.

당나라 장안성은 수 왕조 대흥성의 기초 위에 들어섰다. 당시 장안성은 세계에서 가장 큰 도성으로 면적이 약 87제곱킬로미터였다. 장안성은 외곽성, 황성, 궁성 세 부분으로 구분되어 있었다. 외곽성은 경성으로 일반 주민과 관료들의 주택구이자 주요 상업구였다. 황성은 정부 기관이 자리 잡은 곳이었다. 궁성은 황가의 거주지이자, 황제가 정치를 처리하는 장소였다. 3대궁이라 불린 태극궁(太極宮), 대명궁(大明宮), 흥경궁(興慶宮)은 무척 웅장했다. 대명궁의 함원전(含元殿)은 장안성에서 가장 큰 건축물이었다. 당시 사람들은 대명궁을 두고 봉황이 날개를 펼치는 듯한 지붕과 병풍처럼 둘러싼 전각의 모습이 마치 용이 헤엄치는 것 같다고 묘사했다. 수많은 외국 사절이 이곳에 와서 외교 활동을 했다. 시선 이백은 흥경궁을 보고 "요염한 꽃에 이슬이 맺혀 더 향기롭구나. 무산에 끼인 안개비에 부질없는 애만 끓이네"라는 만고의 절창을 남겼다.

당나라 때 장안은 정치의 중심이었을 뿐만 아니라 경제와 문화의 중추였다. 동시에 국제적 대도시이기도 했다. 수공업이 고도로 발달했고 상업 무역이 번영을 구가했다. 사통팔달의 교통로를 통해 과학과 문예가 만발했고, 사방에서 온 소수민족과 바다를 건너온 세계 각국의 사절과 상인들로 북적댔다.

문헌 기록과 고고학자들의 발굴에 따르면 장안의 비단 방직과 금

당나라 대명궁 유지를 복원한 모형. 모형만 보아도 당시 대명궁의 규모와 당나라의 위세를 짐작할 수 있다.

은 공예는 전에 없던 성과를 거두었다. 비단을 예로 들면 장안의 한 부상(富商)이 고종(高宗)을 알현하는 자리에서 종남산(終南山)의 나무 한 그루에 비단 한 필을 쳐서 바꾼다 해도 종남산의 나무는 마를지언정 자신의 비단은 여전히 남아 있을 것이라고 큰소리를 칠 정도였다. 민간의 비단이 이 정도였다면 황가의 창고는 어떠했겠는가?

수공업 발전은 상업 발달을 이끌 수밖에 없었다. 일본 승려 엔닌(圓仁, 794~864)의 기록에 의하면 회창(會昌) 3년인 843년 장안의 동시에 큰불이 나서 "동시 서쪽 24행 4천여 가와 관청과 개인의 재물, 금은, 비단, 약재 등이 모두 불에 탔다"라고 한다. 엔닌은 장보고 선단의 배를 타고 당으로 건너갔고, 이에 대해 감사하는 글을 남기기도 했다. 그는《입당구법순례행기(入唐求法巡禮行記)》라는 여행기를 남겼다.

헌종(憲宗) 때는 실제 화폐와 바꿀 수 있는 오늘날의 수표나 어음 비슷한 '비전(飛錢)'이 장안에 나타났다. 번영한 상업의 단면을 보여주는 예다.

대외 교류는 당나라 시대 장안의 역사에서도 특히 주목할 만하다. 당시 중국과 페르시아(지금의 이란), 신라, 일본, 인도, 동로마제국의 교류는 모두 장안에 집중되어 있었다. 일본과의 교류를 보면, 일본은 전후 19차례나 장안으로 견당사를 보내 중국과 두터운 우정을 쌓았다. 이백과 왕유(王維, 699~761)의 시에도 견당사가 언급될 정도였다. 서역에서는 비단길을 통해 각종 문물이 들어왔고, 서역 출신의 댄서를 가리키는 호희(胡姬)의 춤은 장안 젊은이들의 혼을 빼앗았다.

또한 장안은 전국 학술 문화의 중심이었다. 홍문관(弘文館)의 장서는 20만 권에 이르러 전국에서 책이 가장 많은 도서관이 되었다. 당나라 조정이 주도하여 역사책 정사(正史)들을 장안에서 편찬했다. 유명 역사가 유지기(劉知幾, 661~721)의《사통(史通)》을 비롯하여 두우(杜佑, 735~812)의《통전(通典)》, 공영달(孔穎達, 574~648)의《오경정의(五經正義)》가 모두 장안에서 완성되었다.

장안은 불교의 중심지이기도 했다. 판타지 소설《서유기(西遊記)》에 등장하는 삼장법사(三藏法師)의 실제 모델 현장(玄奘, 약 602~664)이 자은사(慈恩寺, 대안탑(大雁塔))에서 불경을 번역했고, 도세(道世)가 중국 불교사의 쾌거인《법원주림(法苑珠林)》을 편찬했다.

881년 황소(黃巢)가 이끄는 농민 봉기군이 장안을 점령하였다. 봉

대안탑과 주변 모습. 현장이 인도에서 돌아와 머무르며 불경을 강의하고 번역
했던 자은사는 오늘날 대안탑(大雁塔)으로 더 잘 알려져 있다. 최근 시안시는 대
안탑 주변으로 당나라 거리 '불야성(不夜城)'을 조성하여 국제적으로 번영했던
당나라의 전성기를 재현하고 있다.

기군은 실패했지만 "관아의 창고는 불타 비단은 모두 재로 변하고, 거리에는 공경들의 해골이 발에 밟히는" 광경이 사람들의 기억 속에 새겨졌다. 당나라 이후 장안은 정치와 문화의 중심이라는 지위를 상실했다. 그러나 십조고도의 찬란한 역사는 사람들의 기억 속에 살아남았고, 오늘날 시안의 발전과 번성은 과거의 역사를 재현할 조짐을 보이고 있다.

문자를 발명하자
_____ 비가 내리고 귀신이 통곡한 이유

중국을 이해하는 데 가장 필요한 공부 중 하나로 나는 한자 공부를 제안한다. 이야기가 나왔으니 중국의 문자인 한자에 한 걸음 더 들어가보자.

문자는 말과 더불어 인간의 생각과 지식을 전달하는 절대적 수단이다. 특히 문자는 생각을 정리하고 다듬어 전달하는 고등한 수단으로, 인류의 사유 방식을 이해하는 데 가장 중요한 매개체다. 고대 문명사에서 문자 발명은 문명 탄생의 가장 주요한 지표 중 하나다. 이집트와 메소포타미아 유역의 문명 발상을 이야기하면서 주요한 근거로 삼는 것이 이들 지역에서 상형문자(象形文字)와 설형문자(楔形文字)가 나타났다는 것이다. 상형문자는 사물의 형상을 본떠 만든 문자를 가리킨다. 설형문자는 쐐기문자라고도 하는데, 처음에는 상형문자였다가 점차 추상적인 형태로 바뀐 문자를 가리킨다. 설형문자는 점토판에 송곳 같은 것으로 썼고, 훗날 알파벳의 기원이 되었다.

고대 문명 발상지 중 하나인 황허문명은 소멸되지 않고 살아남아 중국 역사로 이어졌기 때문에 그 의미가 깊다. 문명과 역사의 연속성을 담보하고 있기 때문에 특히 그렇다. 그리고 이 문명에서 중국의 문자가 태생했다. 중국 사람들은 최초의 통일국가 진나라를 이어 지금의 중국다운 역사와 문화를 정착시킨 한나라의 국호를 따서 중국 문자를 한자(漢字)라고 부른다.

한자만큼 중국 문명과 문화를 잘 대변하는 것도 없다. 수천 년의 중국 역사를 담고 있을 뿐만 아니라 오늘날까지 중요한 소통 수단으로 작용하고 있기 때문이다. 또한 한자라는 문자를 예술의 경지로 끌어올

토기에 새겨져 있는 부호들. 각종 토기에서 갑골문에 앞선 문자에 가까운 부호들이 발견되고 있어 한자의 기원을 밝힐 중요한 자료가 될 전망이다.

창힐의 초상화

린 서예(書藝)는 중국 문화에서 보배 같은 역할을 하고 있다.

옛 기록들에는 중국의 문자를 창힐(蒼頡)이 발명했다고 언급되어 있다. 정통 역사서 《사기》 등에는 창힐에 관한 언급이 없지만 《순자(荀子)》, 《여씨춘추(呂氏春秋)》, 《설문해자(說文解字)》, 《한비자(韓非子)》 등에 단편적으로 보이고, 하나같이 그가 글을 좋아하여 문자를 발명하거나 창조했다고 나온다.

창힐에 관한 기록들을 살펴보자. 《순자》의 여러 편 중 하나로, '가려진 마음을 열어야 한다'라는 뜻의 〈해폐(解蔽)〉편에는 "본래 글을 좋아했던 사람은 많은데 창힐의 이름만이 전해지고 있는 것은 그가 글자에 한결같았기 때문이다"라는 대목이 있다.

《여씨춘추》에는 그가 글자를 만들었다고 나온다. 중국 최초의 자전, 즉 한자 사전인 《설문해자》에는 창힐이 황제(黃帝)의 사관으로서 글자를 발명했다고 기록되어 있다. 또 창힐이 새의 발자국을 보고는 사물을 나타내는 부호 같은 원시 글자인 서계(書契)를 만들었다고 하는데, 아마도 상형문자였을 것이다. 이렇게 해서 창힐은 글자를 만든 성인이란 뜻의 '서성(書聖)', '조자성인(造字聖人)'으로 추앙받았다. 또 '사문비조(斯文鼻祖)', 다시 말해 인문의 시조 등으로도 불린다. 오늘날 중국 역사학자들도 문자의 출현을 창힐과 연계하는 것이 일반적이다.

문학가 루쉰(魯迅, 1881~1936)은 문자를 만든 사람이 창힐 한 사람만이 아니라 필요에 따라 여러 사람이 만든 것을 사관이 채집하여 덧붙여 사건을 기록했을 것이라고 《문외문담(門外文談)》에서 주장했다. 다시 말해 한자는 창힐 한 사람이 창조한 것이 아니라 많은 사람에 의해 차츰 풍부해졌다는 뜻이다. 다만 창힐은 그들 중에서도 상대적으로 중요하고 큰 역할을 했다.

중요한 것은 창힐이 문자를 창조했느냐 아니냐가 아니라 글자를 만들었다는 사건 자체가 갖는 의의다. 한자의 출현은 중국 역사가 문자 기록의 시대로 들어섰음을 의미하는 중대한 사건이자, 후대에 대단히 크고 중요한 영향을 준 사건이기 때문이다.

황제 때 사관을 지낸 창힐은 성을 후강(侯剛)이라 했고 사황씨(史皇氏)로 불리기도 했다. 창힐은 처음으로 서계를 만들어 그전까지의 결승(結繩)을 대신했다고 한다. 문자가 나오기 전에는 사람들이 결승, 즉 노끈을 매듭지어 특정한 일을 나타냈다. 큰일이면 매듭을 크게, 작은 일이면 매듭을 작게 짓는 식이었다. 그 뒤 나무나 대나무에 칼로 부호 따위를 새겨 일을 기록하기에 이르렀다. 이후 역사가 발전함에 따라 문명도 진보하고 인간사도 복잡해졌다. 사물의 명칭도 번거로워졌다. 매듭을 짓거나 부호를 새기는 방법으로는 이런 요구를 충족할 수 없었다. 자연히 문자가 필요해졌다. 황제 시대에는 양잠을 비롯하여 배, 수레, 활, 거울, 솥, 시루 등 여러 가지가 발명되었다. 이런 발명품들에 영향을 받아 창힐도 문자를 발명한 것 같다.

창힐은 눈이 네 개에 눈동자가 두 개씩이어서 아주 총명했다고 한다. 어느 해인가 창힐이 남방으로 사냥을 나가 강을 내려다보다가 등에 푸른색 문양이 선명한 큰 거북을 보게 되었다. 창힐은 거북을 가져다 꼼꼼하게 연구했다. 보고 또 본 끝에 창힐은 거북 등의 문양에 어떤 뜻이 있음을 발견했다. 문양이 어떤 의미를 나타낸다면 그에 따른 규칙을 정하여 사람들의 마음을 전달하고 일을 기록하면 되지 않겠느냐는 데 생각이 미쳤다.

창힐은 밤낮으로 생각에 빠졌고, 가는 곳마다 모든 것을 관찰했다. 하늘의 별자리 분포와 산천 대지의 모양은 물론 새, 짐승, 벌레의 흔적과 초목의 형상을 관찰하고는 그것을 그린 다음 서로 다른 부호를 만들어냈다. 그러고는 부호들에 각각의 뜻을 부여했다. 창힐은 이것을 사람들에게 보여주며 자신의 설명을 덧붙이고는 '자(字)'라 불렀다. 거북 등의 문양을 뜻하는 문(文, 문(紋))과 '자(字)'가 합쳐져 '문자'가 된 것이다.

그런데 창힐이 글자 발명에 성공한 날 괴이한 일이 일어났다. 대

낮에 갑자기 밤송이만 한 비가 내리더니 밤에는 귀신의 곡소리가 들렸다. 왜 낮에 느닷없이 비가 내렸을까? 창힐이 문자를 만들어 이것으로 마음을 전달하고 일을 기록할 수 있게 되었으니 축하의 뜻으로 비가 내렸다고 한다.

그렇다면 밤에 왜 귀신이 곡을 했을까? 혹자는 문자가 생김으로써 사람들의 지혜는 밝아지는 반면 덕이 쇠하여 속이고 죽이는 일이 갈수록 많아져 천하가 더 이상 태평을 누리지 못하게 되었기에 귀신조차 불안해서 통곡했다고 주장한다. 성경에 나오는 바벨탑 이야기를 떠올리게 한다. 인간들이 신에게 다가가기 위해 바벨탑을 쌓자 신은 인간들의 말이 통하지 않게 했고, 그 결과 서로 소통하지 못하게 되어 결

산시성 바이수이현에 있는 창힐 사당

2장 • 역사, 문화, 한자, 사람

국 바벨탑이 무너졌다는 이야기다. 귀신은 문자라는 소통 수단이 결국 인간사의 갈등을 초래할 것으로 예상했기에 통곡한 것 아닐까? 또 어떤 이는 훗날 지식인들이 글 때문에 화를 당하는 이른바 '문자옥(文字獄)', '필화(筆禍)'를 예견하고 통곡했다고 추측하기도 한다.

창힐의 문자 창조를 알게 된 황제는 크게 감동하여 그에게 창(倉)이란 성을 내렸다. 얼마 뒤 하늘에서도 이 일을 알게 되어 곡식알 같은 비를 내려 창힐을 격려했고, 여기서 24절기 중 하나인 곡우(穀雨)가 비롯되었다고 한다.

중국 역사를 새로 쓴 유적 은허

갑골문(甲骨文)과 은허(殷墟)는 중국 한자의 역사 연구에 한 획을 그었을 뿐만 아니라 중국 역사 자체를 바꾸었다. 중국에 가려는 사람에게 꼭 권하고 싶은 곳을 들라면 나는 망설임 없이 허난성 안양시(安陽市)의 은허를 추천한다.

은허는 은(殷)나라의 후기 도성 유적을 가리킨다. 은나라는 중국 역사상 하(夏) 다음의 두 번째 왕조로 기록되어 있는데, 초기 도읍이 상(商)이었기 때문에 상나라로도 불린다. 두 곳을 붙여서 상은 또는 은상이라고 부르기도 한다. 상은은 기원전 1600년에 건국하여 기원전 1046년 멸망하기까지 약 550년간 존속한 왕조다. 은허 유적은 허난성의 성도 정저우(鄭州)에서 북쪽으로 약 2백 킬로미터 떨어진 안양시에 있다.

은허는 반경(盤庚)이란 임금이 이곳으로 도성을 옮긴 이후 기원전 1046년 멸망할 때까지 273년 동안 8대 12명의 왕이 다스린 정치, 경제, 문화, 군사의 중심지였다. 사마천은 《사기》의 세 번째 권 〈은본기(殷本記)〉에 은나라 역사를 기록했는데, 20세기 초까지도 대부분의 학자들은 이를 사실로 믿지 않았다. 즉, 상은의 실체를 인정하지 않았다. 그러던 중 갑골과 거기에 새겨진 문자가 세간에 떠돌면서 그 출처로 은허가 주목받았고, 1928년부터 정식으로 발굴되면서 실체가 드러나기에 이르렀다. 이로써 사마천의 기록이 정확했음이 밝혀졌고, 나아가 중국 역사의 상한선이 적어도 수백 년 올라가는 획기적인 계기가

은허 유적의 입구. 은허 유적 발견과 발굴로 중국 역사가 새로 쓰였다.

2장 • 역사, 문화, 한자, 사람

은허에서 갑골(문)이 발견된 곳(왼쪽). 소뼈에 새겨져 있는 갑골문(오른쪽)

되었다. 또한 갑골문을 통해 중국 고대의 역사와 문화를 연구하는 '갑골학(甲骨學)'이라는 학문 분야가 탄생했다. 갑골학은 중국 예술사 연구에서 중요한 장소인 둔황(敦煌) 석굴의 조각과 미술을 연구하는 둔황학(敦煌學), 중국을 대표하는 청나라 때의 사회 소설 조설근(曹雪芹, 1715~1763)의 《홍루몽(紅樓夢)》을 연구하는 홍학(紅學)과 함께 3대 학문으로 꼽힌다.

　은허 유적은 크게 궁전 구역과 제사 구역으로 나뉜다. 유적들은 제사(祭祀)와 점복(占卜)을 중시했던 상은의 문화를 잘 보여준다. 수십만 건에 이르는 갑골과 거기 새겨진 문자가 단적인 증거다. 또 크기와 양이 엄청난 청동기는 보는 이의 입을 절로 벌어지게 만든다. 이 밖에 상나라를 부흥시킨 무정(武丁) 임금의 부인 부호(婦好)의 무덤을 비롯한

은허의 궁전 구역. 은허는 크게 궁전 구역과 제사 구역 및 무덤 구역으로 나뉜다.

왕족과 귀족들의 무덤도 다수 발굴되었다.

　은허 발굴에서 사람들을 가장 놀라게 한 것은 바로 부호의 무덤이다. 이 무덤은 도굴당하지 않은 채 발굴되었는데, 엄청난 양의 부장품도 대단했지만 더 놀라운 점이 있었다. 부장품들을 통해 본 부호의 모습이 놀랍게도 여전사였다는 것이다. 갑골문 등의 기록에도 부호는 지혜와 용기를 겸비한 전사로 3천 명의 정예병과 1만여 명의 무사를 거느리고 각지를 정벌하여 20여 소국을 정복했다고 한다. 그녀가 죽은 뒤 남편 무정은 호화롭게 장례를 치러주고 무덤 위에 향당(享堂)을 세웠다. 은허박물원에는 부호의 상, 그리고 제사를 올리던 향당 건물이 복원되어 있다. 향당의 이름은 그녀의 시호 '비신(妣辛)'을 참고하여 '모신종(母辛宗)'이라고 불린다.

은허는 일찍부터 세인의 이목을 집중시켰다. 1952년에는 신중국의 초대 국가 주석 마오쩌둥이 직접 시찰했으며, 1961년 국무원이 제1차 국가중점문물보호단위로 지정했다. 참고로 국가중점문물보호단위는 우리의 국가 사적에 해당하는 가장 중요한 문화 보호단위다. 또 중국과학원 고고연구소는 유지에 공작참(工作站)을 두어 은허 보존과 과학적 발굴을 위한 기틀을 마련했다.

2006년 은허 유지는 세계문화유산으로 지정되면서 전면 재정비에 들어가 다른 모습으로 변모했다. 궁전 구역과 무덤 구역으로 크게 구분되어 정비되었고, 모든 실내외 유적이 시공을 초월하여 감탄을 자

부호 무덤 앞에 있는 부호의 상. 은허에서 발굴된 부호의 무덤은 세상을 깜짝 놀라게 만들었다.

아내게 한다. 나는 중국의 역사와 문화를 제대로 알고자 한다면 은허를 찾아보라고 자주 권한다. 은허의 발견과 발굴은 그 자체로 또 하나의 역사이자, 중국 근현대 학술사를 이해하는 데 중요한 지표가 되기 때문이다. 또한 은허는 중국 사람들의 자부심이자 자랑거리이기도 하다. 은허를 보고 나면 수준 높고 좋은 이야깃거리를 얻는 셈이다.

중국에는 창세신화가 없다?

신화 하면 열에 아홉은 그리스·로마 신화를 말한다. 초등학생도 그리스 신의 이름 몇 개 정도는 알고 있을 정도로 널리 알려져 있다. 그리스·로마 신화와 관련한 영화를 비롯하여 책, 만화, 웹툰도 전 세계적으로 보편화되어 있다.

그러나 중국 신화는 전문가나 특별히 관심을 가진 사람이 아니면 거의 알지 못한다. 물론 중국에도 신화가 있고, 내용도 대단히 풍부하다. 중국 신화에 대한 발굴과 연구, 그리고 이를 대중화하는 작업은 최근까지도 미미했다. 위안커(袁珂, 1916~2001)라는 학자가 평생 외롭게 중국 신화를 연구했지만 그야말로 고군분투였다. 최근 중국 신화에 대한 관심과 연구가 늘고 있긴 하지만 그리스·로마 신화에 비하면 비교조차 힘들다.

중국 신화를 서양 신화와 비교하는 사람들이 늘 약점 중 하나로 지적하는 것은 창세신화가 없다는 것이다. 잘못된 지적이다. 중국 신

중국 신화 연구의 선구자 위안커. 대표적인 연구서 《중국 고대 신화》를 비롯하여 많은 저서와 논문을 남겼다.

화에도 엄연히 창세신화가 있다. 다만 서양 신화에 비해 계통적이지 못하고 일반인에게 알려지지 않았을 뿐이다. 중국의 달 탐사 프로젝트의 이름은 중국 신화에 등장하는 여신 '항아(嫦娥)'에서 가져왔다(7장의 달나라 탐사 프로젝트가 왜 항아공정일까 참고). 이 프로젝트 때문에 중국 신화에 대한 관심이 부쩍 커졌다. 그래서 여기서는 중국 신화의 아킬레스건처럼 여겨졌던 창세신화를 소개하겠다.

중국의 창세신화는 다른 신화와 마찬가지로 내용이 풍부하다. 또한 여러 기록과 고고학자들의 발굴 등을 통해 이 신화가 오랜 시간을 거치면서 상당히 체계적으로 정리되었다는 점이 알려졌다. 대표적 창세신화는 반고(盤古)와 여와(女媧) 신화인데 여기서는 반고의 창세신화를 소개한다.

　우주는 어디에서 왔는가? 우리가 살고 있는 하늘과 땅은 어떻게 생겨났을까? 먼 옛날 고대인들은 이런 의문을 신화 형식으로 풀었다. 기독교 구약성서에는 하느님이 천지와 만물을 창조했다는 창세신화가 잘 기록되어 있다. 서양에는 성경뿐만 아니라 다양한 천지창조 신화, 즉 창세신화가 전해진다. 이에 비해 동양의 천지창조 신화나 설화는 상대적으로 부족하다. 창세신화뿐만 아니라 그리스·로마 신화의 다양함은 늘 동양인의 열등감을 부추기는 요인이기도 했다.

　그러나 고대 중국에도 만물의 유래에 관한 나름의 전설이 있었고, 그 내용도 대단히 흥미롭고 의미가 깊다. 그중에서 반고가 '하늘과 땅을 열었다'는 '천지개벽(天地開闢)' 이야기가 대표적이다. 삼국시대 오(吳)나라 사람인 서정(徐整, 생몰 연도 미상/3세기)이 지은 《삼오역기(三五歷記)》에는 다음과 같은 내용이 있다.

　하늘과 땅이 아직 나누어지지 않았을 때 그 형태는 마치 달걀과 같았다. 반고는 바로 그 안에서 태어났다. 1만 8천 년이 지나자 이 달걀같이 생긴 물질이 갈라졌다. 그 안에 있던 맑은 양기(陽氣)는 가벼워서 위로 올라가 하늘이 되었고, 혼탁한 음기(陰氣)는 무거워서 아래로 내려앉아 땅이 되었다. 반고는 그 중간에 있었다. 반고는 하루에 아홉 번 변할 수 있었는데 하늘과 땅보다 더 신통했다. 하늘은 하루에 한 장씩 높아지고 땅은 하루에 한 장씩 두꺼워졌으며, 반고도 하루에 한 장씩 자랐다. 이렇게 또 1만 8천 년이 지나자 하늘은 가장 높은 데까지 자라고, 땅도 제일 깊은 곳까지 낮아졌다. 반고도 더 이상 자랄 수 없을 만큼 자랐다. 그리고 그 후에 삼황(三皇)이 있었다.

이상이 중국 신화에 등장하는 '반고의 천지개벽' 이야기다. 남북조 시기 일부 학자들은 반고의 천지개벽에 관한 여러 전설을 개략적으로 서술했는데, 대체적인 내용은 반고가 죽자 머리는 산악으로 변하고, 두 눈은 해와 달이 되었으며, 피는 강과 바다로, 모발은 초목으로 변했다는 것이다.

진·한 시기(기원전 221~기원후 220)에 떠돌던 내용은 반고의 머리는 동악(東嶽)으로, 배는 중악(中嶽)으로, 오른팔은 북악(北嶽)으로, 발은 서악(西嶽)으로 변했다는 것이었다. 한편 옛날 유학자들은 반고의 눈물이 강물로 변하고, 숨소리가 바람으로 변하고, 목소리가 우레로 변하고, 동공이 번개로 변했다는 논조를 보였다. 이런 식으로 반고의 천지개벽에 대한 전설은 갈수록 신비롭게 변했다.

오늘날 중국 소수민족들 사이에서는 이와 비슷한 신화와 전설이 여전히 영향력을 미치고 있다. 요족(瑤族)의 창세신화인 '반고왕이 하늘과 땅을 가르다'를 보면 이런 내용이 나온다.

아주 먼 옛날에는 하늘과 땅이 갈라지지 않았다. 세계는 혼돈에 빠져 있었고, 건곤(乾坤)도 제자리가 없었다. 해와 달과 음양도 없고, 흑과 백과 낮밤도 없었다. 생명도 존재하지 않았다. 오색구름이 반고성황(盤古聖皇)을 낳으니 하늘과 땅을 가르고 음양을 만들어 사람을 두었다. 그가 죽은 후 그의 왼쪽 눈은 태양일(太陽日)이 되고 오른쪽 눈은 태음월(太陰月)이 되었다. 언덕과 풀은 그의 머리칼이고, 깊은 연못의 물고기와 자라들은 그의 심장이었다. 머리카락은 금은보석이 되었고, 붉은 피는 강물이 되었으며, 살은 기와와 흙이 되었으며, 몸통과 뼈대는 큰 석신(石身)이 되었고, 손발은 산과 나무가 되었으며, 손가락과 발가락은 별이 되었다.

이와 비슷한 신화들이 요족뿐만 아니라 백족(白族), 장족(藏族), 묘족(苗族), 동족(侗族), 이족(彝族) 사이에서도 유행하고 있다. 이로부터 반고의 천지개벽 전설이 널리 퍼져 있고 그 영향력도 크다는 것을 알 수

반고의 초상화. 반고의 창세신화는 오랜 시간을 거치면서 다양하게 분화되어 일부 소수민족에 흔적을 남겼다. 중국 신화는 일찍부터 경전과 정치에 편입되었기 때문에 원형과 계통을 거의 상실했지만 역설적으로 정치에서 밀려난 소수민족 사이에 원형과 계통의 일부를 남겼다. 이 흔적들이 무척 넓고 다양하여 발굴과 연구에 상당한 시간이 걸리겠지만 머지않아 풍부한 문화적 콘텐츠로 재탄생할 것이다.

있다. 반고의 천지개벽 전설은 우주와 만물의 유래에 대한 고대 중국인의 생각을 반영하는 동시에 중국인들의 지혜가 체현된 결과이기도 하다.

혹자는 반고는 기독교 성서에 나오는 여호와와 비슷하고 그다음에 나오는 황제는 아브라함과 유사한데, 다만 반고는 제왕의 반열에 오르지 못했을 뿐이라는 비유를 들기도 한다. 어쨌거나 내용이 풍부한 중국 신화는 앞으로 그리스·로마 신화 못지않은 관심의 대상이 되고 활발하게 연구될 것이다. 수천 년 중국의 문화 저력이 깔려 있기 때문이다.

마르코 폴로가 극찬한
천상의 도시 항저우

항저우를 가보았거나 알고 있는 사람에게 이런 질문을 던지고 싶다. 항저우 하면 무엇이 가장 먼저 생각나는가? 시후(西湖)? 악비 장군? 녹차? 송성가무쇼? 마윈과 알리바바? 각자 나름의 생각이 있을 것이다. 누군가 내게 이 질문을 한다면 마르코 폴로(약 1254~1324)라고 대답하겠다. 왜?

역사적으로 항저우가 서방 세계에 널리 알려진 계기는 마르코 폴로의 《동방견문록(東方見聞錄)》 때문이었다. 이 책에서 항저우는 그야말로 '지상의 낙원'으로 묘사되어 있다. 항저우는 오월(吳越)을 세운 전

(錢)씨 정권이 907년 이곳을 도읍으로 삼은 이후 1279년 남송이 멸망할 때까지 2백 년 넘게 도성 역할을 했다. 전씨의 오월은 불과 70년 남짓 존속하다 978년 망했다. 남송은 금나라에 쫓겨 1127년에 지금의 카이펑에서 항저우로 천도했고, 1279년에 망했다.

마르코 폴로는 남송이 망하고 원나라가 막 들어섰을 때 중국을 방문했다. 그는 1271년 동방 여행을 떠나 팔레스티나, 아르메니아, 페르시아, 중앙아시아를 거쳐 1278년 무렵 원나라에 도착했다. 원나라 세조 쿠빌라이는 마르코 폴로에게 벼슬을 주는 등 우대했다. 마르코 폴

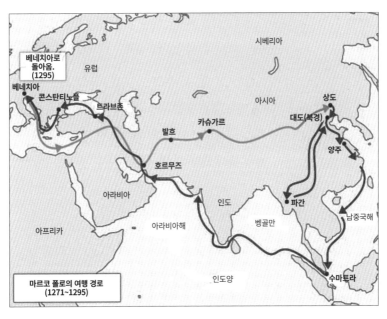

17년간 중국 각지를 여행하고 《동방견문록》을 남긴 마르코 폴로의 여행 경로

마르코 폴로. 항저우의 모습과 생활에 대한 기록을 남겨 항저우의 명성을 세계적으로 알리는 데 기여했다.

로는 이후 중국 각지를 17년 동안 여행하고 1295년 베네치아로 돌아갔다. 그러나 베네치아와 제노바가 전쟁을 벌이는 와중에 감옥에 갇혔고, 옥중에서 이야기 작가 루시티켈로 다 피아에게 동방과 중국에서 보고 들은 것을 받아 적게 하여 나중에 책으로 출간한 것이 바로《동방견문록》이다.

《동방견문록》에서 마르코 폴로는 항저우에 대해 극찬을 아끼지 않았다. 그중 몇 구절을 인용하겠다.

✦ 킨사이(Quinsay, 항저우)라고 하는 장려하기 이를 데 없는 대도시에 이른다. 킨사이란 말을 풀이하면 '천상의 도시'라는 의미인데 말 그대로

장려하다.

✦ 킨사이란 곳은 틀림없이 세계에서 가장 호화롭고 부유한 도시이므로 이야기할 보람이 있다.

✦ 도시에 있는 1만 2천 개의 다리는 목조로 된 일부를 제외하면 대부분 돌다리이다.

✦ 거리들에는 목욕하는 이의 때를 밀어주는 남녀를 항상 두고 있는 여러 채의 냉수 욕탕이 처마를 맞대고 늘어서 있다.

✦ 다른 거리에는 창녀가 모여 살고 있다. 그 수가 어찌나 많은지 도저히 셀 수 없을 정도이다.

✦ 호수 위의 유람선은 풍취를 즐기는 손님들로 언제나 가득하다.

✦ 시내에는 3천 개 정도의 목욕탕, 즉 증기탕이 있다. (중략) 목욕탕은 굉장히 넓고 훌륭하며 시설이 좋아 남자나 여자를 한꺼번에 1백 명은 수용할 수 있다.

상당한 분량을 통해 항저우를 소개하는데, 처음부터 끝까지가 항저우에 대한 감탄이다. 도읍으로서의 조건을 따지면 항저우는 위치가 중앙도 아니고, 믿고 의지할 만한 험준한 요지도 없다. 하지만 '쑤저우와 타이후(太湖)에 풍년이 들면 천하가 풍족하다'라는 말처럼 전국 경제의 중심에 자리 잡고 있기 때문에 물자 공급은 걱정이 없었다. 또 강남에 개착된 운하는 곳곳에 강을 두르고 있는 항저우를 동남 교통의 축으로 만들어주었다. 약 1천7백 킬로미터에 이르는 '경항대운하(京杭大運河)'로 불리는 남북 대운하의 종착지가 항저우다. 출발지는 베이징

베이징부터 항저우까지 중국 남북을 잇는 경항대운하의 모습

이다. 이렇듯 경제적 역량이 강했기 때문에 항저우를 도읍으로 택한 남송이 한 귀퉁이에서 1백 년 넘게 안정을 누릴 수 있었다.

오늘날 항저우는 저장성(浙江省)의 성회이자 중국에서 가장 풍요로운 도시의 상징이다. 이 지역 사람들은 주말이면 중국 차의 대명사이자 황제에게 진상된 룽징차(龍井茶, 용정차)를 마시고, 해가 지면 시후 기슭의 이름난 식당에서 둥퍼러우(東坡肉, 동파육), 거지닭 요리와 함께 술을 즐긴다. 거지닭은 닭을 연잎 등에 싼 다음 진흙을 발라 굽는 닭 요리의 일종이다. 옛날 거지들이 닭을 훔쳐서 연잎에 싼 다음 흙 속에 숨겼는데, 그 사이 흙이 불에 탔고 닭을 꺼내서 먹었더니 맛이 아주 좋았다는 민간 설화에서 비롯된 요리다.

항저우는 중국을 대표하는 도시들 중 하나이자 세계적인 도시다. 2016년 G20 정상회담이 이곳에서 열렸고, 세계 정상들은 '인상서호우(印象西湖雨, Impression of the West Lake)' 공연을 감상하면서 항저우에 대해 깊은 감명을 받았다. 여기에 마르코 폴로의 《동방견문록》이 역사적으로 보증을 섬으로써 그 명성이 더욱더 확고해지고 있다. 항저우를 찾을 생각이라면 다른 정보들과 함께 《동방견문록》의 항저우 부분을 읽어보기를 권한다.

중국 사람들은 지금도 '위(하늘)로는 천당이 있고, 아래(땅)로는 쑤·항이 있다'라고 말한다. 쑤는 쑤저우(蘇州)를, 항은 항저우(杭州)를 말한다. 이 말에는 역사적 유래가 있다.

일찍이 북송 연간(960~1127)에 변경(汴京, 지금의 허난성 카이펑)에서는 '쑤저우와 항저우는 온갖 일이 활기차게 일어나는 지상의 천당'이라는 민간 속담이 유행했다. 금나라 군대가 침입하자 송나라 조정은 지금의 항저우인 남쪽 임안(臨安)으로 밀려 내려왔다. 이로써 쑤저우와 항저우의 경제가 기형적으로 발전하여 그 흥청거림이 볼 만했다. 이후 남송 시기의 유명 전원 시인 범성대(范成大, 1126~1193)가 고향 쑤저우의 석호(石湖)에 숨어 지내면서 지방지《오군지(吳郡志)》를 저술했다. 여기서 그는 쑤저우의 민간 속담을 인용하여 "하늘에는 천당이 있고 땅에는 쑤저우와 항저우가 있다. 쑤저우가 잘되면 천하가 풍족해진다"라고 했다. 원나라 때 오돈주경(奧敦周卿)이《섬궁곡(蟾宮曲)》이란 작품에서 이 속담을 변형하여 다시 한번 "참으로 위로는 천당이요, 아래로는 쑤저우와 항저우로구나"라고 감탄했다. 이렇게 해서 '상유천당, 하유소항'이란 말이 지금까지 내외에 두루 알려졌다.

속담을 인용하여 '상유천당, 하유소항'이란 말을 기록으로 남긴 범성대 초상화

소하가 만들고 조참이 따르다

기원전 206년 중국 최초의 통일국가 진나라가 15년 만에 망했다. 이후 유방과 항우가 약 5년에 걸쳐 치열하게 쟁패한 끝에 유방의 한나라가 천하를 재통일했다. 기원전 202년이었다. 이 과정에서 소하(蕭何, ?~기원전 193)는 장량(張良), 한신(韓信)과 더불어 한나라 개국공신 3인방의 한 사람으로 큰 공을 세웠고, 개국 후에도 재상을 맡아 막 들어선 정권을 안정시키는 데 힘을 다했다.

그런 소하가 중병이 들어 파란만장했던 삶을 마감하려던 때의 일

소하 초상화. 서한의 첫 번째 재상으로 정권 안정에 크게 기여한 소하는 자신과 정치적 의견이 다른 조참을 후임으로 추천했다.

이다. 임종을 앞두고 소하는 고조 유방의 아들 혜제(惠帝)에게 자신을 이어 재상을 맡을 사람으로 조참(曹參, ?~기원전 190) 단 한 사람을 추천했다. 평소 두 사람은 정치적 견해가 다르고 사이도 그다지 좋지 않았기에 소하가 조참을 후임으로 추천한 것은 뜻밖의 일이었다. 소하는 정치적 견해는 다르지만 정권의 안정을 위해서는 조참만 한 사람이 없다고 판단했고, 조참 역시 소하의 생각을 잘 읽었다.

조참은 재상이 되었고, 생전에 소하가 하던 일을 그대로 따라 했다. 정책의 기조는 물론 소하가 만든 법률을 하나도 바꾸지 않고 지켜나갔다. 조참의 아들 조줄(曹窋)은 중대부를 맡고 있었다. 젊은 황제는 조참이 조정의 일은 아랑곳하지 않는(?) 모습을 보고는 속으로 놀라 '조 상국(당시 재상에 해당하는 지위)이 나를 무시하고 있는 것 아닌가?'라고 생각했다. 그래서 조참의 아들 조줄에게 이렇게 일렀다.

"집으로 돌아가거든 틈을 봐서 아버지께 '고조 황제께서 세상을 떠나신 지 얼마 되지 않고 지금 황상은 젊기 때문에 군왕을 보좌하여 천하를 다스리는 일이 시각을 다투어야 할 정도로 급하고 큰일이거늘, 상국이라는 중요한 자리에 계신 분이 하루 종일 술만 마시며 군왕을 만나지 않고 국사도 처리하지 않고 있으니 그러고도 상국이라는 중직을 맡으실 수 있나?'라고 여쭤보시오. 그리고 이 이야기를 내가 했다는 말은 절대 하지 말고."

휴가를 받고 집에 돌아온 조줄은 아버지 조참을 모실 기회를 이용하여 황제가 한 말로 아버지에게 충고했다. 조참은 벼락같이 화를 내면서 아들에게 곤장을 치고는 "빨리 궁으로 돌아가서 황제를 모셔라. 너는 아직 천하의 일을 논할 자격이 없느니라!"라며 아들을 궁으로 돌려보냈다.

이 이야기를 들은 혜제는 조참이 입조하자 "어째서 아들을 그렇게 야단치셨소? 실은 내가 그에게 시켜서 한 말인데"라며 나무랐다. 조참은 황급히 관모를 벗고 무릎을 꿇은 다음 사죄하며 이렇게 말했다.

"폐하께서는 한번 생각해보십시오. 폐하의 영명하심을 고조 황제와 비교한다면 어떻습니까?"

"내가 어찌 선제와 비교될 수 있겠소!"

"그럼 전임 재상 소하와 저 가운데 누가 재능이 더 뛰어나다고 생각하십니까?"

"그야 소하가 낫지 않겠소."

"폐하의 말씀이 백번 옳습니다. 고조 황제와 소하는 함께 천하를 평정하셨고, 그분들이 만든 법령은 아주 분명하고 깨끗합니다. 지금 폐하께서는 뒷짐만 지고 계시면 되고, 저는 그 법령들을 어기지 않고 그저 제자리만 잘 지키면 천하가 태평할 것 아니겠습니까?"

"맞는 말씀이오!"

이것이 '소하가 만들고 조참이 따랐다'라는 '소규조수(蕭規曹隨)' 고사다. 이 역사 고사는 훗날 중국 정치에 적지 않은 영향을 미쳐, 장기

적 안목에서 국가정책을 구상하고 수립하는 데 꼭 필요한 참고 사항이
되었다. 개혁에도 방법과 전략이 있어야 한다. 그중 하나는 잘못된 법
과 제도를 뜯어고치거나 없애는 것이고, 또 하나는 이전의 좋은 제도
와 법은 바꾸지 않고 지켜나가는 것이다. 이것은 통치 방식이자, 통치
를 이끄는 주요한 사상이기도 하다.

조참은 소하가 만들어놓은 간명한 법과 질서를 투명하고 조용하
게 지키면서 백성들을 안정시키고 안심시켰다. 마치 전임 재상 소하가
여전히 그 자리에 있는 듯이 소하의 법과 정책을 그대로 따랐다. 거듭

조참 초상화. 앞사람이 잘 만들
어놓은 정책, 좋은 제도를 계속
이어나가면 그 혜택은 결국 백성
에게 돌아간다. '소규조수'가 우
리에게 던지는 메시지다.

말하지만 중국인에게 역사는 그저 무의미하게 흘러간 시간이 아니라 오래된 미래이자 지혜와 통찰력의 보물 창고이다.

소 12마리로 나라를 구한 상인 현고

춘추시대 정(鄭)나라의 현고(弦高, 생몰 연도 미상/기원전 7세기 중후반)는 상인의 몸으로 위기에 처한 나라를 구한 귀중한 사례를 남겼다. 중국에서 현지화 전략을 성공시키려면 중국 역사에 영향을 남긴 명인들의 감동적이고 교훈적인 일화를 많이 아는 것이 좋다. 여기서는 허난성의 성회 정저우의 명인으로 중국 역사, 특히 상업사에서 빠지지 않고 소개되는 현고의 이야기를 소개한다.

기원전 7세기 들어 서방에서 강대국으로 발돋움하고 있던 진나라는 끊임없이 동방으로의 진출을 꾀했다. 중원의 선진 문물과 인재들을 적극 원했기 때문이다. 진나라의 이러한 용틀임은 천하 정세에 적지 않은 영향을 줄 수밖에 없었고, 그 중심에 진나라의 야심 찬 군주 목공(穆公, 재위 기원전 659~기원전 621)이 있었다.

진나라의 동방 진출은 무엇보다 동서남북 사방으로 통하는 길목에 위치한 약소국 정나라에 큰 위협이 되었다. 한때 중원의 요충지를 차지하고 큰 위세를 떨쳤던 정나라는 장공(莊公, 재위 기원전 743~기원전 701) 이후 쇠퇴를 면치 못하고 있었다. 그러던 중 기원전 627년 진나라가 정예병을 거느리고 정나라를 기습하는 작전을 개시했다.

진나라 군대가 서쪽의 주(周)와 활(滑)을 지날 때까지도 정나라는 낌새를 전혀 모르고 있었다. 이때 정나라 상인 현고가 뤄양(洛陽)으로 장사하러 가다가 진나라 군대와 마주쳤다. 위기를 직감한 현고는 정나라 도성으로 급히 사람을 보내 상황을 알리게 하는 한편, 자신은 소 12마리를 직접 이끌고 용감하게 진나라 군영을 찾았다.

진나라 장수는 현고의 느닷없는 출현에 놀라며 무슨 일이냐고 물었다. 현고는 침착하게 "우리 정나라 국군께서 진나라 군대가 이곳을 지난다는 사실을 알고는 특별히 저를 보내 위문하게 하셨습니다. 잠시 쉬어 가겠다면 먹을 것을 준비하여 초대하겠고, 쉬지 않겠다면 우리가 하룻밤 길잡이를 맡아 길을 안내하겠다고 하셨습니다"라고 대답했다.

한편 현고의 기별을 받은 정나라는 만반의 준비를 갖추었다. 진나라 장수들은 정나라가 이미 자신들의 공격에 대비하고 있을 것이고, 자칫하면 앞뒤로 포위당할 위험까지 있으니 서둘러 돌아가는 쪽이 낫겠다고 결론을 내렸다. 진나라 장수는 현고가 몰고 온 소 12마리를 받아들이면서, 정나라를 공격하려는 의도가 아니라고 둘러대고는 활 땅을 멸망시키고 돌아갔다.

이상은 현고의 용기와 재치 있는 대응이 정나라를 절체절명의 위기에서 구해낸 유명한 사건이다. 이 일화는 '현고가 군사들에게 먹을 것을 대접하다'를 의미하는 현고호사(弦高犒師)라는 고사성어로 정착되어 상인이 나라를 구한 미담으로 전해지고 있다.

정나라의 일개 상인 현고가 나라를 위기에서 구한 이 사건은 적지 않은 정보들을 알려준다. 우선 이야기의 배경으로 약소국 정나라가 당시 처한 상황을 이해해야 한다. 정나라는 춘추시대에 제나라 이후 경제와 상업에서 두각을 드러냈다. 정나라는 지리적으로 상업과 교통의 중심인 반면 국력이 약하고 자원이 풍부하지 못했다. 즉, 각국의 경제 교류를 연계할 수 있는 고리라는 유리한 지리적 위치에 있었지만 국력이 이를 뒷받침해주지 못했다.

이 조건과 한계를 타개하기 위해 정나라는 경제정책, 특히 상인에 대한 정책을 달리했다. 우선 나라의 지리적 조건에서 배출될 수밖에 없었던 상인들, 그중에서도 경험이 풍부한 상인들의 인프라에 주목했다. 그리고 상인들을 적극 보호하고, 이를 정책으로 뒷받침했다. 정나라 집권자들은 상인들과 맹약(盟約)을 체결했다. 맹약은 춘추시대 나라 간의 중대한 약속을 말하는데, 정나라는 상인들과 이런 약속을 실천한 것이다.

맹약의 주요 내용은 상인이 정나라와 군주를 상징하는 공실(公室)을 배신하지 않는 한 공실은 상인의 물건을 강제로 빼앗지 않으며 경영에도 간여하지 않는다는 것이었다. 역사상 나라와 상인이 맺은 최초의 계약이었다. 이로써 정나라는 상인들의 적극적인 도움으로 지방을 개발하고 황무지를 개간하여 경제와 산업이 크게 발전할 수 있었다. 정나라 상인들의 활약은 더욱 눈부시게 펼쳐졌다.

'현고호사'에서 눈여겨봐야 할 대목은 '상인의 자유성'이다. 춘추시대 초기 약소국 정나라는 나라가 생존하고 발전하기 위해서는 지리적 이점을 최대한 살려야 하고, 그러기 위해서는 무엇보다 상인들을 보호해야 한다는 현실을 인식했다. 이렇게 해서 당시 '공인과 상인을

상나라 때 건설된 정저우의 상성 유적. 고대 상나라의 도읍 중 한 곳인 정저우
는 역사가 약 3천5백 년 전으로 거슬러 올라간다.

상인 현고가 위기에 빠진 정나라를 용기와 기지로 구하는 모습

정저우에서 유럽을 잇는 화물열차 노선도. 허난성의 성회 정저우는 중국 내륙의 중심이자 교통의 요지다. 최근에는 유럽까지 가는 화물열차 노선이 개통되었다.

모두 관청에 소속시키는' 기존의 낡은 '공상식관(工商食官)' 제도를 처음으로 혁파하여 상인들에게 자유 경영권을 부여하는 맹약을 맺었다. 이같은 정확하고 올바른 정책적 뒷받침이 현고라는 애국 상인을 낳을 수 있었다. 정나라는 상업과 경제에 가장 중요한 '불간섭, 비규제, 상호존중' 원칙을 역사상 최초로 실천한 사례를 현고를 통해 생생하게 남겼다. 지금으로부터 약 2천6백 년 전이었다. 시대를 막론하고 상인은 자유로울수록 많은 성과를 내는 법이다.

정저우 사람, 정저우 상인들에게는 현고의 정신이 흐르고 있다. 중국의 중심 중원(中原), 그중에서도 중심에 위치한 허난성과 정저우시는 1949년 신중국 성립 이후 상당한 기간 동안 침체되고 낙후되어 있었다. 그러나 최근 중국 경제가 놀랍게 발전하고 변화하는 데 발맞추

2장 • 역사, 문화, 한자, 사람

어 중원이 기지개를 켜고 있고, 성회 정저우는 활기에 넘치는 도시로 변모하고 있다. 중원을 공략하려 한다면 허난성과 그 성회 정저우시에 주목해야 한다. 무한한 기회가 잠재되어 있는 인구 1억의 중원이 기다리고 있다.

교태가 중국 미남자의 조건(?)

정저우의 역대 명인들 중에는 서진(西晉) 시대의 문학가 반안(潘安, 247~300)이란 인물이 있다(반악(潘岳)이라고도 한다). 그는 중국 역사에서 내로라하는 미남 대열에서 빠지지 않는 것으로도 유명하다.

중국 4대 미녀를 비롯한 미녀들 이야기는 많지만 정작 미남에 관한 이야기는 많지 않다. 그래서 미남 반안, 그리고 중국 역사에서 남자들이 외모에 신경 쓰기 시작한 시기와 상황 등을 이야기하려 한다.

중국 남조(南朝) 시대 송(宋)나라의 유의경(劉義慶, 403~444)이 편집한 동한 말부터 동진(東晉) 시기 명사들의 일화집인 《세설신어(世說新語)》〈용지(容止)〉편 등의 기록에는 이런 이야기가 전한다.

반안은 외모가 출중했는데, 외출했다 하면 여자들이 사방을 둘러싼 채 자리를 뜨지 못하게 할 정도였다고 한다. 유의경과 같은 남조 시대 양나라 사람 유효표(劉孝標)는 진(晉)나라 배계(裴啓)가 편찬한 《어림(語林)》을 인용하며, 반안이 외출이라도 할라치면 그의 미모에 반한 여자들이 수레를 향해 과일을 던졌는데, 과일이 얼마나 많았는지 수레를 가득 채울 정도였다고 언급했다. 여기서 '던진 과일이 수레를 가득 채우다'라는 뜻의 '척과영차(擲果盈車)'라는 고사성어가 파생되었다. 훗날 '척과'는 미남자를 나타내는 자랑스러운(?) 단어가 되었다. 지금으로 말하면 자신이 좋아하는 연예인에게 꽃을 던지는 것과 같다. 예나 지금이나 미녀, 미남에 대한 선망과 동경은 별반 다르지 않다.

서진 시대 하남 출신인 반안은 용모뿐 아니라 성품도 좋았다. 또한 어릴 적부터 뛰어난 문장으로 기동(奇童)이란 소리를 들었다. 하지만 20세 무렵 진 무제 사마염(司馬炎)에게 올린 찬양의 글이 최고로 꼽히자 다른 신하들의 질투를 사는 통에 조정에서 쫓겨났다.

이후 반안은 10년 가까이 실의의 나날을 보내다 마침내 관리로 기용되어 하양현(河陽縣) 현령 등을 지내며 상당한 치적을 쌓았다. 하양현 현령 때는 현에 복숭아나무를 두루 심었는데, 당시 사람들이 '하양현의 꽃'이라 불렀다. 반안은 20년 가까이 이 지방 저 지방에서 벼슬을 살다가 50세 무렵인 296년에 뤄양으로 돌아와 54세로 생을 마감했다.

가는 곳마다 열혈 여성 팬들을 몰고 다녔던 반안은 사람들의 예상과는 달리 애정에 관한 한 보수적이고 순수했다. 여성 팬이 그렇게 많았지만 정작 그 자신은 담담했다. 그리고 아내에 대한 애정은 말 그대로 지극정성이었다.

반안의 아내는 그와는 비교가 안 될 정도의 명문 집안 출신이었다. 집안을 극히 중시했던 당시 풍토로 보자면 반안에게는 이런 집안의 여자를 아내로 맞이할 기회가 거의 없었다. 그런데 반안의 아내가 그의 미모와 재능에 반해 자진해서 시집 온 것이다.

반안 초상화. 그는 미남자로 명성이 자자했지만, 정작 남아 있는 초상화에서는 미모를 찾아보기 어렵다. 당시 미의 기준이 지금과 많이 달랐던 걸까.

반안이 52세 때 그의 아내가 세상을 떠났다. 이듬해 반안은 죽은 아내를 그리워하는 추모의 시 '도망시(悼亡詩)' 세 편을 지었는데, 중국 문학사에서 '도망시'의 선구로 높이 평가받고 있다.

반안은 외모는 물론 애정에서도 일편단심 한 여인만을 사랑했던 좋은 남자라 할 것이다. 하지만 그의 인생 역정은 외모처럼 사람들의 부러움을 살 만한 것이 아니었다. 오히려 비극적 색채가 농후했고 정치 경력도 무척 힘들었다. 뛰어난 재주에도 불구하고 오랫동안 기용되지 못하다가 뒤늦게 당시 실세였던 황후 가남풍(賈南風)과 그 조카 가밀(賈謐)을 우두머리로 하는 가씨 집단에 몸을 맡겼다. 이때부터 반안은 추잡한 정치판의 소용돌이에 휘말린다.

당시 가남풍은 태자를 폐위시키려고 했는데, 불행히도 반안이 이 음모에 걸려들었다. 태자가 술에 취한 틈에 가남풍은 반안을 시켜 귀신에게 올리는 문장을 짓게 하고는 태자에게 이 문장을 그대로 베끼도록 했다. 반안은 태자의 문장을 보고는 그의 필체를 흉내 내서 역모를 꾀하는 문장을 썼고, 태자는 결국 폐위되어 생모와 함께 피살되었다. 반안의 붓이 칼로 변한 순간이었다.

반안은 음모의 주동자는 아니었지만 그가 맡은 일은 결코 사소하지 않았다. 정권을 탈취한 조왕 사마륜(司馬倫)은 반안을 잡아들여 처형하고 아울러 삼족을 멸했다. 여기에는 반안이 예전에 사마륜의 친구인 손수(孫秀)에게 밉보인 것도 크게 작용했다.

반안의 일생을 종합하면 재능, 미모, 애정, 그리고 정치적 죄악이 한 몸에 농축된 복잡하고 모순된 생명체였음을 알게 된다. 훗날 사람들은 그의 미모만 기억하지만 이는 그를 너무 단순화한 것이다. 수많은 미남자 중 그가 많은 사람의 마음을 흔들 수 있었던 이유는 미모에 가려진 재능과 순수한 애정에 비극적인 삶의 그림자가 보태졌기 때문은 아닐까.

이처럼 잘생긴 남자가 많은 사람의 눈길을 끌며 시각적 즐거움을 선사했지만 동시에 번거로운 일도 적지 않았고, 황당무계한 사건도 벌어졌다. 위개(衛玠, 286~312)란 미남자는 미모 때문에 비극적인 일을 당했다. 그의 미모는 구슬이나 옥에 비유될 만큼 대단했다. 한번은 외출을 했는데 수많은 팬이 그의 얼굴을 보려고 몰려들었다. 빠져나가지 못할 정도로 사람들이 겹겹이 에워싸는 통에 놀란 위개는 그 자리에서 혼절했다. 그는 간신히 부축을 받고 집으로 돌아왔지만 이때 놀란 일 때문에 시름시름 앓다가 세상을 떠났다. 이것이 '간살위개(看殺衛玠)'라는 고사성어의 유래다. '눈으로 보는 것만으로 위개를 죽였다'라는 뜻이다. 미모 때문에 죽음에 이른 어처구니없는 비극이었다.

고대 미남들은 얼마나 잘생겼을까? 안타깝게도 구체적인 기록은 없다. 중국 남자들은 대체로 위진남북조시대부터 외모에 신경 쓰기 시작했는데, 이해를 돕기 위해 먼저 역사적 배경부터 소개한다.

삼국시대를 거치고 265년 서진(西晉)이 잠시 북중국을 통일하기도 했지만, 선비족을 비롯한 북방 민족이 침투하여 북방에서는 다섯 이민족이 난립하며 16개의 정권이 교체되는 혼란상이 연출되었다. 304년부터 439년에 이르는 136년간의 이른바 5호 16국(19국으로 보는 학자도 있다) 시대다. 한족 정권은 창장강 이남으로 내려가 동진(東晉)을 비롯한 여섯 개 정권을 수립하니 6조 시대(439~589년)가 그것이다. 이 두 시기를 위진남북조시대라 부른다. 북방은 위(魏)나라, 남방은 진(晉)나라를 대표적 정권으로 보아 이렇게 부른다. 남북을 합쳐 20개가 넘는 왕조가 난립하면서 수나라에 의해 통일되기 전인 304년부터 589년까지 286년에 걸친 대분열 시기를 겪었다. 춘추전국시대 다음으로 긴 대분열 시기였다.

흥미롭게도 이처럼 어지러운 시대가 옥처럼 곱고 구슬처럼 아름다운 미남자들의 시대이기도 했던 모양이다. 당시 미남자들 사이에서는 다음 세 가지가 유행했다고 한다.

첫째, 놀랍게도 당시 남자들은 수염을 깎았다. 남북조 이전의 남

'미염공'이란 별칭이 있는 관우. 남북조 시기 이전 남성들의 상징이라면 역시 수염이었다.

자들, 특히 미남이라고 하면 대부분 수염을 길게 기른 형상이었다. 《삼국연의》의 관우는 수염을 멋있게 기른 미염공(美髯公)으로 불렸다.

둘째, 얼굴에 분을 칠했다.

셋째, 분칠과 함께 향을 많이 사용했다. 오늘날 향수를 사용하는 것과 같았다. 《삼국지》를 보면 조조의 아들 조비(曹丕, 187~226)가 향을 너무 많이 사용하는 바람에 말이 그 냄새를 견디지 못하고 조비의 무릎을 깨물었다고 한다. 화가 난 조비는 말을 죽였다. 이 시기 남자들이 향을 얼마나 애호했는지를 잘 보여주는 일화다.

당시 남자들은 보편적으로 훗날의 여성화된 심미관이 있었던 것으로 보인다. 이를 혹자는 '음유미(陰柔美)'라 부른다. 전형적인 인물로

왕희지 초상. 여성이 교태를
부리는 것처럼 허리를 흔들며
걸었던 서예가 왕희지는 남북
조 시대 남성들이 여성미를 추
구했던 경향을 잘 보여준다.

는 위나라 승상 하안(何晏, 193~249)과 대서예가 왕희지(王羲之, 307~365)
를 들 수 있다. 하안은 매일 퇴근한 후에는 여자 옷을 입고 있길 좋아
했다. 왕희지는 길을 갈 때 마치 여자가 허리를 흔들면서 걷는 듯한 자
태로 걸었는데, 그 모습이 여성의 교태를 방불케 했다.

수염을 밀고 분을 바르고 향수를 뿌리며 여자 옷을 입고 살랑살랑
허리를 흔들며 가벼운 걸음걸이로 걷길 좋아했던 남북조 시대 남성들
의 여성화된 심미관은 음유미에 대한 당시의 숭배를 보여준다.

위진남북조시대 사람들은 미(美)를 사랑했다. 이 현상은 당시의
특징인 끊임없는 전란, 사회적 불안 등과 뗄 수 없다. 무엇보다 오늘
붙어 있는 머리가 내일이면 어찌 될지 모르는 미래에 대한 불안감이
미에 대한 극단적 집착으로 표출되었다. 이 때문에 기회만 되면 향락

을 추구하는 정서가 사회적으로 보편화되었다. 겉으로 드러나는 감각적인 미가 심미의 기준이 되었다.

그렇다 하더라도 이 시기 남성들의 심미관이 어째서 음유(陰柔)의 경향으로 나타났을까? 음유미는 중국인의 심미관에서 남성미를 대변하는 양강미(陽剛美)와 반대 또는 대비되는 개념으로 말 그대로 여성적인 미를 표상한다. 음유미에 대한 성향은 당시 사람들의 또 다른 유행 혹은 풍속과 밀접한 관계가 있는 듯하다. 그것은 다름 아닌 약물 복용이다. 당시 많은 사람이 오석산(五石散)이란 약물을 복용했는데, 오늘날 경련과 마비 및 통증에 사용하는 두냉정(杜冷丁, Dolantin)과 비슷하다.

오석산은 다섯 가지 광물을 섞어 만든 선약(仙藥)으로 알려진 약물이다. 당시 사람들은 이것을 복용하면 젊음과 장수를 누릴 수 있다고 인식했다. 유황, 석영, 종유 등이 포함되어 독성이 강하기 때문에, 계속 복용하는 것은 자살 행위와 다름없었다. 그런데 이 독성이 일시적으로 피부를 부드럽게 하는 작용을 했다. 이 때문에 사람들은 오석산을 복용하면 수명을 연장할 수 있다고 오해했다. 피부가 부드러워지는 것으로 끝나면 좋겠지만, 독성이 강한 만큼 가려움증을 동반하는 피부병이라는 부작용이 따랐다. 그러니 피부와의 마찰을 피하기 위해 몸에 달라붙는 옷은 입지 못하고 헐렁한 옷을 입을 수밖에 없었고, 신발도 발과 신의 마찰을 줄이기 위해 나막신 같은 것을 택했다. 더 큰 문제는 피부가 연해지면 씻을 수가 없어서 온몸에 이가 득실거렸다는 것이다. 이가 득실거려도 긁지 않는 것이 또 하나의 유행이었다. 따라서 옷 속으로 손을 쑥 집어넣어 이를 잡는 모습이 전혀 흉이 되지 않았다.

죽림칠현 가운데 한 사람인 완적. 위진남북조시대의 주요 사조는 고상한 고담
준론(高談峻論)의 청담(淸談) 사상이었다. 그 대표적인 인물들은 진(晉)나라 초기
에 무위 사상을 숭배하며 죽림에 모여 세월을 보낸 일곱 명의 선비를 일컫는 죽
림칠현(竹林七賢)으로 불렸다. 완적의 모습에서 당시 남성들의 외모와 성향을 엿
볼 수 있다.

약물 복용이 사회적 심미관의 거대한 변화를 가져왔고, 음유미가 사회의 주류 심미관이 되었다. 위진 시대에 꽃 같은 미남자가 많이 나왔다는 말은 결국 이러한 시대적 배경 및 사회적 풍속과 불가분의 관계가 있다. '시대가 영웅을 만든다'라는 말에 '시세가 미남을 만든다'를 추가해야 할 것 같다.

아름답고 좋은 것에 대한 추구와 집착은 인지상정이지만 그 배경을 파고들면 생각이 많아진다. 시간의 흐름 속에서 준수한 미남자들의 모습은 씻기고 없지만 그들의 아름다움은 여전히 많은 사람의 가슴과 머릿속을 맴돌다 입을 통해 다양한 전설로 전해진다. 오늘날 중국 남자들의 미적 기준과 가치관은 어떨까? 또 우리 사회를 풍미하고 있는 외모 지상주의의 한 단면인 꽃미남에 대한 열광은 훗날 어떻게 평가될까?

수천 년 동안 전제 왕조 체제와 이를 뒷받침한 관료 체제를 겪은 중국 인민의 심리는 늘 수동적이고 소극적이었다. 그 때문인지 백성들은 세 가지 꿈을 꾸며 살았다. 현명하고 어진 군주를 바라는 '명군몽(明君夢)', 그것이 아니면 청렴결백한 관리를 희망하는 '청관몽(淸官夢)', 그도 저도 안 되면 막강한 무공으로 나쁜 자들을 처단하는 협객을 갈망하는 '협객몽(俠客夢)'이다. 그 이면에는 꾹꾹 눌러놓은 원한과 복수심이 잠재해 있었다. 동시에 도움을 베푼 사람의 은혜는 죽어도 잊지 않는 심리도 형성되었다. 이것이 중국인 특유의 '은원관(恩怨觀)'이다.

또 중국인은 숫자에 집착한다. 8을 광적으로 좋아하고 모든 숫자에 의미를 부여했다. 이 집착은 중요한 문화 유적에도 여실히 반영되어 있다. 숫자에 대한 집착과 관념을 들여다보면 중국의 문화 전통과 중국인의 보편적 심리를 더욱 이해할 수 있다.

중국인의
심리적 뿌리와
숫자 개념

노려보기만 해도 보복한다

사드 사태는 중국의 전방위적인 보복을 불러왔다. 중국이 사드를 북한의 핵무기나 미사일을 방어하기 위한 것이 아니라 중국 군 기지를 탐지할 수 있는 시설로 보았기 때문이다. 중국인에게는 심각한 일이 아닐 수 없었다. 그런데 사드 배치를 위한 기지를 한국이 제공했으니 보복은 불을 보듯 뻔했다. 더욱이 바로 한 해 전 한국 대통령이 천안문 위에서 중국 전승절 군대 사열식에 참가했던 터라 중국의 배신감은 더했다.

보복은 중국과 사업하는 우리나라 기업들에 치명적이었다. 세무조사를 비롯한 각종 제재가 수시로 뒤따랐다. 사드 배치를 위한 부지를 제공한 롯데는 결국 철수당했다. 뿐만 아니라 한국과 한국인에 대한 중국인의 인식이 급속도로 나빠졌고, 혐한 풍조가 중국 전역을 휩쓸었다. 이 풍조는 10년이 지난 지금까지도 개선되지 않고 있고, 극복하는 데는 상당한 시간과 노력이 필요할 것이다.

사드 사태와 관련하여 앞서 이야기한 키워드 '보복'에 대해 좀 더 알아보자. 앞에서 '저렇게 큰 나라가 어째서 그렇게 쩨쩨하게 구는지'에 관해 이야기했다. '큰 나라'의 '쩨쩨한' 행동은 결국 '보복'으로 귀결된다. 우리로서는 큰 나라가 작은 나라에 그렇게 보복하는 행태가 잘 이해되지 않았고, 더욱이 그렇게 쩨쩨하게 행동하는 것은 더 이해하기 힘들었다.

사실 세 개의 키워드에서 핵심은 '보복'이다. '보복'이 아니라 '큰 나라'와 '쩨쩨하게'에 방점을 찍다 보니 제대로 이해할 수 없었던 것이다. 왜 그렇게 보복하나? 왜 보복할까? 이 질문이 먼저여야 했다. 그래야 중국인 특유의 은혜와 원수(원한)에 대한 뿌리 깊은 관념, 즉 '은원관(恩怨觀)'을 끌어내고, 보복의 이면에 있는 여러 이유를 알 수 있다.

중국 속담에 "군자의 복수는 10년 뒤라도 늦지 않다(君子報仇十年不晚)"라는 말이 있다. 또 "은혜와 원수는 대를 물려서라도 갚아라"라는 조금 섬뜩한 속담도 있다. 중국 영화와 드라마, 특히 사극이나 무협 영화의 주제는 대부분 배신과 원한, 은혜와 복수로 점철되어 있다. 그만큼 중국 사람의 정신세계에 은혜와 원수의 관념인 은원관이 뿌리 깊게 박혀 있다는 방증이다. '은원관'은 우리나라 사람들도 다른 나라 사람들 못지않지만, 중국인에게는 하나의 문화 현상으로서 DNA에 새겨져 있다고 할 수 있다.

그렇다면 이런 은원관은 어디서 비롯되었나? 우선은 제왕을 정점으로 하는 수천 년간의 신분·관료 체제와 그 체제를 둘러싼 권력투쟁

史記卷六十六

漢　太　史　令司馬遷　撰

宋中郎外兵曹參軍裴　駰集解

唐國子博士弘文館學士司馬貞索隱

唐諸王侍讀率府長史張守節正義

○伍子胥列傳第六

伍子胥者楚人也名員員父曰伍奢員兄曰伍尚其先

曰伍舉以直諫事楚莊王有顯故其後

世有名於楚楚平王有太子名曰建使伍奢爲太傅費

無忌爲少傅無忌不忠於太子建平王使無

사마천의 복수관이 집중적으로 반영되어 있는 《사기》 〈오자서열전(伍子胥列傳)〉 첫 부분. 3천 년의 통사를 다룬 《사기》에는 중국인 특유의 은원관이 곳곳에 새겨져 있다. 사마천은 이를 통해 '문화 복수'라는 새로운 복수 방식을 창출했다.

에서 뿌리를 찾을 수 있다. 그래서 은원관은 가문의 원한과 복수에서 개인의 원한과 보복에 이르기까지 거의 모든 인간관계에 작용한다. 조금 과장하면 중국 역사 자체가 은혜와 원수의 관계로 얽혀 있다. 은원관이 가장 드러나 있는 역사서가 사마천의 《사기》인데 몇 가지 예를 들어보겠다.

춘추시대 초나라의 명문가 출신인 오자서(伍子胥, ?~기원전 484)는 아버지와 형을 죽인 평왕(平王)의 마수를 피해 오나라로 망명했다. 그는 우여곡절 끝에 오나라의 공자 광(光, 오왕 합려(闔閭))을 왕으로 세워 높은 벼슬을 받았다. 그러고는 오나라 군대를 이끌고 조국 초나라를 공격했다. 오자서는 죽은 평왕의 '무덤을 파헤쳐 시체에 채찍질'을 가함으로써 아버지와 형의 원한을 갚았다. 이것이 저 유명한 '굴묘편시(掘墓鞭尸)' 고사다.

전국시대에 '원교근공(遠交近攻)'이라는 외교 전략을 제시하여 진나라의 천하 통일에 기여한 범수(范睢, ?~기원전 255)는 과거 자신에게 수모를 준 사람들에게 처절하게 복수했다. 그래서 사마천은 은혜와 원수를 갚는 범수의 태도에 대해 '밥 한 끼를 얻어먹어도 반드시 갚았고, 지나가다 째려보기만 해도 반드시 보복했다(一飯必賞, 睚眦必報)'라는 인상적인 평을 남겼다.

사마천 자신도 억울하게 반역죄에 몰려 사형 선고를 받았지만, 미처 완성하지 못한 역사서를 끝내기 위해 성기를 자르는 궁형을 자청하여 죽음보다 치욕스러운 시련을 겪었다. 사마천은 힘으로 복수하는 대신 붓으로 자신의 원한을 갚았다. 이를 '문화 복수(文化復讐)'라 한다.

이렇듯 중국인의 DNA에는 수천 년 역사의 시련 속에서 유전된 '은혜와 복수'라는 인자가 깊게 박혀 있다. 이런 사실을 이해한다면 '저렇게 큰 나라가 어째서 그렇게 쩨쩨하게 보복하냐'라는 질문에 '원래

특수 제작한 의자에 앉아 군대를 지휘하는 손빈의 모습. 전국시대 군사 전문가 손빈(孫臏, 기원전 4세기 중후반)은 동문이자 친구였던 방연(龐涓)이 자신을 모함하고 무릎 아래를 잘라내는 형벌을 받도록 하여 앉은뱅이로 만들자 복수를 위해 무려 20년 넘게 기다렸다. 그러고는 끝내 방연을 자살하게 만들어 원한을 갚았다.

그렇다'라는 답이 생뚱맞지는 않을 것 같다. 타고난 것을 '원래 그렇다'라는 말 외에 어떤 말로 대신할 수 있겠는가? 사드에 대한 중국의 보복은 아직도 끝나지 않았다. 나는 그것이 두려울 뿐이다.

그렇다면 원한과 복수의 상대 개념인 은혜와 보은을 함께 짚고 넘어가야 하지 않을까? 범수는 '밥 한 끼를 얻어먹어도 반드시 갚았다'고 하지 않나. 은원관의 또 다른 축인 도움을 베푸는 '시혜(施惠)'와, 도움에 반드시 보답하는 '보은(報恩)', 그리고 그 근저에 자리 잡고 있는 '약속'에 대한 이야기를 통해 중국인의 은원관을 더 분석해보자.

밥 한 번에 천금을 갚은 한신

원한과 복수는 배신과 박해(탄압)를 전제로 한다. 복수에는 흔히 누군가의 도움이 따른다. 어려운 상황에서 받는 도움의 손길 역시 은혜를 입는 경우다. 중국인은 원한과 복수에 철저했듯이, 사소한 은혜를 입어도 반드시 갚는다는 보은에도 철저했다.

'남에게 베푼 것은 돌아서서 잊고, 남에게 받은 은혜는 잊지 말고 보답하라.' 현실에서는 불가능해 보이는 고상한 차원의 말이지만 중국인의 은원관과 관련된 역사적 사례에는 심심찮게 등장한다. '밥 한 번 얻어먹고 천금으로 은혜를 갚았다'는 뜻의 '일반천금(一飯千金)' 고사는 초한쟁패 주역의 한 사람이자 유방을 도와 한 왕조가 들어서는 데 결정적인 역할을 한 명장 한신(韓信, ?~기원전 197)과 관련한 이야기다.

가난한 집안 출신이었던 한신은 젊은 날 별다른 직업 없이 동네를 전전하며 밥을 얻어먹는 신세였다. 현대 우리나라의 이장과 비슷한 정장(亭長) 벼슬을 하는 친구 집에서 한동안 밥을 얻어먹었지만 그 친구 부인에게 박대를 당했다. 이후 한신은 시냇가에서 낚시를 하다가, 빨래하는 아주머니를 가리키는 표모(漂母)의 도움을 받아 한 달 가까이 밥을 먹었다.

한신이 반드시 은혜를 갚겠다고 말하자 표모는 왕처럼 귀하게 생긴 사람이 왜 빌어먹고 다니냐며 핀잔 겸 격려하는 말로 그의 의지를 북돋아주었다. 훗날 한신은 유방을 도와 결정적인 공을 세우고 일등공신이 되었다. 초왕(楚王)이 되어 고향으로 금의환향(錦衣還鄉)한 한신은 지난날 자신에게 도움을 준 사람들을 일일이 수소문하여 은혜를 갚았다. 특히 표모에게는 천금으로 보답했다. 이것이 '밥 한 번 얻어먹고 천금으로 은혜를 갚았다'라는 고사다.

한신은 또 젊은 날 자신에게 '가랑이 밑을 기는 치욕(胯下之辱)'을 겪게 한 동네 건달을 기어코 찾아내서는 한바탕 꾸짖은 다음 벼슬을 주었다. 이는 얼핏 한신의 넓은 아량을 보여주는 행동 같지만 실은 보복 방식 중 하나다. 한신은 그 당시 내가 네까짓 놈을 상대할 수 없었겠냐며 자신에게 용감하게 대든 용기를 봐서 벼슬을 준다고 말했다. 이 말은 상대에 대한 경멸일 뿐이었다. 시혜가 아니라 복수의 또 다른

과하교. 한신이 젊은 날 동네 건달들의 가랑이 밑을 기는 치욕을 겪었던 '과하지욕'의 현장이다. 다리는 도로로 덮이고 허름한 패방만 남아 있다.

방식이었다.

한신은 초한쟁패가 절정에 이르렀을 때 천하 패권의 향방을 결정할 캐스팅보트를 쥐고 있었다. 항우든 유방이든 그가 편드는 쪽이 승리할 확률이 대단히 높았다. 이때 책사 괴통(蒯通)이 한신에게 한 나라를 세 사람의 군주가 나누어 다스리게 하는 '삼분천하(三分天下)'를 권했다. 한신은 이를 받아들이지 않았다. 아니, 받아들이지 못했다. 한신이 지극히 합리적인 괴통의 판단과 권유를 받아들이지 못한 까닭은 다름 아니라 자신이 어려울 때 유방이 '입혀주고 먹여준' 은인이기 때문이었다. 한신은 괴통의 예언대로 훗날 유방에게 '토사구팽(兔死狗烹)'당

한신의 고향 장쑤성 화이인시(淮陰市)에 있는 표모의 무덤. 그 앞에 보은정(報恩亭)이란 정자가 있다. 중국은 한신에게 밥을 나누어주었던 표모의 마음을 기리기 위해 그 무덤을 대대적으로 정비하는 한편 전시관을 세워 시혜와 보은의 가치를 교육하고 있다. 한신과 표모 이야기는 중국인의 은원관을 대변하는 고사이자 역사적 실례다.

했다.

이처럼 중국인의 은원관은 그 자체로 상당히 복잡하면서도 단순하다. 이 심리의 근원에는 주고받는 물질과 정신의 값어치에 대한 인식이 강하게 각인되어 있다. 그 안에는, 승낙했거나 마음먹은 바는 반드시 지킨다는 '약속'과 '실천'이라는 자기 구속력이 하나의 윤리 의식으로 자리 잡고 있다. 이 윤리 의식은 오랜 시간을 거치면서 개인의 윤리뿐만 아니라 사회윤리와 가치관으로 형성되어 중국인의 심리 상태를 지배하기에 이르렀다. 이것이 바로 중국인 특유의 은원관이다.

승낙과 약속, 그리고 실천이라는 가치관 내지 윤리 의식을 좀 더 알아보자.

마음으로 한 약속도 약속

은원관의 가장 깊은 뿌리는 약속과 실천이다. 마음먹은 일, 승낙한 일, 약속한 내용을 실제 행동으로 옮기면 그것이 '보은'이 되고 '복수'가 된다. 실천의 전제 중 하나는 약속이다. 은원관에는 타인에게 한 약속은 말할 것 없고 심지어 혼자 마음속으로 한 약속도 지켜야 한다는, 우리가 보기에는 강박관념 같은 심리가 작용한다. 이 지점에서 은원관에 대한 의문과 오해가 발생한다.

약속을 했으면 당연히 지켜야 한다는 것은 상식이다. 그런데 약속에 대한 중국인의 관념은 왜 이해하기가 쉽지 않을까? 답은 간단하다.

상식을 뛰어넘기 때문이다. 특히 오늘날 우리의 상식으로 받아들이기 힘들고 이해할 수 없는 부분이 많다. 2천5백여 년 전 고사를 통해 약속에 대한 중국인의 강박관념의 한 면을 들여다보자.

춘추시대 오나라 왕실의 인척이자 명망가였던 계찰(季札, 기원전 6세기 초중반)이 사신으로 중원의 여러 나라를 방문했다. 방문길에 계찰은 서(徐)라는 작은 나라에 들렀다. 서나라 군주는 계찰이 차고 있던 검을 유독 탐냈다. 당시 오나라와 월나라가 보검의 나라로 명성이 자자

검을 주겠다는 마음속 약속을 이행한 데서 유래한 계찰괘검 고사를 나타내는 그림

3장 • 중국인의 심리적 뿌리와 숫자 개념

했기 때문이다. 계찰은 검을 선물로 주고 싶었지만 그럴 수 없었다. 당시 귀족들 사이에서는 기본 예절로 항상 검을 차고 있어야 한다는 이른바 패검(佩劍) 풍조가 강했기 때문이다.

계찰은 서나라를 떠나 다른 여러 나라를 방문하고 귀국길에 올랐다. 돌아오는 길에 계찰은 다시 서나라에 들렀다. 그런데 그사이 서나라 군주가 병으로 세상을 떠나고 없었다. 계찰은 군주의 무덤을 찾아 조문하는 한편 자신의 검을 무덤 옆 나무에 걸었다. 죽고 없는 사람에게 검이 무슨 소용이냐고 수행원이 묻자 계찰은 마음으로 한 약속도 약속이라며 "내가 마음으로 검을 주겠다고 약속했기 때문이다"라고 했다. 여기서 약속에 대한 중국 특유의 관념을 잘 보여주는 '계찰괘검(季札掛劍)'이라는 고사성어가 탄생했다. '계찰이 검을 걸다'라는 뜻이다.

약속에 대한 중국인의 관념을 이해하려 할 때 한 가지 유의할 점은 약속 이행의 기한이란 문제다. 우리나라 사람들은 기한을 정하고 약속하는 것이 일반적이지만, 중국인에게는 그 기한이 우리와 상당히 다르다. 기한을 딱히 잘 정하지 않을뿐더러 애매모호하기까지 하다. 거래와 협상에서는 특히 이 점을 잘 살펴야 한다. 한·중 수교 이후 초기에 중국인과의 거래에서 계약서가 별 소용이 없었던 까닭도 이 때문이다. 하지만 약속은 반드시 지킨다는 그들의 자세와 관념은 반드시 존중해주어야 한다. 그것이 관계의 지속성을 담보하는 필수 조건이기 때문이다.

이처럼 수천 년을 거치면서 형성된 은원관이 오늘날 중국인의 생활과 의식에 뿌리 깊게 박혀 있다는 사실을 확인했다면 중국과 중국인을 제대로 알기 위한 든든한 받침돌 하나를 놓은 셈이다.

원한은 대를 물려서라도 갚는다

시대에 따라 변하는 복수관

"은혜와 원한은 대를 물려서라도 갚아라"라는 중국 속담은 은혜와 원한에 대한 중국인의 관념을 짙게 반영하고 있다. 이러한 은원관과 복수관은 수천 년 전부터 형성되었다. 하지만 여기에 깔린, 특히 복수 심리의 연원은 멀리 원시시대까지 거슬러 올라간다. 달리 말하면 원한에 대해 복수하려는 심리는 중국인뿐만 아니라 보편적 인간의 본성과 맞물려 있다. 남에게 도움을 받고 이를 갚는 보은의 심리도 같은 차원이다.

다만 중국은 이런 심리가 그들만의 역사와 문화에 짙게 투영되어 내려오면서 생활 속 깊이 파고들었기 때문에 지금도 은혜와 원한에 대한 관념이 강하게 남아 있다. 중국 문명이 황허강에서 발상한 이래 지금까지 단절되지 않고 지속된 지구 상 유일한 문명이자 역사라는 사실을 감안하면 은원관의 뿌리가 무척 멀리 거슬러 올라갈 것임을 충분히 짐작할 수 있다.

오랜 세월 동안 침략과 능욕에 불굴의 항쟁 정신으로 맞선 중국인

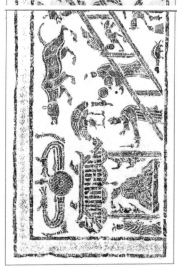

'와신상담'을 묘사한 한나라 때의 벽돌 그림. 원한과 복수의 대명사로 많은 사람이 와신상담을 거론한다. 장장 50년, 3대에 걸친 대하드라마를 간결하게 나타내는 사자성어로 지금까지 인구에 회자되고 있다.

은 억울한 일은 반드시 갚으며, 원한은 반드시 되돌려준다는 문화 전통을 형성했다. 특히 3천 년의 통사를 다루는 《사기》에는 비장하고 강렬한 복수에 관한 고사가 많이 기록되어 있다. 제나라 양공(襄公)의 9대에 걸친 복수, 오왕 부차(夫差)가 고소성(姑蘇城)에서 당한 패배를 설욕한 일, 월왕 구천(句踐)이 회계산(會稽山)의 치욕을 설욕한 일(와신상담(臥薪嘗膽)), 오자서의 복수 등이 대표적이다.

복수 관념과 성격도 시대에 따라 차이가 있다. 복수는 특히 《사기》에 반복해서 표현되는 주제 중 하나인데, 이를 ① 종법(宗法) 복수, ② 사림(士林) 복수, ③ 문화(文化) 복수 세 가지 유형으로 나누기도 한다.

《사기》의 복수 관련 고사들은 춘추시대 '종법 복수'의 특징이라 할 수 있는 '피로 피를 씻는다'는 정신을 계승한다. 그중 가장 눈길을 끄는 고사는 오자서와 백공(白公)의 복수다. 이 일화는 친족과 관련한 종법 혈연과 군신 윤리 중 어느 것이 먼저냐는 문제를 제기한다.

이 문제에 대해서는 선진(先秦) 시대와 양한(兩漢) 시대의 견해가 확연하게 대립한다. 《공양전(公羊傳)》 정공 4년 조에 따르면 아비가 죽으면 아들이 그 원한을 갚은 것은 당연한 일이다. 혈연의 정이 군신의 의리보다 중요하다는 점을 강조한 것이다. 《예기(禮記)》, 《주례(周禮)》, 《여씨춘추(呂氏春秋)》, 《신서(新序)》, 《회남자(淮南子)》, 《백호통의(白虎通義)》 등도 같은 태도를 견지하고 있다. 반면 《좌전(左傳)》 은공 4년 조는 "군주가 신하를 토벌했다면 누가 감히 이를 갚겠는가? 군주의 명은 하늘이다!"라고 하여, 평왕의 무덤을 파헤치고 시체에 채찍질한 오자서의 복수에 대해 반대 의견을 분명히 했다.

사마천은 분명 《공양전》 등의 관점을 받아들였다. 혈연의 정이 군신의 윤리보다 강하며, 구차하게 참는 것보다 복수가 먼저라는 관점이다. 이는 종법 복수와 복수 의식이 군신 윤리보다 더 유구한 전통과 깊은 심리적 뿌리를 갖고 있음을 말한다. 이 원시적 의미를 지닌 오랜 복수 문화 전통은 일종의 '집단 무의식'으로 사마천의 의식 깊은 곳에 가라 앉아 있던 것이자 사마천의 '복수 사상'을 탄생시킨 근원이기도 하다.

　　한편 기원전 770년에서 기원전 221년 진시황이 천하를 통일하기까지 약 550년에 이르는 춘추전국시대를 거치면서 전통적 복수관에 변화가 생겼다. 평민과 다를 바 없던 신분에서 사회 변혁을 이끄는 주도 세력으로 성장한 이른바 '사(士)' 계층이 출현하여 시대 변혁을 주도했다. '사' 문화가 여기서 흥기했고, 이른바 '사림 복수'라는 관념이 따라서 나타났다. 사림 복수는 춘추시대 초기 종법 복수와 구별하기 위해 제기된 개념으로, '사'의 보은과 인격적 존엄을 지키기 위한 복수 행위를 가리킨다.

　　'사' 계층의 인격적 존엄을 지키기 위한 행위와 깊이 연계된 의식은 '자신을 알아주는 사람에 대한 존중과 보은의 의무'다. 은혜를 입고도 갚지 않는 것은 '사'의 커다란 치욕으로 여겨져, 목숨을 바쳐서라도 원한을 갚는 행동이 스스럼없이 나타났다. 이로써 스스로 목숨을 끊는 자결이 사림이 보은의 의무를 이행하는 전형적인 방식이 되었다.

　　목숨까지 버려가며 보은하는 행위는 사회적 전파 매개체인 민중의 입과 가치 평가 등을 통해 신속하게 전파되었고, 사람들은 의리로

자객 예양(豫讓)의 행적을 묘사한 한나라 때의 벽돌 그림.《사기》〈자객열전〉에 따르면 예양은 자신을 알아준 지백(智伯)을 위해, 지백을 죽인 조양자(趙襄子)를 암살하려 했다. 〈자객열전〉은 보은을 위해 목숨을 바쳐 은인의 원한을 갚고자 한 자객들의 이야기다.

서로를 자극하고 의기투합하여 서로 격려하고 본받으려 했다. 의리를 중시하고 목숨을 경시하는 비분강개(悲憤慷慨)의 의협(義俠)을 자처하며 (이를 임협(任俠)이라 한다) 입신양명(立身揚名)하려는 분위기가 전국시대 사림을 휘감았다. 사림 복수는 이런 사림의 기풍을 배경으로 한 것이었다. 사마천의《사기》130편을 통해 가장 강렬한 인상을 남기는 〈자객열전(刺客列傳)〉은 이 방면의 전형이다.

복수관의 승화, 사마천의 문화 복수
사마천이 젊은 장수 이릉(李陵)의 항복을 변호한 이른바 '이릉의 화(禍)'로 당한 궁형은 견디기 힘든 치욕이었다. 궁형은 개인적 치욕일 뿐만 아니라 조상의 명성에 먹칠을 하는 형벌이었다. 망가진 몸은 불효의 표지였다. 공자(孔子)의 도통을 계승한다는 자부심이 있었고, 전국시대 '사'의 기풍을 강하게 지녔던 사마천에게 이런 치욕은 견딜 수없는 일이었다. 심리적 발전과 심화라는 관점에서 보아도 복수는 필연적이었다. 요컨대 사마천의 치욕을 복수라는 전통과 연계해 볼 때 궁형의 치욕은 강렬한 복수 심리를 유발할 수밖에 없었다. 그러나 제국을 재통일한 한나라의 전제군주 통치하에서 종법 복수나 사림 복수의

옥중에서 집필에 전념하고 있는 사마천. '발분저술'은 사마천이 만들어낸 문화 복수의 집중적 표현이다.

분위기와 토양은 더 이상 존재할 수 없었다.

사마천은 당시 대세에서 피의 복수는 불가능하다는 것을 알았다. 이런 상황에서는 제3의 복수 방식을 찾을 수밖에 없었다. 복수라는 대의를 이행하되 유혈 행위는 피하고 동시에 심리적으로 전제 폭군을 초월하여 인생의 경지를 승화시키는 복수 형식, 바로 '울분을 표출하되 책을 저술한다'라는 '발분저서(發憤著書)'에서 나온 '문화 복수'였다.

사마천은 《사기》 저술을 통해 전통적 복수관의 한계를 초월하여 고차원의 문화 복수 관념을 확고하게 형성했다. 문화 복수를 통해 그는 복수와 보상을 동시에 실현하고, 나아가 정의 구현 등과 같은 보편적 가치 실현이라는 고귀한 정신을 청사에 남겼다.

5천 년에 걸친 은원관 유전자

사마천이 《사기》를 통해 구현한 새로운 차원의 복수관은 후대 중국인 특유의 은원관을 형성하는 데 지대한 영향을 미쳤다. 따라서 오늘날 중국인의 몸속에는 《사기》의 은원관이라는 유전자가 있다고 할수 있다. 《사기》에 등장하는 대표적 은원 사례를 보면 다음과 같다.

1. 춘추시대에 진 문공(晉文公)이 망명 중인 자신을 도운답시고 목욕하고 있는 자신의 특이한 변협(騈脇, 통갈비뼈)을 훔쳐본 조(曹)나라 공공(共公)을 토벌한 복수
2. 망명 중 자신을 극진히 대접한 초나라 성왕(成王)에게, 두 나라가 싸우게 되면 '군대를 90리 뒤로 물리겠다'라는 '퇴피삼사(退避三舍)'를 약속

하고 훗날 이를 지킨 진 문공의 보은

3. 간신의 모함에 빠져 아버지와 형을 죽인 초나라 평왕에게 복수하고
자 망명한 오나라의 군대를 몰고 와서 초나라 수도를 점령한 오자서
가, 죽고 없는 평왕의 무덤을 파헤쳐 시신에 채찍질을 가한 복수

4. 춘추시대 오월동주(吳越同舟)와 와신상담(臥薪嘗膽)으로 대변되는 오나
라와 월나라의 원한과 복수

5. 권력에 눈이 먼 진나라 대장군 도안고가 조씨 가문 멸족을 자행한 후
장장 3대에 걸쳐 벌어진 조씨 집안의 원한과 복수의 대하드라마 '조
씨고아(趙氏孤兒)'

6. 자신을 알아준 지백(智伯)과 엄중자(嚴仲子)를 위해 각각 목숨을 바친 자
객 예양(豫讓)과 섭정(攝政)의 보은. 두 사람은 세간의 속담인 "지사는
자신을 알아주는 사람을 위해 죽고, 여자는 자신을 기쁘게 해주는 사
람을 위해 화장을 한다(士爲知己者死, 女爲悅己者容)"라는 명언을 남겼다.

7. 자신에게 육체적·정신적 수모를 준 위나라 재상 위제(魏齊)에게 복수
한 범수의 '밥 한 그릇을 얻어먹어도 반드시 갚았고, 지나가다 째려보
기만 해도 반드시 보복했다'라는 '일반필상(一飯必償), 애자필보(睚眦必
報)'의 은원관

8. 맹상군(孟嘗君)의 세금 징수인 위자(魏子)에게 몰래 도움을 받은 현자가
맹상군이 군주의 오해로 위기에 처하자 목숨을 바쳐 맹상군의 결백
을 밝힌 보은

9. 어려운 시절에 밥을 준 표모에게 천금으로 은혜를 갚은 한신의 보은
관. 여기서 '표모반신'과 '일반천금' 고사가 탄생했다.

10. 함양으로 떠나는 유방에게 다른 친구들은 여비로 3백 전을 주었지만 소하는 2백 전을 더 주었다. 훗날 황제가 된 유방이 소하를 일등 공신으로 봉하면서 봉지를 2천 호 더 보태어주어 과거 소하가 베푼

《사기》〈자객열전〉 부분. 〈자객열전〉은 중국인의 은원관을 가장 잘, 그리고 가장 심도 있게 반영하고 있는 《사기》 중에서도 특별한 기록이다.

호의에 답례한 고사

11. 초나라 사람 계포가 한 약속이 천금보다 더 가치 있고 굳건했다는 '계포일낙(季布一諾)' 또는 '일낙천금(一諾千金)' 고사. 약속의 중요성을 강조한 대목이다.

12. 계찰이 자신의 검을 갖고 싶어 했던 서나라 왕의 무덤에 검을 건 이야기. 마음으로 한 약속이라도 지킨다는 '계찰괘검' 고사는 중국인의 전통적이고 오랜 은원관의 뿌리가 약속과 믿음이라는 점을 잘 보여준다.

중국인 은원관의 역사적 뿌리와 그 문화를 이해하면 중국인에 대한 편견과 오해의 상당 부분을 걷어낼 수 있다. 중국인은 5천 년에 걸친 역사 속에서 인간이 경험할 수 있는 거의 모든 경우를 경험했고, 그 경험을 축적하여 특유의 문화 의식을 형성했다. 수천 년 지속된 왕조 체제의 한계와 수많은 전쟁과 살육은 중국인 특유의 생존 방식과 의리관을 형성하는 데 긍정적이든 부정적이든 큰 영향을 주었다. 은혜와 원한에 대한 인식 또한 분명해질 수밖에 없었다. 경색된 한·중 관계를 정확히 인식하고 냉정하게 대응하기 위해서라도 중국인의 뿌리 깊은 은원관을 바르게 이해할 필요가 있다.

백호도의 호랑이가 99마리뿐인 이유

중국 관련 사업을 하고 있는 기업인 한 분이 나에게 이런 질문을 한 적이 있다. 중국 쪽 파트너에게서 새해 선물로 큰 그림 한 점을 받았는데, 호랑이 1백 마리를 그린 '백호도'였다. 그런데 아무리 세어봐도 1백 마리가 안 되었다. 직원을 시켜 세어봐도, 가족에게 세어보게 해도 모두 1백 마리가 아니었다. '백호도라 해놓고 왜 1백 마리가 아니냐?'라는 질문이었다.

중국에서 들려오는 뉴스에 따르면 종종 어떤 화가가 수십 미터짜리 백호도를 그려서 화제가 되곤 하는데, 이 기업인이 화제의 대형 백호도를 선물로 받았으니 얼마나 기분이 좋았겠는가. 하여 호기심이 발동해서 정말 1백 마리가 맞는지 세어보았지만 아무리 봐도 1백 마리가 아니었다. 그렇다면 백호도에는 과연 몇 마리의 호랑이가 그려져 있을까?

정답은 99마리다. 그럼 99마리를 그려놓고 반올림해서 100이라고 한단 말인가? 아주 틀린 답은 아니지만 이게 다는 아니다. 중국을 비롯한 동양의 전통 사상에서 가장 많고 가득 차서 더 이상 갈 데가 없는 수는 10이 아니라 9다. 그래서 숫자 9를 극수(極數)라 한다. 다시 말해 10단위로 수를 완전히 채우지 않고 여지를 남기는 것이다. 그러니까 10단위의 극수는 100이 아니라 99다. 그러고는 1백 마리라고 치자는 것이다. 그림 제목은 당연히 백호도가 된다.

중국의 언어 습관을 비롯하여 전통적으로 내려오는 사상에서 주

백호도. 숫자에 대한 중국인의 관념을 이해하면 중국과 중국인에게 좀 더 깊이 다가갈 수 있다. 숫자가 생활과 관념에 깊숙이 침투해 있기 때문이다.

목해야 할 점은 여지(餘地)와 여운(餘韻)이다. 즉, 뒤를 남겨두는 것이다. 동양화의 여백을 떠올리면 쉽게 이해할 수 있다. 서양화는 정물이든 인물이든 화면을 꽉 채운다. 공간이 생기면 색으로라도 채운다. 반면 동양화는 한쪽을 비워놓는다. 주로 왼쪽 위를 비우고 그 옆에 화제(畫題)나 시를 써서 남긴다. 비워둔 공간을 '여백의 미'라고 하고, 그림과 시 그리고 글씨가 조화를 이루도록 배치한다. 이 셋에 모두 뛰어난 사람을 '삼절(三絶)'이리 한다. 나는 동양화의 여백을 '사유의 공간'이라고 표현하는데, 그림을 감상하는 사람을 위한 생각의 공간인 셈이다.

언어도 마찬가지다. 직설법 대신 은유와 비유 그리고 상징을 특징으로 하는 중국 특유의 고사성어는 중국인의 언어 습관에 고스란히 녹아 있다. 이를 제대로 이해하려면 그 말과 글의 역사적 배경과 거기에 잠재한 문화적 특성까지 읽어내야 한다. 번거롭고 어렵더라도 제대로 알아두면 중국인과의 관계에서 큰 효과를 거둘 수 있다. 중국인은 고사성어를 비롯한 시와 고전 구절을 즐겨 인용하는 언어 습관이 있기 때문이다.

아무튼 백호도에 얽힌 흥미로운 경험을 통해 그 기업인은 중국의 수(數) 개념을 알게 되었다. 나아가 이러한 수 개념은 중국뿐만 아니라 우리 문화와 사상에도 배어 있다. 그 기업인은 앞으로 서로의 관계를 끌어올릴 수 있는 작은 받침 하나를 마련했다며 뿌듯해했다.

숫자에 대한 중국인의 전통적 관념을 잘 보여주는 사례 중 하나를 베이징의 대표적 역사 유적인 천단(天壇)을 통해 알아보자.

숫자로 모든 것을 상징한다

동양 봉건사회에서 사람들의 모든 활동 분야를 통제하는 규범은 '예(禮)'였다. 예는 정치와 사회제도 전반에 영향을 미쳤는데, 최고 통치자가 머무는 궁궐과 사후의 무덤을 비롯하여 각종 건축물 조성에까지 엄격하게 적용되었다. 그중 '예'에 대한 요구가 더욱 엄격하게 적용된 건축 유형은 제사라는 행위가 주를 이루는 묘(廟), 단(壇), 사(祠), 당(堂) 등이었다. 그래서 이 건축물들을 예제 건축(禮制建築) 또는 단묘(壇廟) 건축이라고 부른다.

　중국 단묘 건축의 으뜸은 천단이다. 천자가 하늘에 제사를 올리는 천단은 대표적인 예제 건축이다. 동한 시대부터 시작하여 역대 천단은 모두 도성 남쪽 교외에 자리 잡았다. 천단의 단 자체는 통상 원형에 층계가 있는 모습으로, 일반적으로 환구(圜丘)라고 부른다. 우리나라도 조선시대 말 고종이 황제를 칭하면서 환구단을 세웠다. 지금의 조선호텔이 들어서 있는 곳이다.

　명나라 때부터 하늘에 제사를 지내는 장소는 도성인 베이징의 남쪽 교외에 두었다. 이는 하늘과 남쪽은 양(陽)이고 땅과 북쪽은 음(陰)이라는 음양 사상에서 비롯되었다. 북쪽에는 당연히 지단(地壇)을 두었다. 하늘과 땅, 해와 달에 제사를 올리는 활동을 교제(郊祭)라 하는데, 해에 제사를 드리는 일단(日壇)은 도성 동쪽에, 월단(月壇)은 서쪽에 두었다. 이 4단 중에서도 천단이 가장 중요했다.

　베이징의 명소 천단은 명·청 시대에 황제가 하늘에 제사를 올리던 장소다. 명·청 왕조를 거치면서 여러 차례 개축했으나 전체적인 틀은 원래 형태를 보존하고 있다. 외곽을 합친 천단의 전체 면적은 베이징 고궁인 자금성의 세 배가 넘는 약 273만 제곱미터(약 90만 평)에 이른다. 평면은 남북 1,657미터, 동서 1,703미터로 정방형에 가깝지만, 남쪽은 방형이고 북쪽은 원형이어서 남방북원(南方北圓) 또는 전방후원(前方後圓) 형태를 보인다.

　중국 고대 건축, 특히 예제 건축에는 상징적 수법과 구조가 구석구석 스며들어 있다. 이는 건축물을 통해 나타내고자 하는 의미를 담

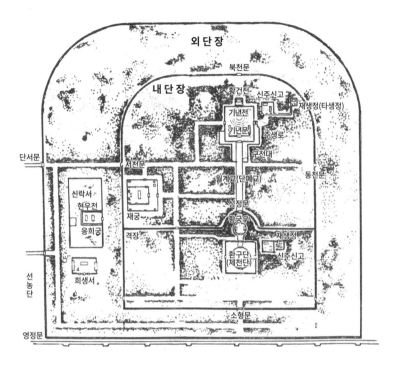

외단장
북천문
내단장 황건전 신주신고
재생정(타생정)
기년전
기년문
칠성로
구전대
단서문 서천문
월계교(단폐교)
동천문
신락서
현우전 성정문
재궁 황궁우
응희궁
격장 재생정
희생서 환구단 신주신고
(제천단)
선농단
소형문
영정문

천단 평면도. 천자가 하늘에 제사를 올리던 신성한 장소인 천단은 예제 건축의
최고봉이다.

고, 간접적이고 의미심장하게 그 의미를 음미하고자 했던 중국인 특유
의 기질과도 관련 있다. 이러한 상징 수법과 구조가 천단 건축에 두드
러지게 나타나 있다. 이 점이 천단 설계의 가장 큰 특색 중 하나다.

천단의 상징 구조는 형(形), 수(數), 색(色)으로 표현된다. 우선 천단
안팎으로 두른 이중의 담장에서 북쪽 좌우는 원형, 남쪽 좌우는 방형
이다. 이것은 '하늘은 둥글고 땅은 네모나다'라는 '천원지방(天圓地方)'

의 상징이다. 또 제천단(祭天壇), 황궁우(皇穹宇) 및 담장, 원형 기년전(祈年殿) 및 기단(基壇) 등은 모두 원을 주제로 하는데, 역시 '하늘'이란 주제를 상징한다.

숫자 운용은 주로 길(吉)을 추구하는 심리적 요구의 반영이다. 그 중에서도 '삼(三)'을 길수로 여기는 관점이 가장 먼저 나타났다. 이에 따라 1, 3, 5, 7, 9 등 홀수를 양수(陽數)라 하여 하늘을 상징하게 했다. 천단의 건축도 곳곳에 양수를 운용하여 하늘을 상징했다.

기단이 3층인 것 외에도 환구단의 바닥과 계단, 난간에 사용된 돌의 수는 모두 3의 배수, 특히 9를 중심으로 상징 구조가 펼쳐진다. 단의 하층 평면은 직경이 21(3×7)장이고 중층의 직경은 15(3×5)장이며 하층은 9(3×3)장이다.

기년전은 풍년을 기원하는 장소이기 때문에 상징에 운용된 수는 농사와 관련 있다. 대전 기둥은 안팎 3층으로 나뉜다. 12개의 처마기둥은 하루 12시진을 상징하고, 중층의 12개 기둥은 1년 12개월을 상징하며, 그것을 합친 24는 24절기를 상징한다. 그리고 내부의 네 기둥은 4계절을 상징한다. 반면 지단은 천단과는 대조적으로 음수를 운용하여 상징적 의미를 나타냈다.

색채의 경우 황색은 땅이고 푸른색은 하늘이다. 이는 객관적 자연 환경이자 정신적 상징의 근거다. 천단에서는 색을 운용한 상징 구조도 곳곳에서 볼 수 있다. 담장 지붕은 푸른색 유리기와를 사용했고, 황궁우와 기년전 지붕도 푸른 유리기와다. 그리고 소나무와 측백나무 같은 짙은 녹색 상록수를 능묘와 단묘 건축 주위에 심어 존경과 기념 그리

기년전. 농사와 관련한 숫자들을 상징으로 삼았다.

고 기원의 뜻을 표시했다.

천단은 이러한 상징 수법과 요소를 통해 궁전 건축의 전통에서 벗어나 간결하면서 엄숙한 분위기를 유감없이 표현하는 봉건사회의 중요한 의식 공간이었다. 그 분위기는 중국인의 전통적 우주관인 '천원지방'을 압축한 것이라 할 수 있다.

숫자 개념을 비롯하여 천단 건축에 운용된 모든 예술적 수법은 '하늘'이라는 엄숙하고 숭고한 개념을 드러내기 위한 것이다. 건축의 형식미에 대한 처리도 대단히 높은 성취도를 보여준다.

베이징의 천단 건축을 보면 중국인의 전통적 우주관과 숫자 개념을 비롯한 여러 중요한 관념을 실제 형상으로 확인할 수 있고, 나아가

3장 • 중국인의 심리적 뿌리와 숫자 개념

공중에서 본 천단의 모습. 천단에 들어서면 머리 위로는 하늘만 보인다. 마치 자신이 하늘 바로 아래에 와 있는 듯한 착각마저 불러일으킨다.

그 관념들이 오늘날 중국인의 생활과 정신 속에 알게 모르게 작동하고 있다는 사실도 실감할 수 있다.

숫자로 모든 것을 나타낸다

산시성의 성회 시안은 진시황릉, 병마용갱 외에도 한나라와 당나라의 황제릉 등 수많은 역사 고적이 있다. 10리가 멀다 하고 유적이 눈앞에 나타나는 3천 년 고도여서 전 세계의 수많은 사람이 찾는 명승지이다. 시안 관광이나 여행에서 빠지지 않는 코스 중 하나는 중국어로 자오쯔옌(餃子宴)이라고 부르는 만두 정식을 맛보는 것이다. 기본 반찬을 제외하고 최소 여덟 가지에서 수십 가지의 만두를 한자리에서 맛볼 수 있는 시안의 명물이다.

시안의 만두 정식은 1900년 청나라의 서태후(西太后, 중국에서는 흔히 자희태후(慈禧太后)로 부른다)가 8개국 연합군의 침공을 피해 이곳으로 도망쳐 왔을 때 나온 음식이라 한다. 사치와 향락의 아이콘이었던 태후가 시안에 와보니 불편하기가 이만저만이 아니었다. 특히 먹을 것이 마음에 들지 않아 불만이 컸다. 시안 사람들이 고심 끝에 태후를 위해 이곳 주식인 밀가루로 다양한 만두를 만들어 대접하니 겨우 만족했다고 한다. 이로부터 만두 정식은 시안의 명물이 되었고, 나아가 세계적 명성을 얻기에 이르렀다.

이 만두 정식의 마지막 코스로 나오는 것은 물에 끓인 콩알만 한 크기의 진주(珍珠) 만두인데, 너무 작다 보니 종업원이 국자로 건져서 개개인에게 떠준다. 이때 건져 올린 만두의 개수가 모두 다를 수밖에 없어 종종 불평을 듣는다. 이 때문에 종업원들은 진주 만두의 개수에 좋은 말을 붙여 불평을 누그러뜨리는 서비스를 제공한다. 여기에도 중국인 특유의 숫자 개념이 반영되어 있다.

예를 들어 진주 만두가 하나면 큰소리로 '이루핑안(一路平安)'이라고 말해준다. '가는 길이 내내 평안하세요'라는 뜻이다. 비슷한 말로 '이루순펑(一路順風)', '이판펑순(一帆風順)' 등이 있다. 진주 만두가 두 개면 '얼런퉁신(二人同心)' 또는 '얼룽시주(二龍戲珠)', '얼룽텅페이(二龍騰飛)'라고 말해준다. 앞의 말은 '두 사람 마음이 하나입니다'라는 뜻이고, 두 번째는 '용 두 마리가 여의주를 갖고 놉니다', 세 번째는 '용 두 마리가 하늘 높이 날아오릅니다'라는 좋은 뜻이 있다. 간혹 '이이당스(一以當十)'라고도 하는데 '하나가 열을 감당해냅니다'라는 뜻이다.

이런 식으로 종업원들이 10까지 좋은 말들을 이야기해주면서 서비스한다. 진주 만두가 10개 들어 있으면 '스취안스메이(十全十美)'라는 말을 가장 많이 해준다. '모든 것이 완벽합니다'라는 뜻이다. 참고로 다른 숫자들에 관한 이야기는 다음과 같다.

- ✦ 싼성유싱(三生有幸): '셋은 행운을 낳습니다.'(3은 행운의 숫자다.)
- ✦ 거중싼웨이(個中三昧): '저마다에 세 가지 맛이 있습니다.'(맛이 다양하고 좋다는 뜻이다.)
- ✦ 쓰퉁바다(四通八達): '두루두루 모든 곳에 다 통합니다.'

✦ 쓰하이셩핑(四海升平): '사해(천하)가 두루 평안합니다.'

✦ 우춰평등(五穀豐登): '오곡이 풍성합니다.'

✦ 우푸린먼(五福臨門): '오복이 이르렀습니다.'

✦ 류푸싱왕(六福興旺): '여섯 가지(모든) 복이 왕성하게 일어납니다.'

✦ 류류다순(六六大順): '만사형통과 같이 모든 일이 순조롭습니다.'

✦ 치싱가오자오(七星高照): '북두칠성이 높은 곳에서 비춥니다. 모든 곳이 환하게 빛납니다.'

✦ 치부청장(七步成章): '일곱 걸음 안에 문장을 짓습니다.'(뛰어난 문장 실력을 비유하는 말이다.)

✦ 바팡라이차이(八方來財): '팔방에서 재물이 몰려옵니다.'

✦ 바팡메이런(八方美人): '두루두루 모든 것을 잘하십니다.'

✦ 주주퉁신(九九同心): '모든 사람의 마음이 같습니다.'

✦ 이옌주딩(一言九鼎): '말 한마디가 가마솥 아홉 개보다 무겁습니다.'(말과 약속의 중요성을 비유한다.)

이런 숫자 관념을 이해하면 중국의 문화와 중국인의 습관을 파악할 수 있고, 좋은 관계를 맺는 데 도움을 받을 수 있다. 특히 식사 때 이 숫자들을 활용하는 경우가 종종 있기 때문에 1부터 10까지 한 가지씩 좋은 표현을 익혀두면 좋다.

여유가 된다면 우리 속담을 중국어로 번역하여 소개하면 더욱 좋을 것이다. 이를테면 "하나는 열을 꾸려도 열은 하나를 못 꾸린다"라는 우리 속담은 한 사람이 잘되면 여러 사람을 도울 수 있으나, 열 사

메인 요리 전에 나오는 상대적으로 차가운 요리인 량차이(凉菜). 중국은 음식과 요리에도 숫자 관념이 반영되어 있다. 요리의 가짓수를 비롯하여 세세하게 숫자를 적용한다.

람이 힘을 합해도 한 사람을 잘살게 하기 어렵다는 뜻이다. 그러니 두 사람이 한마음으로 믿고 도우면 좋은 파트너가 될 수 있을 뿐만 아니라 두 기업에서 일하는 직원들 모두에게 혜택이 돌아갈 수 있다는 해설을 붙여 대화를 이끌면 효과 만점이지 않겠는가.

또 대접받은 음식이 맛있으면 우리나라의 "둘이 먹다가 하나가 죽어도 모른다"라는 속담을 인용하여 칭찬해도 좋을 것이다. 좋은 뜻을 가진 우리 속담이 많으므로 틈틈이 익혀두면 도움이 될 수 있다.

중국인은 자신들을 세상의 중심으로 생각하고 그렇게 자처한다. 이것이 '중국(中國)'이고 이른바 '중화(中華)' 사상이다. 세상의 중심에 활짝 핀 꽃이다. 다른 말로 천하관념(天下觀念)이라고도 한다. 중화주의는 국수주의로 흐르기 쉽고, 다른 나라를 깔보는 오만함으로 표출되어 이맛살을 찌푸리게 하기도 한다. 중국과 중화의 역사·문화적 뿌리를 알아보고, 56개 다민족 국가로서의 중국, 불과 몇 년 전까지 세계 최대였던 인구에 관해 살펴본다.

4장

중화, 중국, 민족, 인구

우리가 세상의 중심, 중국

중국과 중국인을 이해하기 위해 알아두면 유용한 역사·문화적 배경을 바탕으로 현실적인 주제와 문제로 넘어가자. 먼저 '중국(中國)'이란 두 글자다. 말 그대로 '가운데 있는 나라'라는 뜻으로, 세계의 중심이란 자부심이 가득 차 있는 글자이자 나라 이름이다.

우리가 별생각 없이 나라 이름으로 알고 일상적으로 쓰는 '중국'은 1911년 신해혁명(辛亥革命) 이전에는 한 번도 정식 나라 이름으로 쓰인 적이 없다. 지금의 중국은 1949년 들어선 '중화인민공화국(中華人民共和國)'의 줄임말이다. 다른 말로 신중국이라고도 한다. 1949년 새로운 중국이 성립되었다는 뜻의 이 단어에는 '중국'을 오래전부터 사용해왔다는 의식이 반영되어 있다. 신해혁명 이후 1949년까지 사용한 '중국'은 '중화민국'의 줄임말이다. 사실이 이런데 우리나라 사람은 물론 중국 사람들조차 '중국'을 오래전부터 사용된 국호로 착각한다.

중국은 국호일 뿐만 아니라 오늘날의 중국 땅, 중국 사람까지 포괄하는 광범위한 단어이기도 하다. 모든 것을 녹여버리는 거대한 용광로처럼 중국이란 단어에는 중국의 모든 것이 포함되어 있는 듯하다.

이렇듯 오해 아닌 오해를 낳고 있는 기이한 '중국'에 관해 우선 글자의 의미와 유래를 알아보면 도움이 될 것이다. 中國(중국)에서 나라 국(國)은 성(城), 방(邦)의 뜻을 포함한다. 國(국)이란 글자를 살펴보면 성(口)으로 둘러싸인 강역(或)임을 알 수 있다. 그렇다면 중국은 '중앙의 성' 또는 '중앙의 나라'가 된다. 기원전 11세기에 건국된 주나라 시대의 문헌에서 중국은 적어도 다섯 가지 뜻을 포함한다.

> 첫째, 경사(京師), 즉 수도(首都)를 가리키는 경우
>
> 둘째, 천자가 직접 통치하는 왕국을 가리키는 경우
>
> 셋째, 중원 지구를 가리키는 경우
>
> 넷째, 국내 또는 내지를 가리키는 경우
>
> 다섯째, 한족이 거주하는 지구와 그들이 건립한 나라를 가리키는 경우

어느 쪽이건 보통명사였지 나라 이름을 가리키는 고유명사는 아니었다. 기원전 1046년 주 무왕이 은나라를 멸망시키고 그 아들 성왕 때 성주 낙읍을 건설했다. 그와 관련한 내용을 전하는 '하동준(何銅尊)'이란 청동기 명문을 보면 '택자중국(宅茲中國)'이란 구절이 나온다. 여기서 중국은 낙양 일대를 말한다. 위의 다섯 가지 뜻 가운데 둘째, 천자가 직접 통치하는 왕국을 가리키는 경우라 할 수 있다.

'중국'(왼쪽)이란 글자의 탁본과 하동준 청동기(오른쪽). 현존하는 '중국'이란 글자 중 가장 오래되었다.

기원전 202년 건국한 한나라 때부터 사람들은 한족(漢族)이 건립한 중원 왕조를 중국으로 부르기 시작했는데, 이민족이 건립한 중원 왕조들도 중국을 자칭했다. 물론 왕조의 이름은 따로 있었다. 이를테면 남북조 시기 남조의 왕조는 자신들을 중국, 북조의 왕조들을 경멸조로 '위노(魏虜)'라 불러 비하했다. 북조는 북조대로 자신을 중국, 남조를 '도이(島夷)'라 부르며 깔보았다. 중국이란 단어에 상대에 대한 우월

중국 수도 베이징의 중심인 천안문(天安門) 광장과 자금성(紫禁城) 주변. 사진 상단의 많은 기와로 덮인 건축물이 자금성이다. 오늘날 중국인들은 자금성이 라 부르지 않고 고궁박물원(故宮博物院), 줄여서 고궁이라 부른다. 자금성에서 '자'는 천자를 상징하는 색을 뜻하고, '금'은 함부로 들어갈 수 없다는 뜻이다. 1949년 신중국 성립 이후 누구나 들어갈 수 있는 옛날 궁이란 뜻의 고궁으로 이름을 바꿨다.

적 개념이 침투하기 시작한 것이다. 이후 요나라와 북송, 금나라와 남송도 중국을 자칭하며 상대를 중국으로 인정하지 않았는데, 이 경우는 힘의 논리가 작용하여 힘이 센 쪽이 중국이란 단어를 전용했다고 할 수 있다.

중국은 때로 중원 지구의 왕조라는 뜻으로도 사용되었다. 208년 적벽대전(赤壁大戰)이 일어나기 전날 저녁 제갈량(諸葛亮)은 손권(孫權)에게 "만약 오월(吳越) 사람들이 중국(中國)과 맞설 수 있다면 일찌감치 중국과 (관계를) 끊느니만 못합니다"라고 말했다. 제갈량이 말한 중국이란 중원 지구를 차지하고 있는 조조(曹操)의 위(魏)나라였다.

엄밀히 말해 고대 '중국'은 형용사였지 명사 혹은 고유명사가 아니었다. 물론 역사상 '중국'의 범위는 오늘날 중국의 범위와 같지 않다. 고대 왕조들 중 어느 나라도 중국을 정식 국호로 삼은 바 없다. 한 왕조의 국호는 한(漢)이었고, 당 왕조의 국호는 당(唐)이었다. 송(宋), 요(遼), 금(金), 원(元), 명(明) 모두 마찬가지였다. 청(淸) 왕조는 외국과 맺는 조약에서 나라 이름을 '대청(大淸)'이라 서명했다.

1911년 신해혁명 이후 비로소 중국은 중화민국의 약칭이 되었다. 1949년 신중국이 건국된 뒤로는 중화인민공화국의 약칭이 되었다. 지금 이 세상에는 하나의 중국만 존재한다. 그 수도는 베이징(北京)이다. 그럼 '중화(中華)'는 또 뭐란 말인가?

세상의 중심에 핀 꽃, 중화

중국인은 중국 못지않게 중화란 단어를 입에 올린다. 중화는 가장 많이 사용되는 중국의 별칭이자, 나라 국(國) 자가 안 들어갔을 뿐 국호에 버금가는 애칭이다. 화(華)는 꽃 화(花)와 같은 뜻이다. 글자 뜻 그대로 중심, 가운데에 핀 꽃이다. 세상의 중심에 핀 꽃이란 뜻이다.

허베이성 쥐루(涿鹿)에 있는 중화삼조당(中華三祖堂)의 삼조상(三祖像, 왼쪽부터 치우, 황제, 염제). 중국인은 자신들의 조상으로 전설 속의 제왕들인 염제(炎帝)와 황제(黃帝)를 꼽으며 '염황자손'이라 자처한다. 최근에는 동이족의 수령이었던 치우(蚩尤)까지 조상에 포함시키고 있다. 역사의 상한선을 끌어올리고 주변 민족들의 역사까지 중국사로 포섭하려는 프로젝트의 일환에 따른 것이다. 중화삼조당은 화하족과 동이족이 탁록전투를 벌인 지역에 조성되어 있다. 염제, 황제, 치우를 '중화삼조'로 부르며 자국의 조상으로 편입시킨 것이다.

중국의 별칭은 수십 개에 이르는데 중화와 화하(華夏) 그리고 구주(九州)를 상대적으로 많이 사용한다. 화하는 중화의 '화'와 '하'의 합성어인데, 여름 하(夏)는 우(禹) 임금이 세운 중국 최초의 왕조 하나라를 가리킨다. 화하는 '화려하고 영광스러운 나라'란 뜻을 함축하고 있는 중국의 별칭인 셈이다. 이 단어를 가지고 중국인은 화하족(華夏族)이라고 자칭하길 좋아한다.

하나라의 시조 우 임금은 천하를 아홉 개의 주, 즉 구주(九州)로 나누었다. 구주 가운데 기(冀)와 예(豫)는 오늘날 허베이성과 허난성의 약칭이며, 자동차 번호판에도 사용되고 있다. 현재의 허난성에 해당하는 예주(豫州) 지역은 과거 중원(中原, China Central Plain)으로도 불렸는데, 예주가 구주의 중앙에 자리 잡고 있기 때문에 붙은 이름이다.

중원을 차지하는 자, 천하를 얻는다

중화 문명의 발원지 중원은 먼저 보통명사로 평원이나 너른 뜰과 비슷한 뜻이었다. 그러나 오늘날 중원을 이런 뜻으로 사용하는 경우는 드물다. 중원의 두 번째 의미는 구역 또는 지구를 가리킨다. 이때의 중원은 좁은 의미와 넓은 의미를 포함한다.

좁은 의미의 중원은 허난성 일대만 가리킨다. 넓은 의미의 중원은 황허강 중하류 지역을 포함한다. 이 경우 중원에는 허난성을 비롯하여 이웃한 산둥, 허베이, 안후이, 산시의 일부 지역들이 포함된다.

역사적으로 춘추시대의 중원이라면 현재 허난성의 성회인 정저우에서 쉬창(許昌) 사이에 있었던 정(鄭)나라를 말한다. 중원 속의 중원이라고 할까. 오늘날 중원 하면 전자, 즉 허난성 일대만 뜻하는 단어로 정착했다.

중원 허난성 지역은 중국의 중심 지대로 중화 민족과 황허문명의 중요한 발원지이자 중국 문명이 탄생한 역사의 요람이다. 역대로 하, 상, 서주, 동주, 동한, 조위, 서진, 북위, 수, 당, 후량, 후당, 후진, 후한, 후주, 요, 북송, 남송 등 20여 개 왕조가 도읍을 정했거나 이곳으로 도

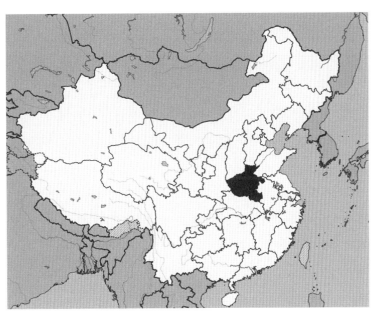

허난성의 위치. 역사적으로 중원으로 불렸던 허난성은 중국 문명의 요람이다.

4장 • 중화, 중국, 민족, 인구

읍을 옮겼다.

이로써 중원 허난은 수천 년 동안 중국 정치, 경제, 문화, 교통의 중심이 되었다. 특히 뤄양, 카이펑, 안양, 정저우 등이 세계적으로 유명한 고도로서 그 역할을 다해왔다. 중국 8대 고도 중 이 네 곳이 허난에 있는 것이다. 이 밖에 상추(商丘), 난양(南陽), 푸양(濮陽), 쉬창, 신정(新鄭) 등과 같은 곳이 있어서 허난성은 중국에서 고도가 가장 많이 밀집한 지역이다. 중원의 언어는 중원 관화(표준어)를 주로 사용한다.

중국 역사에는 '중원을 얻는 자가 천하를 얻는다'라는 말이 있다. 천하의 중심을 움켜쥐면 천하를 통제할 수 있다는 뜻이다. 또 '중원축록(中原逐鹿)'이란 사자성어도 있다. '중원, 즉 천하의 군웅들이 너 나 할 것 없이 일어나 사슴(패권)을 쫓는다'라는 뜻이다. 이때 중원은 중국 전체를 가리킨다.

대대로 중원은 황허문명 발상지인 황허강 중하류 일대인 허난성 지역을 주로 가리켰고, 이 지역을 차지하면 중국 전체를 차지할 수 있다고 했다. 하지만 1949년 신중국 성립 이래 최근까지 중원 허난성은 낙후를 면치 못했다. 황허문명 발상지이자 20여 개 왕조가 존재했던 과거의 명성은 그저 과거로만 묻히는 듯했다. 그러나 허난성은 서서히 기지개를 켜기 시작했다. 인구 약 1억에 사통팔달의 교통 요지로서 이제 중국뿐 아니라 전 세계가 주목하는 말 그대로 천하의 중심 '중원'으로 부활하고 있기 때문이다.

중국과 관련 있는 사람이라면 누구나 21세기의 중원에 주목하고 심도 있게 공부할 필요가 있다. '중원을 얻는 자, 천하를 얻는' 상황이

다시 도래하고 있기 때문이다. 또 하나 기억할 것은 허난성은 황허문명의 중심으로 역사와 문화를 자랑할 뿐만 아니라 역사상 유명 인물들을 가장 많이 배출한 곳이어서 가는 곳마다 관련 유적지들이 무수히 남아 있다는 사실이다. 요컨대 허난성과 교류하고 관계를 맺으려면 역사와 문화 그리고 이 명인들에 대해 알아두자.

중국의 별칭이 그렇게 많다고?

중국과 중화는 남들이 붙여준 이름이 아니라 중국인이 스스로 부른 명칭이다. 그럼 중화민국, 즉 중국 이전에 다른 나라들은 중국을 어떻게 불렀을까? 이 역시 중국의 별칭들이라 할 수 있는데, 주요한 몇 가지를 소개하겠다.

당(唐) 미국을 비롯하여 세계 각지에 차이나타운이 조성되어 있는데 얼마 전까지만 해도 이곳을 한자로 '당인가(唐人街)'라 했다. 지금은 대부분 '중화가(中華街)'로 부른다. 당은 외국이 중국을 부르는 호칭들 중 하나이다. 당 왕조 때 중국은 국력이 세계 최강이었고 명성 또한 대단했다. 이 때문에 이후 외국에서는 일쑤 중국을 당으로 불렀다(《명사》 〈진랍국전〉). 또 이와 관련하여 외국들은 중국을 '당가(唐家)'라 불렀고, 화교들은 자신들의 조국을 '당산(唐山)'으로 부르기도 했다. 언젠가는 자신이 돌아가서 묻힐 '조국의 산'이란 뜻이다. 한자를 종종 당자(唐字)

라 부르기도 했다.

진(秦), 진니(秦尼) 앞서 말한 상황과 비슷하게 중국은 진(秦)으로도 불렸다(《한서》〈서역전〉). 진(晉)나라 때 고승 법현(法顯, 337~422)은 서아시아와 남아시아의 여러 나라를 방문하고 돌아와 《불국기(佛國記)》를 남겼는데, 여기서 서역 나라들이 중국을 '진지(秦地)'로 부른다는 사실을 언급했다. 중국을 최초로 통일한 진(秦)나라의 국호가 중국을 대표한 경우다. 여기서 '진'의 음을 따서 중국을 '진니'를 비롯하여 '진니사단(秦尼斯壇, 친니스탄)', '마진(痲疹)', '마진니(馬秦尼)', '진니책(秦尼策)', '진나사단(秦那斯壇, 친나스탄)' 등으로도 불렀다. 이 이름들에서 차이나(China)가 유래되었다는 것이 통설이다. 이란의 페르시아어, 인도의 힌두어, 이탈리아어, 영어의 중국에 대한 호칭인 차이나는 '진'의 발음 '친'이 변화한 것이다. 진의 병음은 Qin이고 '친'으로 발음한다. 영어로 Chin도 발음이 '친'으로 같다. 여기에 'a'가 붙어 '차이나'가 되었고, 일본은 이를 근거로 '지나(支那)'라고 했다.

한(漢) 약 2천2백 년 전인 기원전 202년 건국된 한나라는 국력이 강성하여 여러 차례 외국으로 사신을 보냈다. 이후 중국인들은 한나라 '한' 자를 가지고 자신의 나라를 나타냈고, 외국인들도 흔히 중국을 '한'이라 불렀다. 현재 흔히 사용하는 '호한(好漢)'이란 단어는 본래 한나라 때 북방의 흉노가 한족 사병을 부르던 호칭이었는데, 이후 멋지고 좋은 남자를 뜻하는 단어로 바뀌었다. 호한 앞에 '영웅(英雄)'을 붙인 '영웅호한(英雄好漢)'이란 말도 많이 쓰인다. 오늘날 외국에서는 일반적으로 중국 문화를 연구하는 학자를 한학자라 부른다. 중국 민족을 한족(漢族), 문자를 한자(漢字), 문장을 한문(漢文)으로 부르는 것도 모두 한나라에서 비롯되었다. 약 4백 년 동안 존재했던 한나라 때 중국의 민족과 문화가 기틀을 다졌기 때문이다.

거란(契丹) 거란은 고대 북방의 소수민족이었다. 이들은 970년 요나라를 세웠다. 거란이 중국을 대신하는 이름으로 널리 알려진 것은 서방에서였다. 현재 러시아어와 슬라브어권에서 중국을 부르는 호칭 Китай(키타이)는 거란이란 음이 변한 것이다.

지나(支那) 근대 일본이 중국을 부르던 이름이다. 사실 인도, 이란, 그리스, 로마 등이 일찍부터 이 명칭으로 중국을 불렀다. 영어의 China도 같다. 일반적으로 '지나'는 진의 음이 바뀐 것으로, 기원전 5세기 인도 서사시 《라마야나》와 《마하바라타》에서 나왔다고 한다. 어떤 학자는 지나가 '형악(荊樂)'이란 단어의 음에서 바뀐 것이라고 본다. 형악이란 초나라 음악을 가리키는데, 이 음악이 외국에 전해져 그런 이름을 얻었다는 것이다. 또 다른 해석은 지나를 '사유(思惟)'로 번역하는데, 그 나라 사람들이 사려 깊기 때문에 얻은 이름이라는 것이다. 이 밖에 지나를 '문물의 나라'로 풀기도 한다.

진단(震旦) 고대 인도에서 중국을 부른 호칭이다. 동방은 진(秦)의 땅인

4장 • 중화, 중국, 민족, 인구

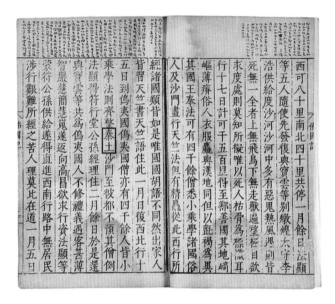

《불국기》의 판본. 법현 스님은 외국에서 '진'이란 이름으로 중국을 부르고 있다는 사실을《불국기》에 기록했다.

데 해가 뜨는 곳이어서 진단이라 불렀다고 해석한다. '진(震)'은 진(秦)의 음이 변한 것이고, '단(旦)'은 사단(斯壇, 스탄)의 줄임이라는 이야기가 전한다. ('스탄'은 '~의 땅'이란 뜻의 페르시아어다.)

새리사(賽里斯, 사이리스) 비단의 나라라는 뜻이다. 기원전 그리스와 로마 등지의 학자들이 쓴 책에 이 이름이 등장한다. 중국의 비단이 당시에 이미 알려졌다는 의미이다. 서양 학자들이 '사이리스'란 이름을 언급하면 대부분 칭찬하는 뜻이다.

'중화가'라 쓰인 대형 패방(牌坊)이 인상적인 인천 차이나타운 입구. 패방은 신성한 구역으로 들어가는 입구에 세우는 문으로, 우리나라의 홍살문, 일본의 도리이에 해당한다.

중국에 대한 외국의 호칭은 이처럼 다양했다. 사실 외국 여러 나라에 중국은 수천 년 동안 선망의 대상이었다. 세계에서 단연 앞선 문물을 중국이 보유하고 있었기 때문이다.

다민족 국가 중국

중국이란 나라와 민족을 공부할 때 기억해두면 유용한 숫자 네 개가있다. 바로 '3, 4, 5, 6'이다. 중국의 성시는 모두 34개다. 다음으로 56은중국에 거주하는 민족의 수를 가리킨다. 중국 정부가 56개 민족을 공

산시성 박물관 내의 소수민족 박물관. 중국은 56개 민족으로 이루어진 전형적인 다민족 국가다.

조선족을 묘사한 그림. 조선족은 55개 소수민족 중 인구 순서로 14번째이다. 현재 조선족은 인구가 계속 줄고 조선족 학교와 학생 수도 급감하여 한족에 동화될 것이란 우려가 커지고 있다.

식적으로 인정하고 있기 때문이다. 그래서 '3456' 하면 34개 성시와 56개 민족, 즉 중국의 땅과 사람을 간략하게 나타내는 수가 된다.

그런데 중국은 '1민족 돌출형 다민족 국가'라는 특징이 있다. 공식적으로 56개 민족을 인정하고 있지만 그중 한족이 90퍼센트 넘게 차지하고 있어서 나온 말이다. 즉, 한족이라는 하나의 민족이 두드러지기 때문에 '1민족 돌출형 다민족 국가'라고 한다.

그래서 한족을 제외한 나머지 55개 민족을 소수민족이라고 부른다. 1949년 신중국 성립 이후 중앙정부의 확인을 거쳐 56개 민족을 가려냈는데, 한족 이외의 55개 민족의 인구가 훨씬 적기 때문이다. 요컨대 소수민족이란 다민족 국가 중국에서 인구가 가장 많은 한족 이외의 민족을 가리키는 상대적 개념이다.

중국은 오래전부터 통일된 다민족 국가를 이루었다. 선사시대부터 종족과 문화의 교류가 끊임없이 이루어졌고, 상고시대에는 황허문명을 일군 황허강 중류의 화하족(華夏族, 훗날의 한족)과 주변 종족들이 충돌과 융합을 계속했다. 춘추전국시대에는 중원 지역과 주변 지역 나라들이 본격적으로 교류, 융합함으로써 기원전 221년 진(秦)나라가 천하를 통일할 수 있는 조건을 창출했다. 중국 역사상 처음으로 천하를 통일한 진나라는 문자, 화폐, 도량형 통일 등과 같은 심도 있는 통일 정책을 통해 통일된 다민족 국가의 완성을 추구했다.

참고로 현재 중국이 공식적으로 인정하는 56개 민족의 인구와 주요 분포지를 표로 정리했다. 이들 소수민족 가운데 신장 웨이우얼 자치구에 많이 모여 사는 위구르족에 대해서 좀 더 알아보자.

인구 순위	민족명	인구(단위: 명)	주요 분포 지역
1	한족(漢族)	11억 3,738만	전국
2	장족(壯族)	1,617만	광시, 윈난, 광둥, 구이저우, 후난
3	만족(滿族)	1,068만	랴오닝, 헤이룽장, 지린, 네이멍구, 간쑤, 닝허, 신장 웨이우얼
4	회족(回族)	981만	닝허, 간쑤, 칭하이, 신장 웨이우얼, 윈난
5	묘족(苗族)	894만	구이저우, 윈난, 후난, 충칭, 광시, 쓰촨
6	유오이족(웨이우얼족, 위구르족, 維吾爾族)	839만	신장 웨이우얼, 후난
7	토가족(土家族)	802만	후베이, 후난, 충칭, 구이저우
8	이족(彝族)	776만	쓰촨, 윈난, 구이저우, 광시
9	몽골족(蒙古族)	581만	네이멍구, 신장, 랴오닝, 지린, 헤이룽장, 간쑤, 칭하이 및 닝허, 윈난 등
10	장족(藏族)	541만	시짱, 칭하이, 쓰촨, 간쑤, 윈난
11	포의족(布依族)	297만	구이저우
12	동족(侗族)	296만	구이저우, 후난, 광시
13	요족(瑤族)	263만	후난, 광시, 윈난, 광둥, 구이저우
14	조선족(朝鮮族)	192만	지린, 헤이룽장, 랴오닝
15	백족(白族)	185만	윈난, 구이저우, 쓰촨 등
16	합니족(哈尼族)	143만	윈난
17	합살극족(哈薩克族)	125만	신장 웨이우얼
18	여족(黎族)	124만	하이난
19	태족(傣族)	115만	윈난
20	여족(畲族)	70만 9천	저장, 푸젠
21	율속족(傈僳族)	63만 4천	윈난, 쓰촨
22	흘료족(仡佬族)	57만 9천	구이저우, 광시
23	동향족(東鄕族)	51만 3천	간쑤, 닝허, 신장
24	랍호족(拉祜族)	45만 3천	윈난
25	수족(水族)	40만 6천	구이저우, 광시
26	와족(佤族)	39만 6천	윈난
27	납서족(納西族)	30만 8천	윈난, 쓰촨

28	강족(羌族)	30만 6천	쓰촨
29	토족(土族)	24만 1천	칭하이
30	마료족(仫佬族)	20만 7천	광시
31	석백족(錫伯族)	18만 8천	신장, 랴오닝, 지린
32	가이극자족 (柯爾孜族)	16만	신장 키질수 키르기스 자치주 주변
33	달알이족(達斡爾族)	13만 2천	네이멍구, 헤이룽장, 신장
34	경파족(景頗族)	13만 2천	윈난
35	모남족(毛南族)	10만 7천	광시
36	살랍족(撒拉族)	10만 4천	칭하이, 간쑤, 신장
37	포랑족(布朗族)	9만 1천	윈난
38	탑길극족(塔吉克族)	4만 1천	신장
39	아창족(阿昌族)	3만 3천	윈난
40	보미족(普米族)	3만 3천	윈난
41	악온극족(鄂溫克族)	3만	네이멍구, 헤이룽장
42	노족(怒族)	2만 8천	윈난
43	경족(京族)	2만 2천	광시
44	기낙족(基諾族)	2만	윈난
45	덕앙족(德昂族)	1만 7천	윈난
46	보안족(保安族)	1만 6천	간쑤
47	아라사족(俄羅斯族)	1만 5천	신장
48	유고족(裕固族)	1만 3천	간쑤
49	오자별극족 (烏孜別克族)	1만 2천	신장
50	문파족(門巴族)	8,900	시짱
51	악륜춘족(鄂倫春族)	8,100	네이멍구
52	독룡족(獨龍族)	7,400	윈난
53	탑탑이족(塔塔爾族)	4,800	신장
54	혁철족(赫哲族)	4,600	헤이룽장
55	고산족(高山族)	4,400	타이완, 푸젠
56	낙파족(珞巴族)	2,900	시짱
57	기타 식별할 수 없는 민족	73만 4천	
58	중국적 외국인	941만	

춤과 노래를 즐기는 위구르족

여기서는 중국 전체에서 6위, 55개 소수민족 중에서 5위를 차지하는 웨이우얼(維吾爾), 흔히 위구르라 부르는 소수민족에 대해 알아보자.

비단길, 즉 실크로드가 지나가는 주요 도시 장예시(張掖市)의 서남쪽으로 우뚝 솟은 치롄산(祁連山) 북쪽 기슭 일대에서는 어디서나 백설이 덮인 산봉우리와 함께 펼쳐지는 광활한 초원을 볼 수 있다. 흰 구름이 날다가 대지 위에 내려앉은 듯한 그 초원이 바로 유목으로 살아온 위구르족의 터전이다.

위구르는 튀르크계 민족으로 처음에는 몽골고원에서 살다가 중앙아시아로 옮겨 활약하였다. 즉, 위구르족의 선조는 기원전 3세기 무렵 시베리아 바이칼 호수 이남과 발하시 호수 주변의 광활한 몽골 초원 지대에 살던 정령(丁零) 부족까지 거슬러 올라간다. 이후 5세기에 톈산산맥(天山山脈) 남북에 거주하던 철륵(鐵勒)과 고차(高車) 종족 집단으로 이어진다.

서기 8세기 무렵 동돌궐이 쇠퇴하자 서기 744년 초대 가한(칸, 可汗)인 쿠틀룩 빌게 퀼(骨力裴羅)이 우추켄 산록을 근거지로 오르홍강 기슭에 도읍을 정하고 위구르 제국인 회골한국(回鶻汗國)을 건국함으로써 위구르족의 역사가 본격적으로 시작되었다.

2021년 통계에 따르면 위구르족의 주요 분포지는 신장과 간쑤이며, 중국 내 위구르족 전체 인구의 99퍼센트인 약 1,170만 명이 이곳에 거주한다. 특히 신장 웨이우얼 자치구에 집중 분포하고 있으며, 동

자치구의 최대 민족이기도 하다. 여타 각 성급 행정구역에 나머지 몇 만 명의 위구르족이 흩어져 있다.

신장 내 위구르족의 주요 거주 지역을 살펴보면 타림 분지, 투루판 분지, 하미(哈密) 분지, 이리(伊犁) 지구와 우루무치(烏魯木齊) 등 톈산산맥 이북의 일부 지역에 흩어져 있다. 이 외에 후난성의 창더시(常德市), 타오위안현(桃源縣)과 한서우현(漢壽縣)에도 수천 명의 위구르족이 살고 있는데 이들의 대다수는 13세기경 중국 내륙 지방으로 이주한 위구르족 29개 성씨 집단의 후손이다.

위구르족은 남녀 할 것 없이 모두 춤과 노래를 즐겨 하고 잘한다.

투루판에 있는 음악가 왕뤄빈(王洛賓, 1913~1996) 흉상. 한족 출신인 그는 실크로드 지역에 거주하는 위구르족을 비롯한 소수민족의 민요를 채집하는 데 평생을 바쳤다.

손님을 맞이하는 신장 위구르족 여
자. 위구르족의 전통 복장은 다양한
장식이 특징이다.

구비문학도 매우 풍부하다. 역사상 서사, 노동가요, 애정가요 등 많은
민가(民歌)를 생산해왔다. 그림같이 아름다운 간쑤성 남부 쑤난(肅南)
초원에 들어서면 어디서나 은쟁반에 옥구슬 굴리는 간드러진 소리와
우렁찬 노랫소리를 함께 들을 수 있다. 자유로운 유목 생활이 청춘 남
녀에게 서로 가까워지고 사랑할 수 있는 환경을 마련해주었다.

　　위구르족의 복장은 간쑤성의 여러 소수민족 중 가장 특색 있다.
이들은 머리에 털로 짠 모자를 쓰는데, 여자들은 모자 앞 가장자리에
두 줄의 검은 테두리를 박고 꼭대기에는 붉은 실로 술을 단다. 고대 여
장부의 풍채가 물씬 배어나는 모자다. 여성들은 결혼할 나이가 되면
머리카락을 여러 갈래로 땋은 다음 다시 크게 세 갈래로 나누어 둘은

앞으로 하나는 뒤로 늘어뜨린다. 여기에 산호 구슬, 조개껍질, 초록색 또는 파란색 돌, 각양각색의 실로 짠 기하학적 도안 등으로 치장한다.

위구르족 복장의 특징은 옷자락과 깃이 크고, 허리춤은 넓고 소매도 헐렁하다는 것이다. 여성의 옷깃과 소매에는 꽃, 새, 고기, 벌레 따위를 수놓아 색이 화려하고 생동감이 넘친다.

위구르족은 손님 방문을 무척 반기고 좋아한다. 집에 손님이 오면 먼저 우유차를 대접한다. 이 차는 단단한 벽돌 모양으로 다진 차에 양젖 따위를 넣어 끓인 것으로, 몽골, 칭하이, 신장, 시짱(티베트) 등의 유목민이 즐겨 마신다. 그다음 손으로 양고기와 쌀보리술을 들고 접대한다. 이때 손님이 꼭 지켜야 할 것이 있다. 텐트로 들어서기 전에 몸에 지닌 창, 탄약, 채찍, 생고기 따위를 모두 꺼내 주인에게 넘겨줘야 한다. 텐트 안에 들어가서는 남자는 왼쪽, 여자는 오른쪽에 앉는다. 주인이 음식을 차려 내올 때 손님은 움직이면 안 된다.

인구 14억은 어떻게 이루어졌나?

중국을 이해하기 위한 주요 키워드 중 하나인 '많음'의 가장 두드러진 지표는 14억에 이르는 인구다. 2, 3년 전까지만 해도 중국 인구가 세계 최다였지만 최근 인도가 그 자리를 대신했다.

2016년 인구 통계에 따르면 타이완과 해외 화교 인구를 포함한 전체 중국의 인구는 13억 8,271만 명으로 집계되었다. 이 통계에는 호적이 없는 꽤 많은 인구가 포함되지 않았다. 현재 중국 인구를 대체로 14억 2천만 정도로 추산하고 있고, 16억을 정점으로 인구가 줄어들 것으로 예상하고 있다. 그러나 중국 젊은이들의 출산에 대한 거부감 등을 감안하면 16억 이하에서 인구 증가가 멈출 가능성도 적지 않다.

14억이라는 어마어마한 숫자 때문에 중국 하면 인구 이야기부터 꺼내는 경우가 많다. 사실 땅 넓이로 따져보면 우리나라 인구가 중국 인구보다 많다. 중국의 땅 넓이는 남한의 95배지만, 인구는 5천만 명인 남한 인구의 28배에 지나지 않기 때문이다. 즉, 인구밀도는 우리나라가 중국의 약 3.5배로 훨씬 높다.

인구 이야기가 나왔으니 대체 중국의 인구는 왜 그렇게 많으며, 언제부터 그렇게 늘어났는지, 1억 명을 돌파한 시기는 언제인지 등에 대한 궁금증을 풀어보자.

중국 성시의 인구를 역사적으로 고찰한 《중국분성구역사인구고(中國分省區歷史人口考)》(산둥인민출판사, 2006)에 따르면, 기원전 221년 진시황이 중국을 통일하기 약 120년 전인 기원전 340년 전후의 중국 인구는 약 3천3백만 명이었다. 통일 전쟁을 거치면서 인구가 많이 줄어, 유방이 천하를 재통일하고 서한을 건국하는 기원전 202년 무렵에는 2천만이 겨우 넘었다. 그 뒤 안정과 발전을 이루면서 인구가 급속도로 늘어 2백 년 뒤인 기원후 2년 서한 말기에는 약 6천7백만 명에 육박했다.

서한에서 동한으로 넘어가기 전에 왕망이 잠깐 서한 정권을 찬탈하고 신나라를 세웠지만 그 과정에서 큰 전쟁이 없었기 때문에 140년 동한 중기까지 인구는 꾸준히 늘어 약 7천3백만 명에 이르렀다. 그러나 동한 말기 외척과 환관들이 권력을 놓고 싸우고, 이와 함께 지방 세력들이 일어나 서로 싸우기 시작하면서 이른바 삼국시대가 시작되었다. 이후 서진(西晉)이 북방을 통일한 282년 무렵에는 약 3천7백만 명으로 인구가 크게 줄었다. 불과 140년 사이에 인구가 거의 반 토막이 난 것이다.

남북으로 여러 정권이 대치한 약 3백 년에 걸친 위진남북조시대 동안 인구는 완만하게 상승하여, 수나라가 긴 분열기를 마감하고 짧은 통일을 이루었던 609년 무렵의 인구는 6천4백만을 넘었다. 그러나 양제의 폭정, 국가 분열, 전쟁 등으로 수나라가 망하고 당나라가 다시 천하를 통일한 직후인 639년 무렵에는 인구가 다시 반 토막이 나서 약 3천2백만으로 줄었다. 그 뒤 당나라 정권이 안정을 이루고 번영기를 맞이하면서 752년 무렵까지 약 110년 만에 무려 세 배 가까이 인구가 늘어 약 9천만에 이르렀다. 지금으로부터 약 1천3백 년 전 중국의 인구는 1억에 근접하고 있었다.

그 뒤 오대 10국이라는 혼란기를 맞이하여 인구가 다시 대폭 줄었으나, 천하를 다시 통일한 북송 정권의 말기인 1102년에는 마침내 1억이 넘어 약 1억 2천만에 이르렀다. 이후 중국 인구는 원나라 말기의 분열과 농민 전쟁을 거치고 정권을 수립한 명나라 초기인 1330년 무렵 약 8천4백만 명으로 1억 밑으로 떨어진 것을 제외하고는 줄곧 상승하여 1억 대를 유지했다. 명나라 후기인 1578년 통계를 보면 약 1억 8천만으로 크게 늘었고, 청나라에 들어와서도 계속 상승하여 청나라 중기인 1820년에는 4억을 넘어섰다. 약 2백 년 전 중국 인구는 이미

4억을 넘어 5억을 향하고 있었다.

그 후로 중국 인구는 줄지 않고 계속 늘었고, 1949년 신중국 성립 무렵에는 약 5억 4천만까지 늘었다. 1953년 6억을 넘어섰고, 30년 뒤인 1982년에는 마침내 10억을 돌파했다. 1966년부터 약 10년 동안 이어진 문화대혁명이라는 극심한 병목 위기를 겪으면서 수천만에 이르는 사람이 굶어 죽기도 했지만, 인구가 국력이라는 국가정책 때문에 전체 인구는 계속 증가했다. 2000년에는 13억에 육박했고, 앞서 언급한 대로 2016년에는 14억에 육박했다.

1949년 신중국 성립 이후 중국은 1981년에서 1990년에 이르는 이른바 제3차 출산의 최고점을 지났다. 1978년에 개혁개방 정책을 펴고 1980년에는 한 집에서 자녀를 하나만 낳도록 법으로 강제한 산아제한 정책 때문에 증가율이 안정을 찾고 저출산 단계로 접어든 결과였다. 이후 노령화 때문에 생산 인구가 줄자 35년 만인 2015년에 한 가정 한 자녀 정책을 폐기하고 두 명까지 허용했다.

전체적으로 중국 인구는 통일-번영-분열(전쟁)-재통일이라는 과정을 거치면서 상승과 감소를 반복하는 일정한 패턴을 보인다. 과거 중국 인구의 전체적 특징은 기본 인구 비중은 큰 데 비해 교육 수준은 상대적으로 낮고, 노령화 정도는 높은 데 비해 도시화는 낮았다. 그러나 출산율의 최고봉을 지나 저출산 단계로 접어들면서 전체 인구의 기초가 점점 높아져 대학 교육을 받은 인구가 5천만을 넘어서기에 이르렀다.

한편 노령화가 점점 빨라져 노령 인구가 크게 증가했다. 몇 살부터 노령으로 인정하느냐에 따라 비율이 달라질 수밖에 없지만 2014년 통계에 따르면 60세 이상 인구가 2억을 넘어 전체 인구의 15퍼센트를 넘어섰다. 한편 소수민족 우대 정책에 따라 소수민족 인구는 비교적 빠르게 증가하고 있고, 한 가정의 규모는 점점 축소되고 있다. 이와 함께 도시화도 비교적 빠르게 진행되고 있다.

중국 하면 요리와 술을 떠올리는 사람이 많다. 도수 높은 이른바 '빼갈'과 기름진 요리는 중국의 트레이드마크가 되었다. 빼갈은 바이간(白乾)의 우리식 발음으로 건배라는 뜻이다. 이 장에서는 중국인의 생활에서 빠질 수 없는 음식과 술 이야기를 집중적으로 다루겠다.

인간의 삶에서 빠질 수 없는 세 가지를 공자(孔子)는 식(食), 색(色), 성(性)이라 했다. 인간은 단순히 허기를 채우기 위해 먹고 마시는 원시적 본능에 만족하지 못했다. 먹고 마시는 자리에 특별한 의미를 부여했고, 이 때문에 역사상 흥미로운 사건이 적지 않게 발생했다. 특히 술과 음식을 동반한 술자리가 역사를 바꾸는 경우까지 벌어졌다. 이런 점에서 중국인에게 음식과 술 그리고 술자리는 하나의 특별한 문화가 되었다. 우리에게도 널리 알려져 있는 베이징덕으로 이야기를 시작한다.

5장

중국인의 음식과 술

세계적 명성의 베이징덕

베이징 요리 하면 누가 뭐라 해도 '베이징덕'으로 잘 알려진 '카오야(烤鴨)'를 첫손가락에 꼽는 사람이 많다. 카오야의 기원은 지금으로부터 약 1천7백여 년 전인 남북조 시대까지 거슬러 올라간다고 한다(《식진록(食珍錄)》의 '자압(炙鴨)'). 원나라 때인 1330년 무렵 궁중 의사였던 홀사혜(忽思慧)의 《음선정요(飮膳正要)》에 '고압자(烤鴨子)'라는 용어가 보이는데 카오야에 관한 기록으로는 처음이다.

사실 카오야의 기원에 관해서는 정설이 없다. 베이징 기원설을 비롯하여 항저우, 지난, 시안, 카이펑까지 다섯 가지 설이 있고 나름대로 역사적 근거가 있다. 오리 요리가 워낙 보편적인 것이어서 각지에서 비슷한 요리들이 생겨났고, 베이징 카오야가 세계적 명성을 얻으면서 각지에서 서로 원조라고 들고나온 것으로 보인다. 대체로 베이징 카오야의 뿌리는 카이펑으로 보는 것이 일반적이다.

    지금의 베이징 카오야는 원래 난징 카오야였으나 명나라 때 수도를 난징에서 베이징으로 옮기는 바람에 베이징 카오야가 되었다고 한다. 화덕에 오리를 넣고 불을 때서 굽는 벤이팡(便宜坊) 방식과, 오리를 불 위에 걸어 넣고 장작을 때서 굽는 취안쥐더(全聚德) 방식으로 크게 나뉜다. 요리할 때는 서너 시간 구워 오리 특유의 냄새와 기름을 뺀다. 장작은 대추나무를 최고로 치며 복숭아나무, 은행나무, 배나무 등 주로 과일나무 장작을 좋은 장작으로 친다.

    오리는 대개 60~70일 정도 기르는데, 무게 3~4킬로미터 정도 되면 요리 재료로 적당하다. 다 구운 오리고기는 바오빙(薄餅)이라는 전병에 오리 껍데기와 고기, 파채, 오이채를 싸고 소스를 얹어 먹는다.

베이징덕으로 잘 알려진 카오야를 자르는 모습

한 마리당 보통 1백 조각 안팎이 나오는데 108조각이 이상적이라고 한다. 아마도 불교의 108 번뇌를 염두에 둔 숫자가 아닌가 한다. 대표적인 카오야 요릿집은 청 말기인 1864년 개장한 취안쥐더로, 전 세계에 분점이 있는 유명 전문 식당이다.

비행기와 탁자 빼고 다 요리한다?

중국요리를 이야기할 때 사람들이 가장 많이 입에 올리는 말은 이것이다. '중국 사람, 특히 광둥 사람들은 날개 달린 것으로는 비행기, 네 발 달린 것으로는 의자(또는 탁자)를 제외하고 다 요리해서 먹는다.' 중국요리가 그만큼 다양하다는 비유인데 때로는 중국 사람들은 먹을 것, 못 먹을 것 없이 뭐든지 다 먹는다는 야유도 포함되어 있다.

그렇다! 중국요리는 중국인으로 태어나서 죽을 때까지 다 경험하지 못하는 세 가지 중 하나라고 하지 않던가? 나라 안을 다 다녀보지 못하고, 글자를 다 익히지 못하고, 요리를 다 먹어보지 못하고 죽는다는 말이다.

요리의 가짓수가 8천 가지라고도 하고, 8천8백 가지라고도 하며, 8,888가지라고도 한다. 8 자를 병적으로 좋아하는 중국인의 습성이 반영된 숫자이긴 하지만 어쨌거나 그만큼 많다는 뜻이다. 이런 점에서 중국요리 역시 앞에서 언급한 크기, 즉 '지대물박'과 관련이 크다. 땅이 넓고, 나는 것이 무한에 가깝기 때문에 음식과 요리도 다양할 수밖에 없지 않겠는가.

중국인은 전통적으로 먹는 것을 대단히 중시했다. 초한쟁패 때 형양(滎陽)과 성고(成皐)를 지키고 있던 유방은 항우의 맹공을 받자 성고를 항우에게 양보하고 철수하기로 계획하면서 역이기(酈食其)에게 의견을 물었다. 역이기는 이렇게 말했다.

"왕은 백성을 하늘로 삼고, 백성은 먹는 것을 하늘로 여깁니다."(《사기》〈역생육고열전(酈生陸賈列傳)〉)

그러면서 역이기는 형양 서북쪽의 양식 창고인 오창(敖倉)을 거론하며 그곳을 반드시 지켜야 한다고 진언했다. 유방은 역이기의 말에 따랐고 결국 승리할 수 있었다. 여기서 '백성은 먹는 것을 하늘로 여긴다'라는 유명한 말이 나왔다.

중국인은 또 음식을 약과 같다고 보았다. 그래서 '약식동원(藥食同源)'이란 인식이 오래전부터 형성되었다. 전설에 따르면 신농(神農)씨는 백성을 위하여 하루에 독초를 포함한 1백 종류의 풀을 직접 맛보고는 먹을 수 있는 것과 그렇지 않은 것을 가려냈다고 한다. '신농상백초(神農嘗百草)'라는 고사이다. 또한 신농씨가 독초를 맛보고 중독되자 이를 해독하기 위해 마신 음료가 바로 차(茶)였다고 한다.

음식이 생명 유지의 원천이라는 대원칙에서 이와 같은 인식과 이야기들이 나온 것은 당연했다. 하지만 음식은 시간이 흐를수록 인간의 생리적 욕구를 만족시키는 데서 사회적 습속으로 발전했고, 마침내 인류 문화의 가장 중요한 부분을 구성하기에 이르렀다. 이런 관점에서 중국의 역사와 문화에서 음식이 차지하는 위치와 그 전통 및 특성을 살피면 중국과 중국인을 이해하는 데 적지 않은 도움이 될 것이다.

중국 음식 습속의 큰 특징 중 첫째는 오곡(쌀, 보리, 조, 콩, 기장)과 밀을 주식으로 하고 채소를 보조 음식으로 한다는 점이다. 여기에 소량의 육식이 들어간다. 그러나 육식의 비중이 갈수록 커지면서 음식에 계급 차별이 발생했다. 급기야 '붉은 기둥의 집(황궁이나 관청)에는 술과 고기 냄새가 진동하고, 길거리에는 얼어 죽은 해골이 나뒹군다(朱門酒肉臭, 路有凍死骨)'라는 말까지 나타났다.

둘째는 익히고 데워 먹는 것이다. 재료에서 나는 비린내와 같은 고유의 냄새를 제거하기 위한 방법이 발전했다. 이 때문에 같은 재료를 가지고 다양한 맛을 내는 방법이 발전했다. 남조 시대 양(梁)나라의 황제 무제(武帝)의 주방장은 한 종류의 요리로 수십 가지 맛을 낼 수 있었다고 한다.

셋째는 한데 모여서 먹는 것이다. 즉, 취사 장소와 먹는 장소가 한 곳이었다. 이는 고고학계의 발굴 등으로 확인할 수 있다. 이렇게 해서 취사를 위한 불 주위에 둘러앉아 먹는 습속이 형성되었다. 이는 혈연 관계를 중시하는 가족과 가정에 대한 중국인 특유의 관념이 반영된 결과이다. 이렇게 한데 모여 취사 장소에서 같이 먹는 습속을 '취식제(聚食制)'라 하는데 서양의 따로 먹는 '분식제(分食制)'와 뚜렷한 대조를 이룬다.

넷째는 취식제로부터 연회가 발전한 것이다. 여기에 예를 강조하는 관념이 가미되어 복잡한 의식(儀式)을 동반하게 되었고, 음식은 오히려 부차적인 지위로 떨어지기까지 했다. 자리 배치가 중요한 요소로 등장했고, 오락이 곁들여졌다(《예기》〈천관(天官)〉 '선부(膳夫)'). 음식의 배열, 종류, 수량이 필요 이상으로 증가했고, 심지어 눈으로 보기만 하는 관상용 요리까지 등장했다. 음식을 여러 날에 걸쳐 먹는 만한전석(滿漢全席) 같은 초호화판 요리도 탄생했다. 음식이 나오는 순서는 요리, 술, 점심(點心, 애피타이저와 디저트)이 서로 섞여 지역이나 자리마다 달라졌다.

다섯째는 먹는 도구로 젓가락을 사용하는 것이다. 젓가락에 관한 기록은 《예기》에 이미 나타났고 다른 기록에도 보인다. 《한비자》와 《사기》에는 은나라의 마지막 임금인 주(紂)가 상아 젓가락을 사용했다는 내용이 있다. 이 기록으로 보면 젓가락의 역사는 적어도 3천 년 전으로 거슬러 올라간다. 상하이에는 젓가락 박물관도 있다.

음식은 크게 먹고 마시는 두 부분으로 구성된다. 먹는 것은 다시 주식과 반찬으로 나뉘는데 대개 반찬이 요리로 발전했다. 이론상으로 음식 풍속의 범위는 다음 몇 가지를 포괄한다.

첫째, 음식 제조법의 전승 및 그 유형
둘째, 마시는 도구인 음구(飮具)와 먹는 그릇인 식기(食器)의 전승 및 그 유형
셋째, 음식을 만드는 방식과 식탁 제도의 전승과 그 유형
넷째, 음식물 재료와 그 구성의 전승과 그 유형

다섯째, 요리를 직업으로 하는 사람의 전승과 그 유형

흔히 중국을 요리의 나라라고 한다. 거대한 영토에서 엄청난 물산이 나는 덕분이다. 이 때문에 재료, 조리법, 맛, 색 등이 지역에 따라 다를 수밖에 없다. 거친 통계지만 민간의 요리는 2천 종이 넘는다고 한다. 또 삶고, 찌고, 볶고, 굽고, 튀기고, 데치고, 그을리는 기본 제조법만 40종이 넘는다. 여기에 색(色), 향(香), 미(味), 형(形)이 끊임없이 새로워지면서 요리의 스타일이 갈수록 다양해졌다.

중국을 대표하는 요리들은 지역으로 구분하는데, 대체로 방위를 기준으로 4대 요리로 나누거나 8대 요리, 9대 요리, 10대 요리 등으로 부른다. 10대 요리를 정리하면 다음과 같다.

✦ **민채(閩菜):** 푸젠성 요리를 말한다. 중국어로는 푸젠의 약칭을 따서 '민차이'라 한다. 푸저우(福州), 취안저우(泉州), 샤먼(廈門) 등의 지방 요리가 모여서 형성되었는데, 바다를 끼고 있기 때문에 해산물을 주원료로 한다. 볶고, 튀기고, 굽는 요리가 많고 맛과 향이 강한 편이다.

✦ **천채(川菜):** 쓰촨 요리를 말한다. 중국어로는 쓰촨의 약칭을 따서 '촨차이'라고 부른다. 쓰촨은 '천부지국(天府之國)'이란 별명이 있을 정도로 물산이 가장 풍부한 곳이다. 요리는 성회인 청두(成都)와 직할시 충칭(重慶) 두 곳의 특색을 갖고 있다. 주로 맵고 아린 맛이 특색이다. 마포더우푸(麻婆豆腐, 마파두부), 휘궈(火鍋, 샤브샤브)가 유명하다.

✦ **경채(京菜):** 수도 베이징을 중심으로 한 요리를 말한다. 베이징의 약칭

을 따서 '징차이'라고 부른다. 8대 요리에서 빠지기도 하는데, 만주족, 몽골족, 회족, 한족의 요리가 두루 융합된 편이다. 베이징덕으로 세계적 명성을 얻고 있는 카오야가 대표적이다.

✦ 노채(魯菜): 산둥성 요리로 약칭을 따서 '루차이'라고 부른다. 황허강과 황해가 풍부한 원료의 원천이다. 맛이 맑고 신선하고 연한 편이고, 북방 요리를 대표한다. 타이산을 경계로 성회인 지난(濟南)과 자오둥(膠東) 양대 지역의 요리가 있고, 동쪽은 해산물 요리가 많다.

✦ 소채(蘇菜): 장쑤성 요리로 역시 약칭을 따서 '쑤차이'라고 한다. 종횡으로 강이 흐르고 호수가 바둑알처럼 있어서 음식 원료의 원천이 되고 있다. 양저우(楊州), 쑤저우, 난징 세 지역으로 크게 나뉜다. 원액, 원탕을 중시하며 농담(濃淡)이 적절한 맛이 특색이고, 사자 머리 모양의 만두 요리 등이 유명하다.

✦ 상채(湘菜): 후난성 요리로 약칭을 따서 '샹차이'라고 부른다. 샹장강(湘江), 둥팅후(洞庭湖), 샹시(湘西) 산지의 세 지방 요리로 구성되는데 성회인 창사(長沙) 요리가 대표적이다. 맵고 짜며 향이 강하다. 호수에서 많이 나는 연근(蓮根) 요리가 특색이고, 마오쩌둥이 즐긴 매운 돼지고기 볶음 요리인 훙사오러우(紅燒肉)가 유명하다.

✦ 휘채(徽菜): 안후이성 요리를 말한다. 성 이름 뒷글자를 따서 '후이차이'라고 부른다. 산해진미가 두루 갖추어졌다고 하는 중부와 남부를 기반으로 오리, 닭, 자라 등의 다양한 요리로 유명하다. 기름, 색, 불을 중시한다.

✦ 악채(鄂菜): 후베이성 요리로 약칭을 따서 '어차이'라고 부른다. 성회

우한(武漢)을 중심으로 여러 호수와 육지에서 나는 다양한 재료를 자랑한다. 우한의 우창위(武昌魚) 요리는 오랜 전통을 자랑한다. 마오쩌둥도 이 요리를 좋아했다고 한다.

✦ 월채(粤菜): 세계적으로 이름난 광둥 요리로 약칭을 따서 '위에차이'라고 한다. 광저우, 차오저우(潮州), 둥장강(東江) 세 파가 있고 해산물 요리가 주를 이룬다. 워낙 다양하다 보니 네 발 달린 것은 의자를, 날개로 날아다니는 것은 비행기를 빼놓고 모두 요리해서 먹는다는 말까지 듣는다.

산시성 한청시(韓城市)의 토속 요리들. 중국 음식과 요리는 많은 사람이 원탁에 모여 웃고 떠들며 즐기는 것이 큰 특징이다. 이 때문에 중국 사람들은 시끄럽다는 비판을 받지만, 중국 음식과 요리가 습성을 결정한 경우라 하겠다.

✦ 절채(浙菜): 저장성 요리로 약칭을 따서 '저차이'라고 한다. 항저우, 닝보(寧波), 사오싱(紹興) 삼대 지역 요리로 대표되며 그중에서 항저우 시후(西湖)의 물고기와 민물 새우 요리 등이 유명하다.

이 밖에 상하이 요리인 후차이(滬菜), 허난성 요리인 위차이(豫菜)와 이슬람 요리인 칭전차이(淸眞菜) 등도 많은 사람의 구미를 끌고 있다.

그리스·로마 신화에도 없는 중국 요리의 신은?

그리스·로마 신화의 신들은 인간의 삶 구석구석을 관장한다. 잘 알려진 사랑의 신 아프로디테는 그리스 신화의 신이고, 로마 신화에는 비너스로 나온다. 인간의 생활과 뗄 수 없는 술을 관장하는 신은 그리스 신화에서는 디오니소스이고 로마 신화에서는 바쿠스다. 건강 드링크의 대명사가 된 모 음료수는 바로 바쿠스에서 따온 이름이다.

중국 신화와 전설에도 이런저런 신들이 나온다. 술의 신은 중국 최초의 국가인 하나라 때 임금이기도 했던 두강(杜康)이다. 두강은 술을 처음 만든 신이기도 한데 그의 사당과 무덤이 있는 허난성 뤄양(洛陽)의 두캉주(杜康酒, 두강주)는 중국 명주 중 하나로 꼽는다.

중국은 음식과 요리의 나라답게 그리스·로마 신화에는 없는 '요리의 신'을 받드는데, 이름하여 이윤(伊尹)이라고 한다. 앞에서 음식과 요리 이야기를 했으니 요리의 신 이윤에 관해서도 알아보자.

이윤은 역사서는 물론 제자백가의 책에도 등장하는 명인이다. 남은 기록의 대부분은 그의 정치적 생애에 대한 것이지 요리와 관련된 부분은 아주 적고 단편적이다. 그런데도 중국인은 그를 요리의 신으로 받든다. 그가 요리와 관계 있는 데다 지금으로부터 무려 3천6백여 년 전 사람이기 때문이다. 시조 내지 원조가 되기에 충분한 조건을 갖추고 있는 셈이다. 시간이 흐르며 요리의 원조에서 신으로까지 격상된 것이다.

이윤은 본명이 윤지(尹摯)이고, 상나라에서 재상에 해당하는 아형

술잔을 들고 있는 두강. 중국에서는 하나라 임금이기도 했던 두강을 '술의 신'으로 여긴다. 오늘날 뤄양에서 그의 이름을 따 생산되는 두캉주는 중국 명주 중 하나로 꼽힌다.

(阿衡)이란 벼슬을 지냈다. 그는 하나라의 마지막 임금인 걸(桀)의 포악한 통치를 한탄하며 훗날 상나라를 세우는 탕(湯) 임금을 도와 하나라 멸망에 큰 역할을 했다. 탕 임금은 이윤을 모시기 위해 무려 다섯 번이나 사람을 보냈다. 여기서 '오청이윤(五請利潤)'이라는 유명한 고사성어가 나왔다. 이윤의 재능은 탕 임금의 눈에 들기 전부터 나라 밖까지 알려져 있었는데, 탕 임금은 "우리나라에 이윤이 있다는 것은 훌륭한 의사와 좋은 약에 비유할 수 있다"라고 할 정도로 그를 존중했다.

이윤은 천한 요리사 출신이었다고 한다. 그래서 탕 임금을 만날 때 요리에 필요한 솥과 도마 등을 지고 갔다고 한다. 이 때문에 역대로 이윤의 초상화에는 솥이 빠지지 않고 등장한다. 탕 임금을 만난 이윤은 자신의 장기인 '요리의 맛으로 탕을 기쁘게' 한 다음 기회를 보아가면서 나라 다스리는 법을 조언했다. 이때도 그는 통치를 요리에 비유했다고 한다. 남아 있는 기록을 통해 이윤의 말을 들어보자.

"나라를 다스리는 것과 맛있는 요리를 만드는 것은 같은 이치입니다. 모든 요리에는 그에 맞는 요리법이 필요합니다. 나라를 다스릴 때도 다스리는 방법을 알아야 합니다. 음식을 만들 때 솥 안에서 일어나는 미묘한 변화는 쉽게 보이지 않습니다. 조미료는 언제 넣어야 하며 얼마나 써야 하는지 등이 모두 알맞아야 합니다. 정치도 마찬가지입니다. 시국의 발전에 어떻게 순응할 것이며, 어떤 법도를 시행할 것이냐는 모두 형세에 대한 관찰이 전제되어야 합니다. 이는 요리할 때 불의 온도와 화력의 정도를 통제하는 것과 같은 이치입니다. 공을 성취하고 천하를 얻으려

天錫阿衡左右商王
忠光日月肩荷綱常

伊尹

'요리의 신' 이윤의 초상화. 오른쪽 겨드랑이에 취사용 솥을 끼고 있다. 요리사 출신으로 재상이 된 입지전적 인물 이윤은 신으로까지 추앙받고 있다.

면 조건이 무르익은 상황에서 시기를 잘 파악하여 과감하게 결단할 줄 알아야 합니다."

통치 요령을 요리에 비유한 사람은 아마 이윤이 처음일 것이다. 이 때문에 중국 역사상 리더를 가장 훌륭하게 보필한 최초의 성공한 재상이자 '요리의 신'으로까지 추앙받게 되었다. 중국인과 함께 중국 음식을 먹을 때 이윤 이야기를 하면 대화의 격이 올라갈 것이고, 비즈니스도 성사될 확률이 높아질 것이다.

대부호의 운명을 바꾼
돼지족발 요리 완싼티

중국인은 육식에서 소고기보다는 돼지고기를 훨씬 선호한다. 요리 종류도 돼지고기가 단연 많다. 근래 우리나라 사람에게도 인기를 끌고 있는 돼지고기 요리 둥포러우(東坡肉, 동파육)는 항저우의 이름난 요리 중 하나다. 이름에서 '둥포'는 북송 시대의 시인이자 정치가 소동파(蘇東坡, 중국어 발음 쑤둥포, 1037~1101)의 호를 그대로 따온 것이다. 소동파의 성명은 소식(蘇軾)이다.

이 요리의 유래에 대해서는 많은 설이 있다. 그중 하나는 소동파가 항주에서 벼슬할 때 이 지역 사람들을 위해, 또는 술을 좋아했던 자신을 위해 안주로 창안했다는 주장이다.

세월이 흐르면서 조리법이 많이 변화했는데, 최근에는 비계와 살코기의 비율이 적당한 5겹의 두툼한 돼지고기를 살짝 튀기고 양념에 졸인 다음 데친 청경채와 함께 내놓는 것이 일반적이다. 이 요리의 핵심은 돼지고기 껍질을 튀기는 것과 속살까지 부드러워지도록 술을 가미해서 찌는 데 있다. 아무튼 부드럽고 향기로운 둥포러우는 국내 중식당에서도 쉽게 찾을 수 있을 정도로 한국인의 입맛을 끄는 대표적인 돼지고기 요리가 되었다.

여기 중국요리 마니아가 아니면 알 수 없는 특이한 이름을 가진 돼지고기 요리가 있어 소개한다. 무엇보다 이름이 특이한데, '완싼티(萬三蹄, 만삼제)'라 한다. 끝 글자는 돼지족발을 뜻한다. 앞 두 글자는

1만 만에 석 삼인데 둥포러우와 비슷하게 사람 이름에서 가져왔다. 이 요리가 이런 이름을 갖게 된 것은 다음과 같은 흥미로운 일화 때문이다.

명나라를 건국한 주원장(朱元璋, 1328~1398)은 잘 알려져 있다시피 천한 밑바닥 출신이었다. 거지였다는 설이 있고, 승려 출신이라는 주장도 있다. 아무튼 그의 출신 성분이 아주 낮았다는 것은 분명하다. 그래서인지 주원장은 귀한 사람이나 부자에게 체질적인 거부감이 있었고, 조금만 거슬려도 엄벌에 처했다.

주원장이 황제가 된 지 얼마 후의 일이다. 당시 난징에 심만삼(沈萬三, 생몰 연도 미상)이란 부자가 있었다. 심만삼은 중국 역대 10대 부자의 반열에까지 오르는 거부였다. 주원장은 부자 심만삼을 혼내줄 생각으로 하루는 그의 집을 방문하겠다며 기별을 넣게 했다. 정말 무엇이든 꼬투리를 잡아서 혼내줄 작정을 한 것이었다. 기별을 받은 심만삼은 당황해하며 집 단장을 하는 등 만반의 준비를 갖추었다.

주원장이 도착하자 심만삼은 정성껏 준비한 진기한 요리들을 내놓았다. 주원장은 요리들 중 하나를 지목하며 맛있게 보이는데 무슨 요리냐고 물었다. 주원장이 지목한 요리는 저제(猪蹄), 즉 돼지족발이었다. 중국 발음으로는 '주티'라 한다. 주원장이 이 요리를 지목한 데는 다 꿍꿍이가 있었다.

대답하려는 순간 심만삼은 문득 깨달은 바가 있었다. 돼지족발, 즉 저제의 돼지 저(猪)의 발음이 '주(zhu)'로 주원장의 성인 주(朱)의 발음인 '주(zhu)'와 똑같다는 사실이었다. 황제의 성이나 이름에 쓰인 글자의 사용을 피하는 것을 피휘(避諱)라고 한다. 이것은 봉건시대의 관례였다. 더욱이 이런 글자를 이용하여 비판하고 비꼬는 글을 짓거나 사물의 이름을 지으면 대역무도라 하여 목이 잘렸고, 심하면 집안이 멸족당했다. 심만삼은 순간 기지를 발휘하여 자기 이름을 붙여 '만삼제(완싼티)', 즉 '만삼 족발'이라고 대답했다.

잔뜩 벼르던 주원장도 심만삼의 재치 있는 대답에 하는 수 없이 좋은 이름이라고 칭찬하고 넘어갈 수밖에 없었다. 이로부터 이 요리의 이름이 '만삼제', 즉 중국어 발음으로 '완싼티'가 되었다.

그런데 주원장은 그 정도에서 포기하지 않았다. 족발을 살피던 주원장은 이렇게 큰 족발을 어떻게 먹냐고 물었다. 칼로 잘라야 먹을 수

명 태조 주원장은 출신이 천했을 뿐만 아니라 얼굴도 곰보로 흉하게 생겼다고 전한다. 초상화는 주원장의 실제 모습이라고 한다.

요리 직후 접시에 담은 완싼티. 장쑤성의 요리로 흥미로운 일화를 간직하고 있는 돼지족발 요리 완싼티는 먹을 때 족발에서 가는 뼈를 빼낸다. 뼈를 빼내고도 모양이 원래대로 유지되어야 제대로 요리했다는 평을 듣는다.

있을 정도로 족발이 컸기 때문인데, 황제 앞에서 함부로 칼을 들고 족발을 자를 수는 없기에 심만삼은 더욱더 난처해졌다. 더 큰 문제는 손도 쓸 수 없다는 사실이다. 어디 황제가 드실 요리에 맨손을 댄단 말인가? 이때 심만삼의 요리사가 나서서 비결을 알려주어 위기를 넘겼다고 하는데, 그 비결은 무엇이었을까? 다름 아니라 족발에서 작은 뼈 하나를 빼서 그걸로 족발을 해체하라고 했다는 것이다.

이렇게 해서 심만삼은 무사히 위기를 넘겼을 뿐만 아니라 주원장의 마음을 얻게 되었다. 훗날 난징성(南京城)을 쌓는 데 엄청난 돈을 기부하는 대가로 정부 사업권을 따내 더 많은 돈을 벌었다. 족발 요리 하나가 한 부자의 운명을 크게 바꾼 흥미로운 일화다. 완싼티는 장쑤성의 요리다. 당시 명나라의 도읍이 장쑤의 성회 난징이었기 때문이다.

중국 술, 그것이 알고 싶다

중국을 이야기할 때 술이 빠질 수는 없다. 흔히 '빼갈'로 잘 알려진 중국 술은 독주의 대명사이기도 하다. 우리의 소주에 비교할 수 있는 빼갈은 중국인이 가장 많이 마시는 바이주(白酒)를 말한다. 우리나라에서는 고량주라고 즐겨 부른다. 빼갈은 바이간주(白干酒, 백간주)에서 변형된 말이고, 고량주(高粱酒)는 중국 발음으로는 '가오량주'이다. 바이간주에서 '간'은 '간베이(乾杯, 건배)'의 '간'으로, 술잔을 비운다는 뜻이다. 간혹 '샤오주(燒酒, 소주)'라고 부르기도 한다. 우리의 소주와 한자가 같다. 어느 쪽이든 색이 없는 투명한 술을 말한다.

중국인은 어느 민족보다 술을 즐겼고 지금도 그렇다. 명절, 모임, 연회, 경사, 혼례, 장례, 친목, 접대 등등 어떤 자리를 막론하고 술이 빠지지 않는다. 술이 빠지지 않을 뿐만 아니라 술자리 자체가 생활과 사회관계 및 인간관계에서 어떤 것보다 중요한 역할을 하고 있다. 역사적으로도 술자리가 한 개인의 운명은 물론 천하 대세의 흐름까지 바꾼 사례가 많았다. 따라서 중국인의 음주 습관과 문화를 바로 이해하면 중국과 중국인을 보다 깊이 이해할 수 있다.

중국에서 음주 습속이 언제 생겼느냐에 대해서는 기록마다 차이가 있다. 《세본(世本)》, 《여씨춘추(呂氏春秋)》, 《전국책(戰國策)》 등에는 기원전 21세기 하 왕조 때 의적(儀狄)이란 인물이 양조법을 발명한 이후 술을 마셨다고 기록되어 있다. 당시 의적이 술을 빚어 우 임금에게 올렸더니 이를 마신 우 임금은 "훗날 필시 이것 때문에 망하는 자가 생기겠구나"라고 말했다고 한다. 실제로 하나라와 은나라는 지나친 음주 때문에 망했다고 해도 과언이 아닐 정도다. 발굴된 다양한 청동 술잔들이 이 사실을 실물로 입증하고 있다. 또 유명 고사성어인 '주지육림(酒池肉林)' 역시 하나라와 은나라의 멸망을 비유하고 있다.

《사물기원(事物起源)》에는 술을 만든 사람이 하(또는 주) 왕조 때의 인물 두강으로 기록되어 있다. 한편《황제내경(黃帝內經)》〈소문(素問)〉편은 양조의 기원을 기원전 26세기 무렵의 황제 시대로까지 올리고 있다.

어느 기록이 신빙성 있느냐를 떠나 술의 역사가 적어도 수천 년 전으로 거슬러 올라가는 것만은 분명하다. 특히 농업 생산이 발전하여 남은 곡식으로 술을 만드는 양조와 술 소비가 점점 늘었고, 이것이 하나의 습속으로 성행하기에 이르러 중국 특유의 음주 문화를 형성했다.

술 문화가 중국 특유의 문화 현상으로 정착하면서 술의 종류와 소비는 점점 더 늘어났다. 특히 술의 종류는 광활한 중국 땅에 걸맞게 각지에서 나는 곡식과 물이 조화를 이루며 수를 헤아릴 수 없을 정도로 많아졌다. 이에 따라 각지의 술에 대한 품평이 이루어지고, 그에 근거한 명주들이 탄생했다. 명주 대부분이 보통 시골 마을에서 생산되고 있는데, 이는 천시(天時)와 지리를 떼어놓고 말할 수 없을 것이다. 즉, 좋은 술의 가장 기본적인 조건인 기후와 땅 그리고 물이 좋아야 하기 때문이다. 여기에 전통 양조법이 끊임없이 개선되고 개발됨으로써 술의 질이 갈수록 높아졌고, 중국 전역에서 다양한 명주가 속속 출현하기에 이르렀다.

중국의 술 하면 열에 일고여덟은 '마오타이(茅台, 모태)'를 꼽는다. 마오타이는 국빈용, 즉 '국주(國酒)'라는 명예까지 얻은 명주인데, 그 명성이 16세기부터 전해오고 있을 정도로 유서 깊다. 마오타이는 구이저우성의 마오타이촌(茅台村)이라는 작은 마을 이름을 딴 것이다. 이 시골 마을은 물과 기후, 그리고 독특한 누룩을 조합하여 이런 명주를 만들어냈는데, 물에 수십 종류의 광물질이 함유되어 있다. 다른 지역에서 같은 원료를 같은 방식으로 양조했으나 같은 맛을 내지 못했다고 한다. 중국 정부는 마오타이촌의 물을 비롯하여 공기 중 박테리아까지 관리하며 마오타이주의 전통과 맛을 지키려 한다.

마오타이의 한 종류인 마오타이 왕쯔. 마오타이는 중국을 대표하는 명주다. 다른 명주들은 디자인이 계속 바뀌고 있으나 마오타이는 둥근 백자 술병에 붉은색 라벨과 상자를 여전히 고집하고 있어 애주가들은 멀리서 겉모양만 보고도 금세 알 수 있다.

바이주의 향은 대체로 장향형(醬香型), 청향형(淸香型), 농향형(濃香型) 세 유형으로 나뉜다. 이 밖에 여러 향을 함께 지닌 겸향형, 약재를 넣어 약재 향이 나는 약향형, 특별한 향이 나는 특향형, 쌀로 증류하여 향을 내는 미향형 등이 있다. 각각의 향은 각지의 기후 차이에서 유래하며 누룩을 뜨는 특유의 방법과 발효법, 저장법과 관련 있다. 장향형의 마오타이를 예로 들면 이렇다. 누룩은 1년에 한 번 높은 온도에서 띄우고, 발효는 곡물과 누룩을 쌓아 올리는 퇴적 발효법을 사용한다. 이렇게 하면 술맛이 깔끔하고 향기가 풍부하면서 우아해진다고 한다.

한국인이 선호하는 수이징팡(水井坊, 수정방)과 우량예(五糧液, 오량액)는 농향형에 속한다. 지하 창고에서 발효시켜 부드럽게 이어지면서도 달콤한 향을 풍기는 것이 특징이다. 청향형은 향이 맑고 가볍기 때문에 한국인 입맛에 가장 알맞다고 할 수 있다. 청향형은 주로 선선할 때 누룩을 띄운다.

참고로 국내 중식당에서 서비스로 내놓곤 하는 얼궈터우주(二鍋頭酒, 이과두주)는 청향형을 대표하는 술인데 최근에는 농향형도 만들고 있다고 한다.

중국 술을 애호하는 애주가들을 위해 명주 고르는 요령을 간단하게 일러둔다.

첫째, 중국의 명주는 지방마다 다르기 때문에 중국에 가면 가능한 한 그 지방의 명주를 마셔보는 것이 좋다.

둘째, 중국 술은 대부분 박스에 들어 있다. 귀찮더라도 박스 포장에 인쇄된 연수, 향, 도수를 확인해보자. 자신에게 맞는 향을 고르고 도수를 선택한 다음 연수를 확인하면 된다. 대체로 5년 이상, 50도 이상이 좋고, 향은 취향에 맞추어 고르면 된다.

셋째, 중국은 식당에 술을 가져가도 된다. 따라서 술자리가 만들어지면 술을 전문으로 파는 가게에서 술을 사 가지고 가도 좋다. 그래야 가격도 싸고 가짜를 피할 수 있다.

넷째, 선물을 위해 중국 술을 산다면 마오타이가 가장 무난하다. 국주라는 명성이 따르기 때문이다. 그러나 자신이 마실 술을 살 때는 비싼 마오타이보다 우량예를 사라고 권하고 싶다.

원탁에 둘러앉아 식사와 함께 술을 즐기는 중국인의 음주 습관에는 모두가 평등하다는 의식이 깔려 있다. 사회주의 정권이 수립된 이후 이런 평등 의식이 더 강해졌다. 따라서 식당 선정, 룸 선택, 자리 배치, 선물 등 모든 부분을 세심하게 신경 써서 준비하지만 정작 술자리 자체에서 권위 의식이나 상하 관념을 찾아보기는 힘들다.

중국은 2차 문화가 거의 없다. 최근 다소 변화하고는 있지만 기본적으로 중국 음주 문화에서는 2차를 가지 않는다. 식사 자리에서 대화와 비즈니스를 끝낸다. 식사 자리가 기본적으로 두 시간, 길면 세 시간을 넘기는 까닭도 2차 문화가 없기 때문이다. 따라서 2차를 고집하는 것은 술주정이자 실례다.

중국인과 식사할 예정인 우리나라 사람에게 나는 술자리를 부드럽게 하고 관계와 비즈니스에 도움이 될 멘트를 준비하라고 권하는 편이다. 우리 식의 건배사가 아니라 중국 사람의 마음을 사로잡을 만한 의미 있는 멘트를 준비하는 것이 좋다. 그러려면 술자리가 열리는 장소에 대한 사전 공부가 필요하다. 예를 들어 《삼국지》와 관련 있는 지역이라면 관련 고사나 인물을 골라 적절한 인사말을 준비하는 식이다. 중국은 거의 모든 지역이 수천 년 역사와 문화를 간직하고 있기 때문에 조금만 신경 써서 공부하면 얼마든지 준비할 수 있다. 특히 중국 현지에 사업체나 공장이 있는 기업인이라면 이런 준비에 만전을 기해야 한다. 이것이 진정한 현지화 전략이고, 성공으로 가는 길이다.

명주에 숨겨진 이야기: 마오타이와 우량예

마오타이는 '국주'로서 그 명성이 세계적이다. 하지만 마오타이가 처음부터 유명한 술은 아니었고 그 맛과 향에 비해 인지도가 아주 낮았다. 마오타이의 명성이 세계에 알려진 데는 비하인드 스토리가 있다.

1915년 미국 샌프란시스코에서 만국박람회가 열렸다. 이때 중국을 대표하는 술로 마오타이가 출품되었다. 그러나 형편없는 포장과 알려지지 않은 이름 때문에 철저하게 외면당했다. 전해오는 설에 따르면 이런 일이 있었다고 한다. 마오타이를 아무도 거들떠보지 않자 홍보를 담당하던 사람이 홧김에 마오타이를 바닥에 내동댕이쳤다. 술병이 깨지고 마오타이의 향이 사방으로 퍼져 나갔다. 그러자 이 향에 끌린 사람들이 우르르 몰려와 맛을 보고는 엄지손가락을 치켜올렸다고 한다. 이렇게 해서 마오타이가 세계 애주가들에게 알려졌다. 또 다른 설은 일부러 술병을 깨서 사람들을 유인했다는 것이다. 어느 쪽이 되었건 덕분에 마오타이가 세계 무대에 데뷔한 셈이다. 마오타이 제조사는 이 일화를 자랑스럽게 내세운다.

마오타이가 또 한 번 국제사회에 화려하게 등장한 계기는 중화인민공화국 초대 총리 저우언라이가 마련했다. 당시 국제 외교 무대에서 저우언라이가 마오타이로 건배 제의를 하면서 한순간에 세계인의 이목을 사로잡았기 때문이다. 이 때문에 구이저우 마오타이 공장 앞에는 '국주지부(國酒之父)'라는 타이틀과 함께 저우언라이 동상이 서 있다. 저우언라이를 홍보에 한껏 활용하고 있는 것이다.

그런데 과연 일반의 중국 사람들은 마오타이를 즐겨 마실까? 선택권이 있다면 마오타이를 맨 먼저 마실까? 진짜 마시고 싶은 술이 마오타이일까?

나는 중국을 자주 다니면서 마오타이에 대한 중국인들의 평가와 인식을 접하곤 한다. 중국 사람들로부터 자주 듣는 이야기는 이것이다.

"선물은 마오타이지만 마시기로는 우량예다." "말로는 마오타이지만 마시는 술은 우량예다."

마오타이는 한때 선물과 뇌물의 상징이었다. 이 때문에 술값이 천정부지로 뛰었다. 좋은 담배도 마찬가지였는데, 이런 술과 담배를 받으면 전문 매장에 가서 현금으로 바꾸었기 때문에 뇌물로 제격이었다. 하지만 시진핑(習近平) 집권 이후 강력한 반부패 드라이브에 따라 술값과 담뱃값이 많이 내렸다. 이 때문에 뇌물로서의 마오타이의 기능은 사라졌다. 마오타이는 또 가짜의 대명사이기도 하다.

이런저런 이유 때문에 정작 중국 사람들은 마오타이가 아닌 우량 예를 마시고 싶어 하는 경우가 많다. 우량예는 쓰촨성의 명주로 이름 처럼 다섯 가지 곡식으로 만든다.

중국 명주에 대한 한국인의 관심은 1992년 수교 이후로 여러 차 례 변화를 겪었다. 대부분 현지 사람들이 별생각 없이 던진 정보에 따라 왔다 갔다 했다고 볼 수 있다. 마오타이는 '국주'라는 명성 때문에 꾸준히 선택받고 있지만 다른 술들은 근거 없는 여론과 개인의 취향에 따라 부침을 겪었다. 예를 들어 한때 공자의 고향 취푸(曲阜, 곡부)에서 나는 쿵푸자주(孔府家酒, 공부가주)가 크게 인기를 끈 적이 있다. 중국 내

우량예. 중국인들은 '국주' 마오타 이보다 정작 우량예를 마시고 싶어 한다. 우량예는 쓰촨성 이빈시(宜賓 市)의 특산으로 5백 년 역사를 자랑 한다.

에서는 그다지 알려지지 않은 술인데 유독 우리나라 사람들이 선호했다. 공자라는 이름 덕을 본 경우라 할 수 있다. 수이징팡이나 우량예도 비슷한 곡절을 겪었다. 얼마 전에는 국내에서 옌타이(煙台, 연태)가 중국 술을 대표하는 듯 술자리를 석권하기도 했다. 상대적으로 낮은 도수와 가격 때문에 급부상한 경우라 할 수 있다.

중국 내에서도 명주의 위상은 하루가 다르게 바뀌고 있다. 4대 명주, 8대 명주, 10대 명주 등으로 순위를 매기는 품평회도 다양하게 열리고, 양조법의 획기적인 개선과 변화 및 경영 등에 따라 순위가 매년 바뀌는 실정이다.

역사를 바꾼 술자리와 식사 정치

술과 술자리 이야기가 나왔으니 술과 관련한 역사에 대해 알아보자. 인간의 삶에서 빠질 수 없는 세 가지를 공자(孔子)는 식(食), 색(色), 성(性)이라 했다. 공자란 위인은 이런 점에서 참 꾸밈이 없다. 그의 언행록 《논어(論語)》에는 이런 풍모가 곳곳에 스며들어 있다. 중국인의 바이블이란 별명이 무색하지 않다.

인간은 단순히 허기를 채우기 위해 먹고 마시는 원시적 본능에 만족하지 못했다. 먹고 마시는 자리에 특별한 의미를 부여했고, 이 때문에 역사상 흥미로운 사건이 적지 않게 발생했다. 특히 술과 음식을 동반한, 흔히 '술자리'라고 부르는 자리가 역사를 바꾸는 경우까지 벌어졌다.

고대 사회에서 술과 여자 그리고 사냥은 권력자의 주된 기호에 속했는데, 이 때문에 패가망신은 물론 나라까지 망친 자들이 속출했다. 이 세 가지는 정도가 지나치면 사람을 미치게 만들기 때문이다. 그중 술과 술자리는 다양한 형태와 방식으로 역사에 깊숙이 개입했고 지금도 개입하고 있다는 점에서 역사가는 물론 일반인의 관심을 끌기에 충분하다.

우리나라 현대사를 극적으로 바꾼 10·26 사태도 술자리에서 터졌고, 온갖 정치적 스캔들이 술자리에서 비롯되었다. 이 때문에 국가 최고 권력자가 피살되고, 정치적으로 파산한 자들이 여럿 생겨났다. 술자리가 한 개인의 몰락은 물론 역사까지 바꾼다는 말이 그리 과장은 아닌 것 같다.

공자의 말씀이 아니더라도 세상에서 밥을 먹는 것보다 더 중요한 일은 없다. 그러나 식사가 더 이상 배를 불리기 위한 행위가 아닌 것이 되면서, 즉 인간의 원시적이고 본능적인 식성(食性)이 크게 변하면서부터 흥미로운 일들이 발생하기 시작했다. 이처럼 인간의 원시적 본능을 저버린 '먹는 행위'를 '식사 정치' 또는 '술자리 정치'라고 부른다.

식사 정치란 용어가 다소 생소할 수는 있지만 그 행위가 낯선 사람은 없을 것이다. 식사 정치는 우리 일상에서 늘 생기고, 일부러 시간과 돈을 들여 마련하기 때문이다. 식사 정치에는 여러 의미가 포함되어 있다. 무슨 일을 부탁하거나 부탁받을 때 십중팔구는 밥 먹자고 말한다. 대부분은 식사와 함께 술잔을 주고받는데, 이때 진짜 펼쳐지는 것은 식탁 위의 음식이나 술이 아니라 일종의 진지한 게임에 가깝다.

모든 식사 정치는 사실 사람과 사람 간의 대치(對峙)다. 물론 이런 대치는 기본적으로 부정적인 것이 아니라 긍정적이다. 부정적 대치는 대개 권력 게임에서 벌어지는데, 이를 꾸민 사람은 오래전부터 모든 것을 계획한 후 식탁 앞에서 실천으로 옮긴다. 이른바 음모의 일환으로 마련되는 자리다. 반면 긍정적인 대치는 특별한 일이 있든 없든 한 자리에 모여 서로의 일상과 인생에 대해 대화하는 것이 일반적이다. 그 과정에서 이런저런 부탁과 약속이 오갈 수는 있지만 자리가 끝나면 대개 잊거나 큰 부담을 갖지 않는 것이 대부분이다.

중국 10대 술자리 중 가장 드라마틱한 항우와 유방의 홍문연 장면. 이 자리에 참석했던 유방의 참모 장량(張良)의 사당에 그려져 있다.

5장 • 중국인의 음식과 술

하지만 긍정적이건 부정적이건 식사 정치는 게임의 성향을 띠기 마련이다. 주인공이 내가 될 수 있고 상대방이 될 수 있으며 모두가 될 수도 있다. 마오쩌둥은 "혁명이 식사를 대접해주는 것은 아니다"라고 말했지만 역사적으로 유명한 식사 자리와 술자리에서 볼 수 있듯이 혁명을 하려면 정말로 식사를 대접하지 않으면 안 될 때가 있다. 온갖 노력을 기울여도 성사되지 않던 일이 밥 한 끼, 술자리 한 번으로 해결된 경우가 종종 있었기 때문이다.

중국의 대중 역사서나 네티즌은 역사상 유명한 술자리를 10대 술자리로 정리하곤 한다. 10대 술자리가 언제나 같지는 않지만 가장 선호하는 술자리들이 있기 마련이다. 그중 개성이 넘치는 다섯 장면을 골라 소개하고 그 의미를 생각해보겠다.

제1장면: 복숭아 두 개가 불러온 유혈 사건

관중(管仲)과 함께 춘추시대 제나라의 명재상으로 꼽히는 안영(晏嬰, ?~기원전 500)은 임금의 총애만 믿고 설치는 무사 세 사람을 복숭아 두 개로 죽였다. 이것이 저 유명한 '이도살삼사(李桃殺三士)' 고사다. 안영은 외국 정상과 그 일행을 접대하기 위한 술자리에서 임금이 먹는 맛난 복숭아 두 개를 상으로 걸고 세 무사에게 각자의 무용담을 자랑하게 했다. 복숭아는 두 개밖에 없었고, 결국 한 사람에게는 상이 돌아가지 못했다. 복숭아를 받지 못한 무사는 수치심에 자결했고, 나머지 두 무사도 평소 생사를 같이하겠다고 약속한 사이인 터라 따라서 자결했다. 안영은 외국 정상을 비롯하여 여러 사람이 모인 술자리에서 자

'이도살삼사' 고사를 묘사한 한나라 때의 벽돌 그림. 이 고사는 오랜 세월 역사
와 문화의 소재로 활용되어왔다. 여러 사람이 보는 앞에서 강한 자존심을 건드
리는 전형적 수법을 보여주는 사례다. 평소 상대의 성향과 기질을 제대로 파악
하고 있지 않았다면 결코 먹히지 않았을 수법이다.

존심을 이용하여 단 두 개의 복숭아로 세 무사를 제거하는 놀라운 기
지를 보여주었다.

제2장면: 혁명은 곧 식탁 정치다

춘추시대 오나라로 망명한 오자서는 공자 광(光)이 왕권에 야심을
품고 있음을 눈치채고는 자객 전제(專諸)를 시켜 오왕 요(僚)를 살해했
다. 큰일을 맡은 자객 전제는 먼저 물고기 요리를 좋아하는 요의 기호
를 파악했다. 전제는 상당한 기간 최고 요리사에게 물고기 요리를 배
웠다. 거사 당일 전제는 '물고기 뱃속에 비수를 숨겨' 요리를 올리면서
비수를 꺼내 요를 찔러 죽이는 기발한 수를 선보였다. 이것이 바로 '어
복장검(魚腹藏劍)' 고사다. 이 술자리는 혁명(또는 쿠데타)이 곧 식탁 정치
이며, 술자리에서의 혁명이 전쟁보다 직접적이고 효과적이라는 점을

'어복장검'을 묘사한 벽돌 그림. 군대를 동원한 전쟁이 아닌 단 한 번의 술자리
와 기발한 방법으로 혁명을 성공시킨 사례다.

잘 보여주었다.

제3장면: 조폭의 혈투를 떠올리게 하는 술자리

공자 광과 비교하면 조(趙)나라의 조양자(趙襄子, ?~기원전 425)는 호
탕하고 대범했다. 공자 광은 술자리에서 슬며시 빠져나온 다음 전제를
보냈지만, 조양자는 앉은 자리에서 상대를 죽이는 모습을 태연히 지켜
보았다.

춘추시대 조양자는 북방의 골칫거리인 대(代)라는 나라를 멸망시
키고 싶었으나 강력한 군대를 가진 대나라는 만만치 않았다. 조양자는
대나라 왕을 변경 하옥산(夏屋山)의 술자리로 초청했다. 조양자는 이 자
리에서 전혀 뜻밖의 인물을 자객으로 활용하는 절묘한 수를 구사했다.

다름 아닌 주방장을 시켜 국을 따르는 척하면서 청동으로 만든 국자로 대나라 왕의 머리통을 내리쳐 즉사시킨 다음 왕의 수행원 모두를 몰살했다. 이런 점에서 하옥산에서 전개된 술자리 '하옥연(夏屋宴)'은 조폭의 혈투를 방불케 한다. 조양자는 대범하고 잔인한 정치가를 꿈꾸는 이들에게 본보기를 보였다.

제4장면: 식탁 정치의 리더십

춘추시대 초나라 장왕(莊王, ?~기원전 591)은 전투에서 힘겹게 승리하자 너무 기쁜 나머지 큰 연회를 베풀었다. 술자리는 밤을 이어가며 계속되었다. 그런데 갑자기 바람이 불어 어둠을 밝힌 횃불이 모두 꺼졌다. 이 틈에 누군가 장왕이 아끼는 애첩의 몸을 더듬는 불경스러운 일이 터졌다. 애첩은 민첩하게 그자의 갓끈을 잡아당겨 끊었다. 불만 밝히면 범인이 드러날 순간이었다. 그러나 장왕은 모든 장병의 갓끈을 끊으라고 명령한 다음 술자리를 이어갔다. 이것이 '갓끈을 끊고 이어간 술자리', 즉 '절영지연(絶纓之宴)'이다.

리더가 되기란 쉽지 않다. 술자리에서는 더욱 그렇다. 리더는 예리해야 하지만 때로는 모른 체할 줄 알아야 한다. 리더의 가장 중요한 자질은 아랫사람을 대하는 것으로 드러난다. 이때 요구되는 리더십 중 하나는 필요할 때 모르는 체하는 것이다. 이로써 민심을 얻을 수 있으며, 자신을 위해 목숨 바치도록 할 수 있다. 애첩의 몸을 더듬은 그 장수는 훗날 목숨을 아끼지 않고 장왕을 위기에서 구해냈다. 장왕이 술자리에서 발휘한 통 큰 리더십이 큰 보답을 받았다.

제5장면: 술잔을 돌리며 군권을 회수하다

송나라의 개국 군주 태조 조광윤(趙匡胤, 927~976)은 군인 출신으로 쿠데타를 통해 권력을 잡았다. 정권을 안정시키기 위해 조광윤은 자신의 쿠데타를 도운 장수들의 병권을 회수할 필요성을 절감했다. 그는 술자리를 마련하여 장수들을 인간적으로 설득했다. 이 자리에서 그는 정권은 잡았지만 잠을 편히 자지 못한다고 하소연했다. 장수들이 까닭을 묻자 그대들이 언제 쿠데타를 일으킬지 몰라 걱정되기 때문이

조광윤이 신하들과 공을 차는 모습을 그린 '송태조축국도'. 그는 평소 신하들과 여러 방법으로 소통하는 리더십을 보여주었다. 건국 초기에 불안했던 정권을 그는 한 차례의 술자리를 통해 안정시켰다. 이 술자리에서 허심탄회하게 대화하는 방식을 택했고 결과는 대성공이었다.

라고 했다. 놀란 장수들이 그럴 일은 없다고 몸을 굽히자 조광윤은 부귀영화를 누리기 위해 함께 쿠데타를 일으키고 성공하여 꿈을 이뤘으니 편한 마음으로 낙향하라고 권했다. 다음 날 장수들은 모두 병권을 내놓고 고향으로 내려갔다. 이렇게 해서 조광윤은 가장 큰 걱정거리였던 장수들의 병권을 회수하고 정권을 안정시키는 데 성공했다. 이것이 '술잔을 돌리며 병권을 내려놓게 하다'라는 '배주석병권(杯酒釋兵權)' 스토리다. 조광윤은 단 한 번의 술자리로 불안했던 정권 초기의 정국을 확실하게 안정시켰다. 술자리가 얼마나 정치적인 것인가를 가장 잘 보여주는 사례가 아닐 수 없다.

고대 중국에서 식사 자리와 정치는 떼려야 뗄 수 없는 밀접한 관계가 있었다. 지금도 크게 달라지지 않았다. 따라서 식사 정치는 단순히 음식이나 요리의 차원이 아닌 정치학으로 접근할 수 있다.

역사에 기록을 남긴 술자리들은 정치의 일부이자 음식 문화의 일부이기도 하다. 고대 정치사와 중국사의 또 다른 모습을 이를 통해 엿볼 수 있을 뿐만 아니라 오늘날 중국인과의 비즈니스를 위한 식사와 술자리에서 어렵지 않게 볼 수 있는 특유의 문화 원형을 확인할 수 있다. 술자리만 잘 소화해내면 사업의 절반은 성공한 것이나 다름없다는 얘기가 마냥 근거 없는 말은 아니다.

절반만 말하고, 1절만 불러라

술자리를 통한 비즈니스는 중국인과의 관계에서 중요한 비중을 차지한다. 술을 못 마시는 중국 사람은 거의 없고, 술과 음식을 한자리에 마련하는 식탁 문화는 중국인의 일상에 스며들어 있기 때문이다. 정·관계나 기업의 리더들이라면 술자리와 술자리 문화에 특히 능숙하다. 또 여성들의 술 실력도 남성 못지않다. 이런 점들을 충분히 고려하여 술자리 비즈니스에 신경을 써야 한다.

여기서 중국과 사업하는 한 기업인의 술자리 비즈니스에 관한 이야기를 소개하려 한다. 이 사례는 성공담이 아닌 실패담인데, 이를 통해 중국인의 습성을 제대로 알고 넘어갔으면 한다.

어느 날 한 기업인이 나에게 전화하여, 며칠 후 중국에 가서 파트너와 상담 내지 담판을 지을 일이 있는데 조언을 구한다고 했다. 그가 운영하는 기업은 제품 원료를 중국에서 수입하는데 원료의 질이 들쭉날쭉이어서 애를 먹었다. 그래서 제발 제품의 질을 평균적으로 맞추어 달라고 요청하러 간다는 것이었다. 그러니 저들의 마음을 사로잡을 수 있는 좋은 말이나 고사가 있으면 알려달라는 부탁이었다.

나는 한나라 건국의 일등 공신인 명장 한신이 젊은 날 건달 생활을 하면서 빨래하는 아주머니에게 한 달가량 밥을 얻어먹은 '표모반신' 고사를 먼저 이야기했다. 어려운 처지에 놓인 사람에게 조건 없이 도움을 준다는 의미가 담긴 고사이니 이 고사를 언급해보라는 조언이었다. 그 기업인은 고사 전체의 내용을 들려달라고 했고, 나는 훗날 한신이 왕이 되어 고향으로 돌아와 그 아주머니에게 천금으로 은혜를 갚았다는 '일반천금' 이야기까지 들려주었다. 그러면서 협상 도중에 상대가 미리 식사를 예약하면 그 비스니스는 거의 성공한 것이나 마찬가지라는 말도 덧붙였다.

10여 일쯤 지나서 그 기업인으로부터 다시 전화가 왔다. 담판 결과를 묻자 뜻밖에 일이 잘 안되었단다. 자초지종을 물었더니, 처음 만나 이런저런 이야기를 나누다가 '표모반신' 고사를 꺼냈더니 파트너의 표정이 너무 부드럽게 바뀌면서 바로 식사를 예약했다고 한다. 그 기업인은 속으로 기뻐하며 식사 자리에 임했다. 술잔이 돌았고 쌍방이 모두 취해서 웃고 떠들고 화기애애한 분위기가 계속되었다. 그런데 이 기업인이 술에 취하고 기분이 좋은 나머지 큰소리로 '일반천금'을 떠들었다는 것이었다. 그러니까 이번 부탁을 들어주면 틀림없이 크게 은혜를 갚겠다는 식으로 장황설을 늘어놓은 것이다.

순간 중국 파트너의 표정이 바뀌었고, 술자리의 분위기는 싸늘하게 식었다. 부탁한 일에 대한 대답은 귀국할 때까지 오지 않았고, 형식적인 인사조차 없었다. 영문을 모른 채 귀국한 그 기업인은 내게 전화해서 왜 이렇게 되었는지 알 수가 없다며 혀를 찼다.

나는 아차 싶었다. 한신의 고사를 들려주면서 '표모반신'까지만 이야기하고 '일반천금'은 꺼내지 말라고 하지 않았던 것이다. 중국인의 성격과 기질에서 우리를 가장 당혹하게 하는 부분은 대부분 자신의 생각과 의중을 다 드러내지 않는다는 점이다. 그래서 중국 사람은 속을 모르겠다거나 속이 시커멓다고 비판 같지 않은 비판을 한다. 이에 대한 나의 생각은 '원래 그렇다'라는 것이다. 자신의 속을 다 드러내지 않는 기질이 몸에 배어 있고, 이 성향은 또 타고난 것이기도 하다.

그 기업인이 '표모반신'만 이야기했어도 중국 파트너는 상대의 생각과 마음을 다 알아듣고 헤아렸을 것이다. 뒷이야기는 남겨두는 것이 훨씬 나았다. 그 기업인이 큰소리로 '일반천금'을 떠드는 바람에 중국 파트너가 앞부분의 진정성을 의심했고, 허풍을 떤다고 지레짐작해버린 것이다. 요컨대 중국인과의 비즈니스나 관계 형성에서는 여지와 여운을 남기는 요령이 필요하다. 그렇게 자신의 의중을 상대가 스스로 헤아리게 만들어야 한다. 내 의중을 헤아리면 십중팔구는 세세한 배려로 돌아온다. 그렇지 않고 내 속을 다 내보이면 상대가 헤아릴 거리, 배려할 거리가 사라지는 것이고, 이는 곧 나에 대한 실망으로 이어진다. 요즘 말로 비유하면 신비주의 전략이 필요하다. 앞에서 언급한 동양화의 여백과 같은 맥락이다.

중국인과의 관계나 비즈니스에서는 '절반만 말하고' '1절만 부르라'고 충고하고 싶다. 중국인은 자신의 모든 것을, 모든 의중을 드러내지 않는 습성이 몸에 배어 있다. 이 때문에 다소 답답하고 조바심이 날 때도 있지만 참고 기다릴 줄 알아야 한다. 허풍은 금물이다. 술자리에서의 허풍은 더더욱 금물이다. 중국 사람은 누구 못지않게 술자리를 좋아하고 즐기지만 좀처럼 취하지 않는다. 술자리에서도 상대를 살피고 속내를 파악하는 데 익숙하다. 큰소리도 치지만, 역시 의중이 반영된 의도된 큰소리인 경우가 대부분이다. 가려서 들어야 하고, 무턱대고 믿어서는 안 된다.

중국의 역사는 기록으로 남은 것으로 한정해도 약 5천 년에 이른다. 따라서 축적되어 있는 전적(典籍, classics)은 그 양을 가늠할 수 없다. 중국과 중국인을 알고 이해하기 위한 여러 방법 중 다양한 지식은 기본이다. 물론 여기서 한 걸음 더 들어가면 금상첨화다. 이 장에서는 중국에 관한 실용적 지식을 모았다. 우리는 들어보지 못했을지도 모르지만 중국인들은 잘 알고 있는 내용이므로 대화나 비즈니스에 잘 활용할 수 있을 것이다.

중국과 중국인을
알기 위한
실용적 지식

강태공의 별칭이 많은 이유

강태공은 전설에 나오는 늙은 낚시꾼이 아니라 실존 인물이다. 그는 기원전 11세기 주나라가 들어서는 데 절대적인 공을 세웠고, 그 공으로 지금의 산둥성 동쪽 지역을 봉지(封地)로 받아 제(齊)나라를 개국한 건국 군주다. 이 제나라에서 훗날 저 유명한 '관포지교(管鮑之交)'의 주인공인 관중(管仲)과 포숙(鮑叔)을 비롯한 역사상 유명한 인물들이 기라성처럼 출현했다.

중국인들이 강태공에게 붙인 별칭들 중 대표적인 것이 '백가종사(百家宗師)'다. 한 시대의 으뜸가는 스승이란 뜻의 '일대종사(一代宗師)'란 표현은 영화 제목으로 쓰이기도 해서 비교적 익숙하지만 백가종사는 생소할 수도 있다. 뜻을 풀이하면 '백가의 으뜸가는 스승' 정도다. 여기서 말하는 백가란 제자백가(諸子百家)로, 일가를 이룬 많은 사상이나

학파 또는 문파를 가리킨다. 그렇다면 백가종사는 나름 일가를 이룬 많은 사상(가)을 아우르는 최고의 스승 내지 백가의 조상인 셈이다.

강태공은 뛰어난 책략과 풍부한 경험으로 주 문왕과 그 아들 무왕을 보좌하여 은나라를 멸망시키고 주나라가 서는 데 막대한 공을 세웠다. 만년에는 자신의 경험을 종합한 《육도(六韜)》라는 중국 역사상 최초의 병법서이자 치국방략의 큰 이치를 담은 경륜서를 저술했다고 한다. 이 때문에 백가종사라는 명예로운 별칭이 뒤따르게 된 것이다.

그런데 사실은 강태공이란 이름도 그의 본명이 아니다. 태공은 태공망(太公望)에서 따온 별칭이다. 주 문왕이 강태공을 만난 뒤 주나라의 선조 태공 고공단보(古公亶父)가 언젠가는 주나라를 일으킬 훌륭한 인물을 만날 것이라고 예언했다면서, '태공께서 갈망하던', 즉 '태공망'하던 사람이 바로 당신이라고 말한 데서 비롯되었다.

강태공의 이름에 대해서는 많은 설이 있다. 여상(呂尙), 여아(呂牙), 강상(姜尙), 강자아(姜子牙) 등이 있고, 스승 '사(師)'와 아비 '부(父)'라는 글자까지 붙여 '사상보(師尙父)'라는 존칭으로도 불렸다. '사'는 국정과 관련한 최고의 자문 역할을 하는 사람에게 붙는 호칭으로 벼슬을 가리키기도 한다. 강자아는 명나라 때 허중림(許仲琳, 약 1560~약 1630)이 지은 신마(神魔) 소설, 즉 판타지 소설 《봉신연의(封神演義)》(또는 《봉신방(封神榜)》)에 나오는 강태공의 이름이고, 사상보는 주 무왕이 강태공의 공로를 높이 평가하여 붙인 존칭이다. 후대에 '강태공'으로 많이 불렸기 때문에 흔히들 강태공이라고 하는 것이다.

한편 강태공은 그가 남겼다고 전하는 《육도》라는 통치 방략서 때

6장 • 중국과 중국인을 알기 위한 실용적 지식

역대 강태공 초상화 중 가장 전통적인 초상화. 튀어나온 이마와 날카로운 눈매, 그리고 상당히 큰 입과 뚜렷한 입술 라인이 인상적이다. 외모 자체에서 경륜이 절로 드러난다. 강태공은 나이 60(또는 70) 이후에 큰 뜻을 이룬 입지전적 인물이기도 하다.

문에 모략가의 원조로도 꼽힌다. 그래서 귀곡자(鬼谷子), 장량(張良), 사마의(司馬懿)와 함께 '모성(謀聖)'이란 별칭도 선사받았다. 강태공, 귀곡자, 장량, 사마의는 중국의 사대모성(四大謀聖)이라 할 수 있다. 출중한 지략과 모략으로 제왕을 보좌하는 모사로서 대업을 이루게 만들었기 때문에 '모성'이라는 영광스러운 별칭을 얻었다.

　강태공의 별칭들에서 보다시피 중국인은 오래전부터 특정 인물과 사물에 다양한 별칭을 붙여 인상을 강조하거나 그 대상에 감추어진 의미를 비유적으로 표현하는 특별한 문화 전통을 이어오고 있다. 역사상 다양한 이름과 별칭을 조금이라도 공부하면 사업이나 교류에 많은 도움이 된다. 지금도 중국인은 이름과 별칭을 짓는 데 공력을 기울이기 때문이다. 앞서 살펴본 중국에 대한 여러 별칭만 보아도 충분히 이해할 수 있을 것이다.

5천 년 역사를 아로새긴 명인들

중국은 자국의 역사가 5천 년에 이른다고 자랑스럽게 주장한다. 4대 문명 중 유일하게 단절되지 않은 황허문명을 계승한 중국사는 말 그대로 파란만장 자체였다. 수많은 인물이 5천 년 역사를 드라마보다 더 드라마처럼 아로새겼다. 80여 개의 정권(왕조)이 출몰했고 약 6백 명의 제왕을 배출했다. 특히 장쾌한 5천 년 역사를 아로새긴 명인들은 중국의 역사와 문화 그리고 정신사에 크고 깊은 영향을 미쳤고 그 영향력은 지금도 여전하다. 이들 중 일부는 성인의 반열에까지 올랐다. 즉, 중국 사람들은 이들이 후대 역사에 공헌한 영역에 성스러울 '성(聖)' 자를 붙여 추앙하고 있다.

역사상 각 분야에서 큰 업적과 영향을 남겨 성인으로 추대된 대표적 명인들을 알아두면 중국의 역사와 문화를 이해하는 데 도움이 된다. 또 사업이나 일과 관련된 지역 명인들에 대한 지식과 이해는 긍정적인 작용을 할 수 있다. 이들 대부분이 오늘날에도 14억 중국인의 존경을 받는 인지도 만점의 명인들이기 때문이다. 특히 기업의 현지화 전략에서는 해당 지역의 역사적 명인에 대한 정보 파악은 필수다. 이

점들을 염두에 두고, 역사상 성인의 반열에 오른 인물들의 호칭을 간략하게 소개하고자 한다.

중국뿐만 아니라 세계적 명인, 특히 우리나라에서도 절대적 존경을 받고 있는 공자는 '지성(至聖)'으로 추앙받고 있다. 더는 없을 '지극한 성인'이란 뜻이다. 공씨 집안의 공동묘지인 공림(孔林)의 공자 무덤 묘비에는 '대성지성문선왕지묘(大成至聖文宣王之墓)'라고 새겨져 있다.

한편 공자의 법통을 이은 맹자는 '아성(亞聖)'이란 호칭을 부여받았다. '성인(공자)에 버금가는 성인'이라는 뜻이다.

또 공자가 가장 아끼는 수제자였던 안회(顔回, 기원전 521~기원전 490 또는 481)에게는 '복성(復聖)'이란 호칭이 주어졌는데 '두 번째 성인'이라는 뜻으로 본다. 안회 역시 공자와 같은 취푸 출신이고, 취푸에는 안회의 사당 복성묘(復聖廟)가 있다.

기원전 770년부터 진시황이 천하를 통일하는 기원전 221년까지 약 550년에 걸친 춘추전국시대에는 각 분야의 전문가가 대거 출현했다. 특히 군사 전문가들이 두드러졌는데 《손자병법》의 손무(孫武, 기원전 약 535~기원전 약 470)가 대표적이다. 이 때문에 그에게는 '병법의 성인'이란 뜻의 '병성(兵聖)'이라는 명예로운 호칭이 주어졌다. 또 의학계에서는 편작(扁鵲, 기원전 407~기원전 310)이라는 걸출한 의사가 나와 '의성(醫聖)'이라는 호칭으로 불렸다. 훗날 동한 시대의 의사 장중경(張仲景)과 화타(華佗)에게도 의성이란 별칭이 붙었다. 상업계에서는 춘추시대 인물인 범려(范蠡, 기원전 536~기원전 448)나 공자의 수제자들 중 한 사람인 자공(子貢, 기원전 520~?)과 같은 특출난 사업가가 출현하여 훗날 '상성(商

聖’이란 별칭을 부여받았다. 또 과학자이자 목수였던 묵자(墨子, 기원전 476 또는 480~기원전 390 또는 420)에게는 ‘과성(科聖)’이라는 존칭이 따랐다.

당나라 시대는 시(詩)의 전성기였다. 특히 이백과 두보(杜甫, 712~770)가 쌍벽을 이루었는데, 이백은 ‘시선(詩仙)’으로 두보는 ‘시성(詩 聖)’으로 불린다. 두 사람의 성을 합쳐 이백과 두보를 가리키는 ‘이두(李 杜)’라는 약칭도 등장했다. 같은 당나라 사람으로 차에 관한 최초의 전 문 저술인《다경(茶經)》을 남긴 육우(陸羽, 733~약 804)에게는 ‘다성(茶聖)’ 이란 존칭이 부여되었다. 육우는 심지어 ‘다신(茶神)’이라 하여 신으로 추앙되기까지 했다.

역사학에서는 중국 정사(正史) 25사의 효시이자 최초의 본격 역사 서《사기》를 남긴 사마천의 존재가 독보적이다. 사마천의 벼슬이었던 태사령(太史令)에서 나온 사관을 가리키는 보통명사 태사공(太史公)이란 호칭은 지금은 사마천에게만 붙는 고유명사가 되었다. 역사학에 사마 천이 남긴 전무후무한 업적을 기리기 위해서 후대 사람들은 그를 ‘역 사학의 성인’이란 뜻을 지닌 ‘사성(史聖)’으로 부르며 추앙하고 있다.

중국의 역사와 문화를 공부하면서 역대 명인들의 별칭들에 주목 하면 부수적으로 적지 않은 정보들을 획득할 수 있다. 중국을 아는 데 는 수많은 방법이 있는데, 역사적 명인들에 대한 공부는 대단히 효과 적이다. 이들에게 부여된 후대의 존칭과 별칭에 함축된 역사적·문화 적 의미를 함께 읽으면 중국을 한층 깊게 알 수 있다.

38자에 담긴 공자의 매력

중국 역대 명인들 중 공자는 지성(至聖)이라는 극존칭으로 추앙받고 있다. 그런데 이처럼 부담스러운 존칭 때문에 한 인간으로서 공자의 매력이 많이 가려졌다. 지금까지 공자 하면 많은 사람이 그저 근엄하기만 한 선생님을 떠올리고, 속된 말로 화장실도 안 가는 거룩한 존재처럼 인식하기까지 했다. 우리나라의 경우 조선 왕조가 공자를 시조로 하는 유가와 유학을 국가 통치 이데올로기로 삼음으로써 공자의 이미지는 신성불가침이 되었다. 그러나 공자의 진면목을 가장 잘 담고 있는《논어》만 보더라도 그는 유머 감각이 넘치는 매력적인 인물이었다.

여기서는 공자의 색다른 면모를 살펴보겠다. 중국과 중국인을 제대로 알려면 공자라는 높은 산을 넘지 않을 수 없기 때문이기도 하다. 오죽했으면 공자의 언행록인《논어》를 '중국인의 바이블'이라고 부를까?

공자의 인간적 매력을 본격적으로 거론한 사람은《생활의 발견(生活的藝術)》이란 수필집으로 세계적 명성을 얻은 문학가 린위탕(林語堂, 1895~1976)이다. 린위탕은 공자의 유머에 대한 글을 여러 편 남겨, 근엄하고 딱딱하기만 했던 공자에 대한 인상을 많이 바꾸어놓았다. 여기서는《논어》에 보이는 구절 두 대목을 통해 공자의 인간적 매력을 감상하려 한다.

2013년 11월 12일 중국 공산당 전체 회의(전회)에서 시진핑 당 총서기는 '전회의 정신을 관철하기 위한 몇 가지 요구와 제시한 여섯 항목 중 다섯 번째 '사회의 공평과 정의를 촉진하고 인민 복지의 증진'을

린위탕. 공자의 유머를 통해 인간적 매력을 재
발견해냈다.

출발점이자 종착점으로 삼아야 한다. 경제 발전을 이루고 나서 공평성
의 문제를 해결하겠다는 것이 아니라, 파이를 계속 확대하는 동시에
그것을 분배하는 일도 잘해야 한다'라고 강조하고 《논어》〈계씨〉편에
나오는 공자의 명구를 인용했다.

"재부가 적다고 걱정하기보다는 분배가 고르지 못한 것을 걱정하고,
가난을 걱정하기보다는 불안을 걱정한다."

관련 대목의 앞뒤 말을 좀 더 살펴보자.

"나는 이렇게 들었다. 나라와 집을 가진 사람은 재부가 적다고 걱정

6장 • 중국과 중국인을 알기 위한 실용적 지식

하기보다는 분배가 고르지 못한 것을 걱정하고, 가난을 걱정하기보다는 (나라와 집안의) 불안을 걱정한다. 고르게 돌아가면 가난함이 없고, 화합하면 모자람이 없고, (나라와 집안이) 편안하면 기울지 않는다."

이 대목은 역사적으로 중국 사회에 적지 않은 영향을 미쳤다. 역대 위정자들이 중시했을 뿐만 아니라 백성들도 이것으로 공평과 분배 정책의 합리성을 점검해왔다. 물론 여기서 말하는 균등 분배가 절대 균등인 것은 아니다. 훗날 주자(朱子, 1130~1200)는 이에 대해 각기 그 분수만큼 갖는 것이라는 다소 소극적이고 수구적인 해석을 내놓기도 했다.

아무튼 2천5백 년이 지난 현대 중국, 그것도 14억 인민의 삶을 위한 정책을 결정하는 중대한 회의에 공자가 다시 호출되었다. 공자는 분배의 불공정과 불공평이 불안을 가져오는 주된 요인임을 명확하게 지적했다. 다시 말해 분배의 균형이 나라의 안정을 유지하는 데 가장 중요한 요소임을 보수주의자를 대변하는 공자도 정확히 인식하고 있었다. 당시 사회문제에 대한 공자의 인식 수준을 보여주는 대표적인 대목으로, 시간을 초월하여 한 나라의 정책뿐만 아니라 기업 경영이나 관리 등 모든 분야에 몸담은 이들이 심각하게 받아들여야 한다.

공자는 담백한 위인이었다. 담백함에서 나오는 인간적 매력은 흔히 마지막 순간에 그 빛을 발하곤 하는데 그가 말년에 남긴 38자의 회고는 담백한 매력의 진수를 보여준다. 먼저 《논어》〈위정〉편에 나오는 대목을 보자.

"나는 열다섯 무렵에 배움에 뜻을 두었고, 서른 무렵에 내 뜻을 세웠고, 40 무렵에는 흔들리지 않게 되었고, 50 무렵에는 천명을 알게 되었다. 60대에는 남의 말이 순수하게 들렸고, 70이 넘자 마음 가는 대로 따라가도 이치에 어긋나지 않게 되었다(吾十有五而志于學, 三十而立, 四十而不惑, 五十而知天命, 六十而耳順, 七十而從心所欲不踰矩)."

이 38자의 정신사적 회고록은 만년에 접어든 공자 자신의 자술인 만큼 역대로 숱한 해석과 해설 및 과분한 평가가 따랐다. 예컨대 15세 때 공부에 뜻을 두었다고 한 대목을 인생에 눈을 뜨고 세계관의 탐구에 자주적으로 뜻을 세웠다는 식으로 해석하거나, 서른 무렵 뜻을 세웠다는 대목을 공자가 서른 무렵 천하적 세계관에 도달했다는 알 듯 모를 듯하거나 황당하게 해설한 것이 일례다.

공자는 열다섯 무렵에 공부를 좀 해야겠다고 마음먹었고, 서른 무렵에는 자신이 무엇을 해야 할지에 대해 뜻을 세웠으며, 40대에는 강한 책임감과 주관을 가지고 엉뚱한 유혹에 흔들리지 않았으며, 50에 접어들어서는 세상사 돌아가는 이치를 알게 되었고, 60대에는 남의 말을 있는 그대로 순수하게 받아들일 수 있었다. 그리고 만년에 접어든 70대에는 마음 가는 대로 말하고 행동해도 남의 마음을 상하게 하지 않거나 사회에 어떤 피해도 주지 않게 되었다. 대체로 이 정도의 해석이면 무난하지 않을까 한다. 어떤 해석이든 한 가지 분명한 사실은 공자가 70에 접어들어 자신의 인생을 깊게 성찰했다는 것이다.

공자는 기원전 551년에 태어나 기원전 479년에 만 72세로 세상을 떠났다. 70 평생이란 말에 딱 맞는 나이만큼 살다 갔다. 공자는 평생 자신의 정치적 이상을 현실에 적용해보려고 무던히 애썼지만 시대는 그의 이상을 받아주지 않았다. 그래서 그의 정치적 생애가 실패했다고들 한다. 앞의 38자의 회고는 나이 70이 넘자 자신의 인생을 회고하면서 제자들에게 구술한 것으로 추측된다. 어쩌면 세상을 떠나기 전 마지막으로 삶을 정리하면서 감개무량한 심경을 고백한 것인지도 모르겠다. 아무튼 38자로 한 개인의 일생을 정리한 것은 물론 인간의 성숙 과정과 단계를 깊게 성찰하여 압축한 한 편의 정신사(精神史)라 할 만하다.

공자가 중국 역사와 중국인에게 남긴 영향은 상상을 초월한다. 공자가 우리나라에 미친 영향 또한 중국 못지않다. 유가와 사학(私學)의

공자가 오늘날 검찰총장에 해당하는 대사구(大司寇) 벼슬을 할 당시의 모습. 공자의 생애는 고단했지만 그는 결코 좌절하지 않았고 유머를 잃지도 않았다. 《논어》가 중국인의 바이블이라면 공자는 중국과 중국인의 영원한 스승이다.

창시자, 영원한 스승의 표상(萬歲師表), 고대 문화의 집대성자 등과 같은 화려한 명성뿐만 아니라 평생 자신의 이상을 변함없이 추구한 운명과 시대의 개척자, 신분과 계급을 초월하여 모든 사람에게 배울 기회를 열어준 선각자, 기쁠 때 웃고 슬플 때 울었던 한 인간으로서의 매력이 시공을 초월하여 수많은 사람을 감화시키고 있다. 중국과 중국인의 내면에는 공자의 숨결이 살아서 흐르고 있다.

성시 34곳에 대한 기본 정보

중국에는 34개 성시가 있다. 여기서는 각 성시의 내역을 소개하겠다. 34개 성시는 성(23개), 자치구(5개), 직할시(4개), 특별행정구(2개)를 말한다.

1) 베이징시(北京市) 중국 '5대 고도' 중 하나다. 연도(燕都)라는 이름으로 전해져왔으며, 처음에는 계(薊)라고 불렸다. 서한 때는 광양(廣陽)이라 불렸고, 그 뒤에는 유주(幽州)라고 불렸다. 요나라 때는 남경(南京)이라 불리다가 뒤에 연경(燕京)으로 바뀌었다. 원나라가 전국을 통일한 뒤 대도(大都)라는 이름을 붙였다. 명나라 초기에는 대도라는 이름을 없애고 북평(北平)으로 바꾸어 부르다 영락제 때 북경(北京)으로 바꾸었다. 그 뒤로도 순천부(順天府), 경사(京師), 경조(京兆) 등의 이름으로 불렀다. 그다음 북평특별시와 북평시라는 이름도 나타난 적이 있다.

1949년 이후 북평(베이핑)을 북경(베이징)으로 바꾸어 중화인민공화국의 수도로 삼았다. 면적은 605제곱킬로미터인 서울의 약 26배인 1만 6천 제곱킬로미터, 2022년 기준으로 상주인구는 약 2,184만이다.

2) 톈진시(天津市)　명나라 성조(成祖) 영락(永樂) 2년인 1404년 '천진 위(天津衛)'란 이름이 나타났다. 성조 영락제 주체(朱棣)가 이곳에서 출 병하여 황허강을 건너 남하하여 천하를 얻은 다음 자신의 성스러운 자 취를 자랑하기 위해 '천진'이라는 이름을 붙였다. '천자가 건너간 곳'이 란 뜻이다. 면적은 약 1천2백 제곱킬로미터, 2022년 기준으로 상주인 구는 약 1,363만이다.

3) 허베이성(河北省)　황허강 이북에 있기 때문에 하북이라 한다. 당 나라 때의 황허강 이북과 타이항산 이동 지구에 하북도(河北道)를 두 었는데 이것이 하북이 큰 행정구역 이름으로 등장한 시초다. 청나라 때는 직예성(直隸省)이라 불렀고 1928년에 허베이성으로 이름을 바꾸 었다. 성회는 스자좡시(石家莊市)이다. 면적은 약 19만 제곱킬로미터, 2023년 기준으로 상주인구는 약 7,393만이다.

4) 산시성(山西省)　타이항산 이서에 있기 때문에 산시성이라 부른 다. 원나라 때 지금의 베이징시에 도읍을 정하고 황허강 이동과 타이 항산 이서를 산서라 부르면서 하동산서도선위사(河東山西道宣慰司)를 설 치함으로써 산서라는 행정구역 이름이 처음 나타났다. 명나라 초기에 산서성이 설치된 뒤로 지금까지 유지되고 있다. 성회는 타이위안(太原) 이다. 면적은 약 16만 제곱킬로미터이고, 2023년 기준으로 상주인구 는 약 3,466만이다.

5) 네이멍구 자치구(內蒙古自治區) 몽골은 원래 몽골고원의 부족 이름으로 당나라 때의 기록에 처음 나타난다. 청나라 후기 이후 비로소 내몽골은 대사막 이남 장성 이북을 널리 가리키는 단어가 되었다. 1947년 네이멍구 자치구가 설립되면서 내몽골이 정식으로 행정구역 이름이 되었다. 성회는 후허하오터(呼和浩特)이다. 면적은 약 118만 제곱킬로미터이고, 2022년 기준으로 상주인구는 약 2,401만이다.

6) 랴오닝성(遼寧省) 요하 유역에 위치한다. 전국시대로부터 원, 명에 이르기까지 줄곧 요하 유역을 중심으로 삼았기 때문에 '요(遼)' 자를 행정구역 이름으로 삼은 것이다. 1928년 요하 유역을 영원히 평안하게 한다는 뜻에서 랴오닝으로 이름을 바꾸었다. 성회는 선양시(沈陽市)이다. 면적은 약 15만 제곱킬로미터이고, 2022년 기준으로 상주인구는 약 4,197만이다.

7) 지린성(吉林省) 청나라 초기 쑹화강(松花江) 연안에 길림오랍성(吉林烏拉城, 지금의 지린시)을 두었다. 만주어로 '길림'은 '가장자리', '오랍'은 '큰 하천'이란 뜻이므로 길림오랍은 '쑹화강 연안'의 도시란 뜻이다. 줄여서 길림이라 불렀고, 이곳에 길림장군이 주둔했다. 청나라 말기 광서제 때(1907) 길림장군의 주둔지를 길림성이라 부르기 시작했다. 성회는 창춘시(長春市)이다. 면적은 약 19만 제곱킬로미터이고, 2023년 기준으로 상주인구는 약 2,340만이다.

8) 헤이룽장성(黑龍江省) 흑룡강(黑龍江)이란 이름은 요나라의 정사 《요사(遼史)》에 처음 나타났다. 강 색깔이 검은색이고 흐름이 마치 용이 노는 것처럼 굽이친다고 해서 이런 이름이 붙었다. 청나라 초기인

1683년 흑룡강 유역에 흑룡강장군의 관할을 설치했고 청나라 말기 광서제 때인 1907년 흑룡강성을 설치했다. 성회는 하얼빈시(哈爾濱市)이다. 면적은 약 47만 제곱킬로미터, 2022년 기준으로 상주인구는 약 3,099만이다.

9) 상하이시(上海市) 원래 상해포(上海浦) 연안에서 일어난 도시로, 취락이 형성된 뒤 포구 이름을 따서 상해라 했다. 바다 위에 도시가 형성되었기 때문에 이런 이름을 갖게 된 것이다. 송나라 때 상해는 이미 상당히 번성한 작은 소진이 되었는데, 소진 이름이 상해였다. 아편전쟁 이후 다섯 군데의 통상(通商) 항구들 중 하나로 개방되었고, 1928년에 시가 조성되었다. 면적은 약 6,340제곱킬로미터이고, 2022년 기준으로 상주인구는 약 2,476만이다.

10) 장쑤성(江蘇省) 강녕부(江寧府)와 소주부(蘇州府)의 첫 글자를 따서 지은 이름이다. 청나라 강희제 6년인 1667년 강남우포정사사(江南右布政使司)를 강소포정사사(江蘇布政使司)로 고침으로써 강소라는 이름이 시작되었다. 성회는 난징시다. 면적은 남한과 비슷한 10만 제곱킬로미터이고, 2023년 기준으로 상주인구는 약 8,526만이다.

11) 저장성(浙江省) 첸탕강(錢塘江)이 굽이쳐 돌아가는 것에서 얻은 이름이다. 명나라 초기에 절강성이 섰다. 성회는 2016년 G20 정상회의가 열렸으며 '땅 위의 천당'으로 불리는 항저우시다. 면적은 10만 제곱킬로미터가 조금 넘고, 2023년 기준으로 상주인구는 약 6,627만이다.

12) 안후이성(安徽省) 안경부(安慶府)와 휘주부(徽州府)의 첫 글자를 따서 지은 이름이다. 청나라 순치(順治) 초기에 안휘순무(安徽巡撫)를 설

치함으로써 이 이름이 시작되었다. 성회는 허페이시(合肥市)다. 면적은 약 14만제곱킬로미터, 2023년 기준으로 상주인구는 약 6,121만이다.

13) 푸젠성(福建省) 당나라 때 복건절도사를 두어 복(福), 건(建), 천(泉), 장(漳), 정(汀) 다섯 주를 관할하게 했다. 복건은 이 다섯 주의 앞두 주의 이름을 따서 지은 것이다. 성회는 푸저우시(福州市)다. 면적은 12만 제곱킬로미터가 조금 넘고, 2022년 기준으로 상주인구는 약 4,188만이다.

14) 장시성(江西省) 창장강은 우후(蕪湖)와 난징 사이에서 동북으로 흐른다. 수나라와 당나라 이전에는 습관적으로 창장강 이북과 화이허(淮河) 이남의 지역을 강서라 불렀다. 당나라 개원(開元) 연간(714∼741)에 원래 강남도(江南道)의 서부를 나누어 강남서도를 설치하고 줄여서 강서도라 불렀고, 강서는 비로소 행정구역 이름이 되었다. 간장강(贛江)이 전 지역을 가로지르고, 성회는 난창시(南昌市)이다. 면적은 약 17만 제곱킬로미터, 2022년 기준으로 상주인구는 약 4,527만이다.

15) 산둥성(山東省) 산동은 원래 지역 이름이었다. 진·한 시대에는 효산(崤山) 이동을 산동이라 불렀다. 당나라 때는 타이항산 이동 지역을 산동이라 했다. 송나라 때는 개봉 이동 지역에 경동서로(京東西路)와 경동동로(京東東路)를 두었다. 금나라 때 중도(中都, 지금의 베이징시)를 설치함으로써 개봉은 도읍 역할을 잃었다. 이에 따라 경동동로와 서로가 산동동로와 서로로 바뀌었다. 그중 산동동로가 관할한 구역은 지금의 산둥성 및 장쑤 회북 지구였다. 이렇게 해서 산동은 행정구역 이름이 되었다. 명나라 초기에 산동성이 설치되었다. 성회는 지난시(濟南市)이

다. 면적은 약 15만 6천 제곱킬로미터이고, 2023년 기준으로 상주인구는 1억 122만이 조금 넘어 광둥성 다음 두 번째로 인구가 많다.

16) 허난성(河南省) 허난은 황허강 이남이란 뜻이다. 전국시대에도 하나의 지역 명칭이었다. 당나라 때 전국을 10도로 나눌 때 당시 황허강 이남 화이허 이북 지구를 하남도로 삼음으로써 하남이 처음으로 큰 행정구역 이름이 되었다. 명나라 초기에 하남성을 두었고, 성회는 정저우다. 면적은 약 17만 제곱킬로미터, 2022년 기준으로 상주인구는 약 9,872만으로 전국에서 세 번째이다.

17) 후베이성(湖北省) 둥팅후(洞庭湖) 이북에 있기 때문에 얻은 이름이다. 송나라 때 둥팅호 이북에서 징산(荊山)에 이르는 지역에 형호북로를 두었는데 줄여서 호북로라 부름으로써 호북이란 이름이 시작되었다. 청나라 때 호북성을 두었다. 성회는 우한시(武漢市)이다. 면적은 약 18만 6천 제곱킬로미터, 2022년 기준으로 상주인구는 약 5,844만이다.

18) 후난성(湖南省) 둥팅후 이남에 있기 때문에 얻은 이름이다. 당나라 때 호남관찰사를 두어 둥팅후 이남의 상(湘), 자(資) 두 강과 인접한 일곱 개의 주를 관할하게 함으로써 호남이란 이름이 생겼다. 송나라 때 호남지구에 형호남로를 두고 호남로라 줄여서 불렀다. 청나라 때 호남성이 생겼다. 성회는 창사시(長沙市)다. 면적은 약 21만 제곱킬로미터, 2022년 기준으로 상주인구는 약 6,604만이다.

19) 광둥성(廣東省) 오대(五代) 시대(907~979)에 지금의 광둥과 광시 지구를 광남이라 불렀다. 북송 초기에 광남로가 설치되었고 그 뒤 다

시 동서 둘로 나뉘었다가 후에 광남동로를 광동로라 줄여서 불렀다. 명나라 초기에 광동성이 섰다. 성회는 광저우시(廣州市)다. 면적은 약 18만 제곱킬로미터이고, 2022년 기준으로 상주인구는 약 1억 2,656만으로 전국에서 인구가 가장 많다.

20) 광시 좡족 자치구(廣西壯族 自治區) 명나라 초기에 광서성이 설치되었고, 1958년에 광서성을 광시 좡족 자치구로 바꾸었다. 성회는 난닝시(南寧市)이다. 면적은 약 23만 7천 제곱킬로미터, 2022년 기준으로 상주인구는 약 5,047만이다.

21) 쓰촨성(四川省) 송나라 때 지금의 쓰촨 대도하(大渡河) 동북과 산시성 한중(漢中) 지구를 나누어 익주(益州), 재주(梓州), 이주(利州), 기주(夔州) 4로로 나누고 이들을 합쳐 '천섬사로(川陝四路)'라 불렀다. 그 뒤 사천로라 줄여서 불렀다. 원나라 때 처음 사로를 합쳐 사천행성을 설치하고 '천(川)'이란 약칭으로 불렀다. 강역이 춘추전국시대 때 촉(蜀)나라 땅에 속했기 때문에 '촉(蜀)'으로 줄여 부르기도 한다. 성회는 청두시(成都市)다. 면적은 약 48만 6천 제곱킬로미터, 2022년 기준으로 상주인구는 약 8,374만으로 전국에서 네 번째이다.

22) 구이저우성(貴州省) 성시에서 유래한 이름이다. 당나라 때 설치한 구주(矩州)를 송나라 때는 귀주(貴州)로 기록했고, 원나라 초에 정식으로 귀주로 이름을 바꾸었다. 그 후로 행정구역을 나눌 때 치소를 귀주라는 두 글자로 이름을 삼았다. 명나라 영락 연간(1403~1423)에 귀주성이 설치되고 줄여서 '귀(貴)'라 불렀다. 성회는 구이양시(貴陽市)이다. 면적은 약 18만 제곱킬로미터, 2022년 기준으로 상주인구는 약

3,865만이다.

23) 윈난성(雲南省) 처음에는 한나라의 일개 현에 지나지 않았다. 한 무제 때 지금의 펑이(鳳儀) 일대에 색 있는 구름이 나타났다는 소문에 사람을 보내 쫓아가게 했다고 한다. 이 일로 색 있는 구름이 나타난 곳 남쪽에 현을 두고 운남이라는 이름을 붙였다고 한다. 그 뒤 운남이란 이름이 행정구역의 이름으로까지 사용되었다. 원나라 때 운남행성이 설치되었다. 성회는 쿤밍시(昆明市)이다. 면적은 약 39만 제곱킬로미터, 2022년 기준으로 상주인구는 약 4,693만이다.

24) 시짱 자치구(西藏自治區) 원나라 때 서장 지구를 오사장(烏斯藏, 斯는 思로 쓰기도 한다)이라 하여 중앙의 선정원(宣政院)에 예속시켰는데, '오사'는 짱족(藏族) 말로 '중앙'이란 뜻이고, '장'은 '성스럽고 깨끗하다'는 뜻이다. 청나라 초기에 이 지역이 중국 서부에 있다고 해서 서장이라 불렀다. 서장변사대신(西藏辨事大臣)을 보내 라싸(拉薩)에 주둔케 했다. 건륭 18년인 1793년에 '흠정서장장정(欽定西藏章程)'이 공포됨으로써 서장은 정식으로 행정구역 이름이 되었다. 신해혁명 후에는 시짱 지방이라 불렀고, 1956년 시짱 자치구가 성립되었다. 성회는 티베트 불교의 성지 라싸시이다. 면적은 120만 제곱킬로미터가 조금 넘고, 2022년 기준으로 상주인구는 약 364만이다.

25) 산시성(陝西省) 산천의 이름을 딴 것이다. 주나라 성왕(成王) 때 왕기(王畿) 1천 리의 땅(서쪽으로는 경위(涇渭) 평원에서 동으로 이수(伊水)와 낙수(洛水) 유역에 이르는 지역)을 섬맥(陝陌)을 경계로 삼아 동서로 나누었는데, 후대 사람들이 섬맥(지금의 허난성 산현 서남) 이서 지역을 섬서라 불렀다.

당나라 때 섬서절도사가 설치되었는데 이것이 섬서가 행정구역의 이름으로 처음 나타난 시점이다. 원나라 때는 섬서행중서성이 설치되었다. 성회는 시안시다. 면적은 약 20만 6천 제곱킬로미터, 2022년 기준으로 상주인구는 약 3,956만이다.

26) 간쑤성(甘肅省) 성시에서 비롯된 이름이다. 감숙(甘肅)이란 이름은 11세기에 처음 나타난다. 서하(西夏)가 그 강역 안의 감(甘, 치소는 지금의 장예현(張掖縣))과 숙(肅, 치소는 지금의 주취안현(酒泉縣)) 두 주에 감숙 감군사(감군사(監軍司)란 부나 주와 같은 2등급 행정구역이다)를 설치했다. 원나라 때 감숙행성으로 고침으로써 감숙은 비로소 성의 이름이 되었다. 성회는 란저우시(蘭州市)다. 면적은 약 42만 6천 제곱킬로미터, 2023년 기준으로 상주인구는 약 2,465만이다.

27) 칭하이성(靑海省) 강역 내에 있는 칭하이후(靑海湖)에서 비롯된 이름이다. 청해란 이름은《수경주(水經注)》라는 인문지리서에 처음 나타난다. 청해를 옛날에는 서해나 천해 등으로 불렀다. 당나라 이후 대부분 청해를 정식 이름으로 사용했다. 청나라 옹정 연간(1723~1735)에 서녕변사대신을 두었는데, 이 관직이 청해 지구를 관할했기 때문에 관습적으로 청해변사대신이라고도 불렀다. 행정구역 이름으로는 이것이 처음이다. 1928년 칭하이성으로 이름을 바꿨고, 성회는 시닝시(西寧市)이다. 면적은 약 70만 제곱킬로미터, 2023년 기준으로 상주인구는 약 594만이다. 면적을 감안하면 인구가 가장 적은 곳이다.

28) 닝샤 후이족 자치구(寧夏回族自治區) 13세기 중엽 원나라는 서하의 옛 땅에 서하중흥행성을 두었다가 얼마 뒤 이곳을 평안하게 한다는

뜻으로 녕하행성으로 이름을 바꾸었다. 1958년 닝샤 후이족 자치구가 섰고, 성회는 인촨시(銀川市)이다. 면적은 약 6만 6천 제곱킬로미터, 2022년 기준으로 상주인구는 약 728만이다.

29) 신장 웨이우얼 자치구(新疆維吾爾自治區) 신장의 원래 이름은 서역(西域)이다. 서역이란 이름은 대략 서한 선제(宣帝) 신작(神爵) 2년인 기원전 60년에 나타난다. 한나라 조정은 이곳에 서역도호부를 두었다. 이로부터 2천 년 넘게 서역은 중국 역대 정부에 의해 효과적으로 관할되어왔다. 청나라 때 이르러 서역 각지가 청나라로 통일되어갔지만 이 지역은 동북이나 서남 지역보다 통일이 늦었다. 그래서 청나라 통치자들은 종종 이곳을 신강 또는 서역신강이라 불렀고 이리장군(伊犁將軍)이 관할하는 천산남북로를 설치했다. 광서 10년인 1884년 청나라 정부가 정식으로 신강성을 두었고, 이로써 신강성은 정식 행정구역 이름이 되었다. 1955년 신장 웨이우얼 자치구로 이름이 바뀌었다. 성회는 우루무치시(烏魯木齊市)다. 면적은 160만 제곱킬로미터 조금 넘고, 2022년 기준으로 상주인구는 약 2,587만이다.

30) 타이완성(臺灣省) 성시에서 비롯된 이름이다. 한나라로부터 원나라에 이르기까지 타이완은 이주(夷洲) 또는 유구(流求)란 이름으로 불렸다. 16세기에는 간혹 대원(大員)이란 이름으로도 불렸는데, 이 지역의 고산족(高山族) 부락 이름을 한역한 이름이다. 17세기 들어서 대원을 대만(臺灣)으로도 바꾸어 쓰기도 했다. 청나라 강희 연간(1662~1722)에 대만부를 설치했고, 광서제 때 대만성으로 바꾸었다. 성회는 타이베이(臺北)이다. 면적은 약 3만 6천 제곱킬로미터, 인구는 약 2,350만이다.

31) 하이난성(海南省)   섬으로 이루어진 하이난성의 옛날 이름은 경애(瓊崖)였다. 한나라 초기에 군을 두었고, 명·청 시대에는 부를 두었다. 1949년 해방 후에는 광둥성에 속했고, 1988년 하이난성이 되었다. 타이완성보다 약간 작은 중국 제2의 섬으로 자연경관이 뛰어나 휴양도시로 각광받고 있다. 성회는 하이커우시(海口市)이며, 명승고적들이 대부분 이곳 하이커우에 몰려 있다. 면적은 약 3만 5천 제곱킬로미터, 2023년 기준으로 상주인구는 약 1,043만이다.

32) 샹강 특별행정구(홍콩, 香港特別行政區)   이곳은 오래전부터 중국 땅이었다. 신석기시대부터 사람이 살았고, 한나라 때 무덤과 송나라 때 무덤이 발견되었다. 청나라 때는 광둥성 신안현(新安縣)에 속했다가 1841년 아편전쟁으로 영국이 점령하여 1842년 난징조약(南京條約)에 따라 영국 조차지가 되고 말았다. 이어 1898년 베이징조약으로 99년 동안 영국 조차지로 할양하게 되었고, 1997년 7월 1일 중국에 되돌아왔다. 1842년 이후로 따지면 155년 만이다. 면적은 약 1천1백 제곱킬로미터, 2023년 기준으로 상주인구는 약 750만이다.

33) 충칭시(重慶市)   충칭시의 역사는 아주 오래되었다. 일찍이 주나라 때 파국(巴國)의 도읍지로 봉해진 바 있다. 1977년에 직할시가 되었다. 장강삼협(長江三峽)을 비롯한 명승지가 즐비하다. 면적은 8만 제곱킬로미터가 조금 넘고, 2023년 기준으로 상주인구가 약 3,191만으로 직할시 중 가장 많다.

34) 아오먼 특별행정구(마카오, 澳門特別行政區)   주장강(珠江) 삼각주 남쪽 끝 반도에 위치한다. 원래 지금의 주하이(珠海)인 샹산현(香山縣)에

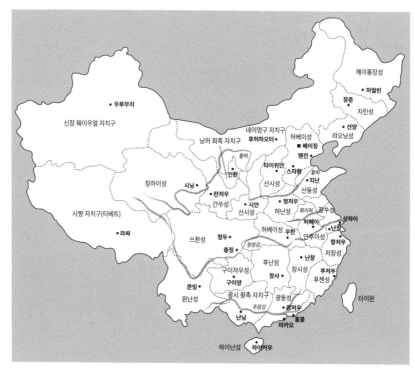

중국 34개 성시와 성회를 표시한 지도

속했다. 16세기 포르투갈 식민주의자가 자신들의 화물을 물에 가라앉혔다는 구실로 강제로 상륙하여 차지한 이래 서구 열강의 침략 전초기지가 되었다. 1999년 12월 20일 중국에 반환되었다. 관광 사업이 발달한 곳이다. 면적은 약 33제곱킬로미터에, 2023년 기준으로 상주인구는 약 68만이다. 면적을 감안하지 않을 경우 34개 성시에서 인구가 가장 적다.

역사와 문화로 명성 높은 베이징

베이징은 중국의 수도이므로 더 상세히 살펴볼 필요가 있다. 베이징의 한자 표기는 북경(北京)으로 북쪽의 서울이란 뜻이다. 그렇다면 남쪽의 서울 남경(南京)도 있단 말인가? 물론이다. 오늘날 장쑤성의 성회 난징이 바로 남경이다. 그럼 또 하나의 의문이 든다. 동경과 서경도 있을까? 그리고 중경은? 오늘날 중국에 동경, 서경, 중경이란 지명이나 지역은 남아 있지 않지만 과거에는 당연히 있었다. 허난성 카이펑시를 동경이라 부르는데 송나라 때 수도로 그렇게 불렀기 때문이다.

과거 왕조시대에 주로 북방이 근거지였던 정권들은 도성을 하나만 두지 않고 사방에 두어 동경, 서경, 남경, 북경 등으로 불렀다. 정치와 군사적 필요성 때문이었다. 현재 중국의 수도 베이징 역시 이런 역사적 배경을 지니고 있다.

베이징은 화북(華北) 평원 북쪽 끝에 위치한 중앙직할시다. 중국에서는 역사가 가장 오래되고 유서 깊은 옛 도읍지 다섯 곳을 '5대 고도(古都)'라 하는데, 허난성 안양과 뤄양, 산시성 시안, 장쑤성 난징, 그리고 베이징이다.

베이징의 역사는 기원전 11세기 서주 시대에 연(燕)이라는 제후국이 이곳 부근에 세워지면서 시작되었는데 당시 도성을 계(薊)라 했다. 그 뒤 들어선 왕조에 따라 광양(廣陽), 유주(幽州), 남경(南京), 연경(燕京) 등으로 불렸고, 원나라가 전국을 통일한 뒤 대도(大都)라는 이름을 붙였다. 명나라 초기에는 북평(北平)으로 바꾸어 부르다 성조 영락제 때

6장 • 중국과 중국인을 알기 위한 실용적 지식

북경(北京)으로 바꾸었다. 그 뒤로 순천부(順天府), 경사(京師), 경조(京兆) 등의 이름으로 불리다가 1949년 신중국 성립 이후 북평(베이핑)이 북경(베이징)으로 바뀌었다.

베이징은 화북 평원 북쪽 끝으로 허베이성, 톈진시와 경계를 접하는 지점에 위치한다. 베이징 서부의 산지는 타이항산맥에 속하고, 북부와 동부 산지는 쥔두산(軍都山)으로 통칭하며 옌산산맥(燕山山脈)에 속한다. 이들 산지에는 석탄과 철 등이 나는 광산과 대리석을 비롯한 좋은 건축 재료가 풍부하다. 대리석은 명·청 시대 황궁 건축을 위해 제공되었다. 융딩허(永定河)와 쥐마허(拒馬河) 등이 경내를 흐르는 중요한 하천이다.

공업은 철강, 석유, 화공, 식품 등이 주도했으나 최근 중관춘(中關村)을 대표로 하는 전자·정보 산업이 급속하게 발전하고 있다. 베이징은 산업의 기초가 튼튼하여 종합적인 경제력을 갖추었다. 농업에서는 밀, 벼, 옥수수 등이 주로 생산된다.

베이징덕으로 잘 알려진 베이징 카오야를 비롯하여 량샹반리(良鄕板栗, 량샹 지방의 왕밤), 징바이리(京白梨, 배)가 특산물로 유명하다.

베이징은 역사와 문화로 명성 높고, 여섯 왕조가 도읍을 삼았던 고도로서 명승고적이 많다. 천단, 자금성, 이화원(頤和園), 원명원(圓明園), 만리장성(萬里長城), 북해공원(北海公園), 옹화궁(雍和宮), 주구점(周口店) 구석기 유적지, 명십삼릉(明十三陵), 노구교(루거우차오, 盧溝橋), 대관원(大觀園), 세계공원(世界公園) 등이 널리 알려져 있다. 류리창(琉璃廠) 고문화 거리와 판자위안(潘家園) 고화폐 시장도 무척 특색 있는 명소로 꼽힌다.

베이징에 가면 천안문 광장의 중국 오성기 게양과 하양식을 보고, 만리장성을 오르고, 경극을 보고 듣고, 카오야를 먹는 일정은 여행 필수 4대 항목이 되었다. 베이징은 중국 교통의 중심으로 철도와 도로 그리고 항공 운수의 중추이기도 하다.

중국에도 짜장면과 짬뽕이 있을까

이제는 우리나라 음식이 되어버린 대표적 중국 음식(?)으로 짜장면이 있다. 중국 음식점의 짜장면 외에 짜장 라면도 지금까지 수십 종이 나왔을 정도다. 그런데 중국을 다녀온 사람들이 하나같이 하는 말이 중국에는 짜장면이 없더라는 것이다. 그리고 짜장면을 먹으면서 일쑤 "중국에도 짜장면이 있지 않나요?"라는 질문을 던지곤 하지 않나. 중국에는 짜장면이 있다? 없다? 답은 '있다'이다.

짜장면은 중국어로 차오장멘(炒醬面, 초장면)이다. 볶은 장을 얹은 면이란 뜻이다. 하지만 중국에서 짜장면을 찾기란 쉽지 않다. 면을 주식으로 하는 창장강 이북 지역에서도 좀처럼 찾기 힘들다. 밀가루와 면의 도시인 시안에서는 짜장면을 후식으로 먹는 경우가 있어서 딱 한 번 먹어본 적 있지만, 중국 사람들이 주문해서 먹는 것을 본 적은 없다. 요컨대 중국에 짜장면, 정확하게는 차오장멘이 있기는 하지만 찾아서 먹기는 힘들다. 그리고 중국 사람들은 거의 먹지 않는다.

2018년 11월 어느 날 아침 허난성 정저우의 이슬람 식당 메뉴판에서 발견한 짜장면. 중국에서 짜장면을 찾기란 매우 어렵다.

맛은 어떨까? 한마디로 우리나라 짜장면과는 비교도 안 될 정도로 맛이 없다. 말하자면 우리나라 짜장면은 전 세계 어느 나라 사람이 먹어도 괜찮을 정도로 훌륭한 음식이 되었다. 우리 짜장면의 역사를 알고 싶으면 인천 차이나타운의 짜장면 박물관을 찾아보기 바란다. 초기 화교의 역사를 비롯하여 짜장면에 관한 거의 모든 정보가 전시되어 있다.

인천 차이나타운은 중국 화교의 역사와 애환이 고스란히 간직되어 있는 귀중한 장소다. 초기 중국 식당을 비롯하여 차이나타운 구석구석에 볼 것이 많다. 박정희 정권 때 화교를 박해하고 탄압하여 대부분의 화교들이 이곳을 떠나는 통에 오랫동안 방치되었다가 중국 관광객들이 몰려들자 한·중 관계 개선을 위해 새롭게 단장했다. 역사적인 장소이므로 들러보면 얻을 정보가 많다.

우리가 중식당에서 짜장면 다음으로 많이 찾는 음식은 짬뽕이다. 중국에도 짜장면이 있냐고 묻는 사람은 많아도 정작 짬뽕이 있냐고 묻는 사람은 거의 보지 못했다. 흥미롭게도 중국에 짜장면은 있어도 짬뽕은 없다고 할 수 있다. 짬뽕이 산둥성의 차오마몐(炒碼面, 초마면)에서 유래했다고 하지만 우리나라 짬뽕과는 많이 다르고 그나마 찾아보기도 힘들다.

우리나라 사람들은 얼큰한 국물을 선호한다. 술 마신 다음 날 많이 찾는 해장 음식으로 짬뽕만 한 것이 없다. 하지만 중국 사람들은 국물이 있는 면으로는 국수를 선호하지만 우리나라 짬뽕 같은 면은 낯설어한다. 해장이란 개념도 없다. 물론 우리나라에 와서 먹어보면 다들 괜찮다고 하지만 자기 나라에서는 볼 수 없는 음식이니 먹을 기회가 없다. 참고로 짬뽕이란 이름은 일본어 잔폰에서 유래했다.

짜장면과 짬뽕은 20세기 초 화교들이 소개한 중국 음식을 우리 입맛에 맞게 변형시킨 대표적인 음식이다. 여기에는 두 나라의 역사와 문화, 그리고 백성들의 애환이 깃들어 있다. 음식 하나에도 배울 거리, 이야깃거리, 생각할 거리가 담겨 있다. 중국 사람들과 교류할 때 빠지지 않는 것이 식사요 술이다. 그 자리에서 무슨 이야기를 어떻게 하느냐에 따라 관계의 질이 달라진다. 이참에 차이나타운을 찾아서 화교의 역사와 두 나라의 근현대사를 알아보면 어떨까.

여기서는 실용적 지식에서 한 걸음 더 들어가 보다 유용한 정보, 중국에서 크게 성공한 기업의 현지화 사례를 소개한다. 중국인과 교류하거나 사업을 하기 위해서는 현지화 전략(localization strategy)이 선택이 아닌 필수이다. 이 책의 모든 내용은 현지화 전략에 도움이 되는 정보이기도 하다. 특히 중국의 역사와 문화, 중국인의 심리적 배경은 반드시 알고 넘어가야 한다. 더 나아가 자세한 정보 수집과 공부도 필요하다. 중국은 땅이 워낙 넓기 때문에 사업 상대의 출신 지역, 사업 지역, 현지 공장이나 법인의 위치 등에 대한 정보, 특히 역사와 문화에 대한 기본 공부가 필수에 가깝다.

7장

현지화를 위한
실용적 정보

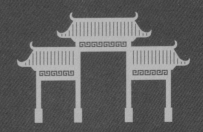

중국을 알려면 무엇부터 해야 할까

중국에 대해 내가 받는 질문들 중 가장 많은 비중을 차지하는 것은 '중국을 알려면 무엇이 가장 필요한가?' 또는 '무엇을 먼저 해야 하나?'이다. 무엇이 가장 중요하며, 무엇부터 배워야 하는가 등도 같은 질문에 속한다. 내 대답은 한결같이 '한자를 배우라'라는 것이다. 중국 글자를 많이 알아야 한다는 뜻이다.

중국은 문자의 나라다. 지구 상 유일하게 남은 상형문자를 4천 년 넘게 사용해오고 있다. 4천 년 동안 중국인들은 이 문자의 수를 늘렸을 뿐만 아니라 추상적 의미도 담을 수 있는 여러 방법까지 창안하여 사용 범위를 무한히 넓혀왔다. 그 결과 글자 하나하나에 수천 년 역사와 문화가 담겼다. 그래서 나는 중국 글자, 즉 한자 하나하나가 빅 데이터라고 말한다.

거북 배딱지에 새겨져 있는 갑골문. 수많은 거북 배딱지를 비롯한 짐승 뼈에 새기거나 쓴 갑골문은 한자의 원형을 간직하고 있는 가장 오래된 문자다. 갑골문은 한자 공부의 출발점이기도 하다.

어렵게 설명하기보다 한자 한 글자를 예로 들어 이야기해보겠다. 오늘날 화폐와 같은 용도로 사용되었던 조개껍질을 뜻하는 한자는 '貝', 즉 '조개 패'다. 한자 중 가장 오래된 글자이기도 하다. 신석기시대부터 조개껍질을 교환가치가 있는 화폐로 사용했다는 주장이 있는 것을 보면 그 연원이 오래되었음을 알 수 있다. 아무튼 이 글자가 등장하여 사용되면서 이와 관련한 다른 한자들이 다양하게 나타났다. 재물을 뜻하는 '財'를 비롯하여(왼쪽 조개 貝는 뜻을 가리키고, 오른쪽 才는 발음을 위한 쓰임이다), 재물과 비슷한 뜻의 '화(貨)', 축하한다는 뜻의 '하(賀)'와 같은 글자들이 파생되었다. 모두 일정한 형태와 값어치를 가진 재물이나 물건을 가리킨다. 물건을 사고판다는 매매(買賣)에도 조개 '貝'가 있다.

그런가 하면 '貝'와 다른 글자가 결합하여 추상적인 의미를 가리키는 글자로 진화하기도 했다. 나눌 '분(分)' 자가 위에 올라가 있는 '빈(貧)'은 재물을 나누기 때문에 재물이 모자라거나 가난하다는 뜻을 지니게 되었다. 또 이제 '금(今)' 자가 위에 올라가 있는 '탐(貪)'은 재물을 지금 당장 가지려는 욕심을 뜻하는 글자가 되었다.

이렇듯 한자는 추상적 의미를 가진 글자들이 합쳐져 실로 다양한 뜻을 함축하는 글자로 발전해왔다. 장장 4천 년 동안 수많은 글자가 새로 만들어졌을 뿐만 아니라 수없는 용례가 축적되면서 글자 하나하나가 엄청난 정보를 함축하기에 이르렀다. 한자 하나하나는 역사와 문화 그 자체다.

한자의 또 다른 큰 특징은 영어와 달리 품사가 없다는 점이다. 모든 글자가 모든 품사로 사용될 수 있다. 한 '일(一)' 자가 명사로도 동사로도 부사로도 형용사로도 사용될 수 있다. 단, 앞뒤에 어떤 글자가 배치되느냐에 따라 달라지기 때문에 이른바 문맥을 살펴야 한다. 이렇게 한자가 조합되어 문장, 즉 한문(漢文)이 되는데, 한문 공부에는 왕도가 없다는 말이 이래서 나왔다. 요컨대 한자와 한문을 공부하려면 옛날부터 지금까지 한자를 사용하여 만든 한문(문장)을 많이 보는 수밖에 없다. 한문 공부에서 암기를 강조하는 까닭도 이 때문이다.

당장 한문 공부를 시작하기란 결코 만만치 않은 일이다. 그래서 한자 공부를 먼저 찬찬히 시작해보라고 권하고 싶다. 한자의 모양에서

번체자	현대 중국어 독음	간화자
醜	chǒu	丑
隻	zhī	只
瞭	liǎo	了
麵	miàn	面
頭	tóu	头
雜	zá	杂

간자와 번자 대조표. 가운데 칸은 한자 발음의 알파벳 표기인 병음이다. 우리나라 사람은 한자를 번자로 배웠기 때문에 간자를 배우면 중국 사람보다 한자를 더 많이 알 수 있다. 중국인, 특히 젊은이들은 대부분 번자를 잘 모른다.

부터 조립되어 나오는 글자들을 살피고 그 뜻을 유추하다 보면 한자에 담긴 묘한 매력을 감지할 수 있다. 한자의 조형(造型)에는 나름의 시스템이 있기 때문이다. 한자 지식을 중국 현지 곳곳에 나붙은 광고판에 적용해보면 중국과 그 문화에 한 발 다가설 수 있을 것이다. 여기에 더해서 흔히 약자(略字)로 불리는 간자(簡字)를 함께 배우면 금상첨화다. 현대 중국어는 모두 간자로 표기한다. 우리나라에서 쓰고 있는 한자는 번거로운 글자라는 뜻의 번자(繁字)라 부른다.

간자 때문에 미리 겁먹고 공부할 엄두를 내지 못하는 사람이 적지 않은데 결코 그럴 필요 없다. 간자의 수량이 많지 않을 뿐 아니라, 배워두면 대단히 편리하다. 한번 생각해보자. 익힐 '習(습)'을 '习'으로 표기하고, 의로울 '義(의)'를 '义'로 표기하는데 얼마나 편하겠는가? 간자를 익히면 중국이 성큼 다가온다.

달나라 탐사 프로젝트가
왜 항아공정일까

2004년 중국은 우주 탐사 프로젝트의 출발인 달나라 탐사 프로젝트 '탐월공정(探月工程, 일명 항아공정(嫦娥工程))'을 정식으로 시작했다. 이 프로젝트에 따라 2007년 10월 24일 항아 1호를 성공적으로 발사했고, 이후 순조롭게 달 탐사 활동을 진행하고 있다. 중국은 무인 우주선은 물론 유인 우주선 발사와 귀환도 순조롭게 마쳐 이른바 '우주굴기'인 우주과학 강국으로 급부상했다.

2018년 12월 8일 세계 최초로 달 뒷면을 탐사하는 창어 4호를 실은 창정(長征) 3호 위성을 성공적으로 발사했고, 2019년 1월 3일 인류 최초로 달 뒷면에 착륙시키는 데 성공했다. 2023년에는 창어 5호가 미국, 러시아에 이어 세 번째로 달 표면의 흙을 채취하는 데 성공했다. 2023년에는 무인 화성 착륙선 톈원(天問) 1호를 발사하며 세 번째로 화성에 우주선을 보낸 나라가 되었다. 2024년 6월 25일에는 창어 6호가 사상 최초로 달 뒷면에서 암석 샘플을 채취하여 귀환하는 데 성공했다.

달 탐사 프로젝트 '항아공정'은 사실 1994년부터 10년에 걸친 준비 과정을 거쳤다. 중국의 모든 국가 프로젝트가 철저한 사전 준비를 거친다는 사실을 여기서도 확인할 수 있다. 그런데 달 탐사 프로젝트의 또 다른 이름이자 탐사 우주선의 이름인 '항아'에 얽힌 사연이 흥미롭다.

항아는 중국 고대 신화에 나오는 여신으로, '항아가 달로 도망갔다'라는 항아분월(嫦娥奔月) 신화의 주인공이다. 이 신화는 오랜 옛날부터 민간에 널리 퍼져 전해졌는데, 《회남자(淮南子)》라는 약 2천 년 전 문헌에 처음 기록되었다. 신화의 내용은 이렇다.

> 예(羿, 항아의 남편으로 알려진 신)가 먼 서방 천산(天山) 천지(天池)에 사는 여신 서왕모(西王母)에게 불사약을 얻어서 집으로 돌아왔다. 예가 나가고 없는 사이에 항아가 불사약을 훔쳐 먹었다. 그랬더니 자신도 모르는 사이에 몸이 가벼워지고 지상을 날더니 달나라 월궁(月宮)까지 달아나게 되었다.

항아분월 신화는 전설 속 역서(易書)로 알려진 《귀장(歸藏)》에도 등장한다. 내용은 간략하다. 항아가 서왕모의 불사약을 먹고 월궁으로 가서 월정(月精, 달의 요정)이 되었다고만 서술해서 예와는 관계가 없는 것처럼 되어 있다. 그런가 하면 옛날 판본 《회남자》에는 항아가 월궁으로 가서 두꺼비로 변했다는 기록이 보이는데, 지금 판본에는 그 내용이 없다. 이는 항아에 대한 사람들의 감정이 질책에서 동정으로 변한 과정을 반영하는 것 같다.

위진남북조시대(220~589)에서 618년 건국된 당나라에 이르는 시기에 중국인들이 항아에 대한 동정심을 더욱 발전시키면서 두꺼비로 변했다는 등의 전설은 점점 잊혔다. 일부 학자들은 항아를 고대 신화 지리서 《산해경(山海經)》에 나오는 상희(常羲)로 보기도 한다. 당나라를 대표하는 시인 이백은 〈파주문월(把酒問月)〉이란 시에서 달나라로 달아난 항아와 흰 토끼에 관해 다음과 같이 읊었다.

흰 토끼는 봄가을로 약을 찧는데(白兔搗藥秋復春)
항아는 홀로 사니 누구와 벗할고(姮娥孤栖與誰隣)?

중국이 우주 탐사 프로젝트에 항아란 이름을 붙인 의도는 어렵지 않게 짐작할 수 있다. 신화이긴 하지만 중국은 이미 수천 년 전에 이미 달나라에 발을 디뎠다는 것이다. 달나라에 대한 중국의 관심이 그만큼 오래되었다는 뜻이 담겨 있다.

그런데 '항아 프로젝트'와 관련해서는 더 흥미로운 이야기가 전한다. 1972년 중국과 미국은 그동안의 적대를 청산하고 관계를 정상화한다는 놀라운 공동 성명을 발표했다. 이로써 중·미 관계가 정상화되었고, 세계는 냉전시대를 끝내기 시작했다. 이 세계사적 사건을 연출한 주인공은 중국의 저우언라이와 미국의 당시 국무장관 헨리 키신저(1923~2023)다. 두 사람은 1971년 극비리에 만나 관계 정상화에 합의했는데, 이 자리에서 키신저는 1969년 아폴로 11호의 달 착륙 성공을 이야기하며 달에서 가져온 월석을 선물로 내놓았다고 한다. 미국의 달 정복을 은근히 자랑한 것이다. 이에 저우언라이는 우리 중국은 이미 수천 년 전에 달을 정복했다고 응수하며 바로 항아 신화를 언급했다고 한다. 이후 중국 지도자들은 우주 탐사에 관심을 가졌고, 1994년 본격적인 준비를 시작하면서 달 탐사 공정의 이름을 '항아공정'으로 지었다.

'항아분월' 신화를 그린 약 2천 년 전의 벽돌 그림. 달 탐사 프로젝트 '항아공정'의 이름은 항아분월 신화에서 나왔다. 이런 이름을 지은 데는 달과 관련한 일이라는 표면적 의미 외에 이미 수천 년 전 중국에서 달나라에 갔다는 역사·문화적 선점권에 대한 은근한 암시가 깔려 있다.

    중국인은 세상 만물의 이름에 심상치 않은 관심을 갖는다. 깊은 생각 없이 아무렇게나 이름을 짓지 않는다. 그것이 국가정책과 관련된 일이라면 더더욱 그렇다. 역사적 배경과 그에 얽힌 고사를 찾고 음미한 다음 신중에 신중을 기해 이름을 붙인다. 과거 역사와 문화를 중시하는 특성을 미래를 향한 우주 탐사 프로젝트의 이름에서도 새삼 확인할 수 있다.

인공위성에 철학자의 이름을 붙인 이유

《사이언스 타임스(Science Times)》 2018년 1월 26일 자 기사는 중국이 세계 최초로 양자 과학 실험 위성을 성공적으로 발사했다는 놀라운 내용과 그 의미 등을 상세히 소개했다. 중국이 이 위성을 발사한 때는 2016년 8월 16일 1시 40분이었다. 이후 세계는 다시 한번 중국의 우주 탐사와 인공위성 관련 기술에 주목하지 않을 수 없었다. 중국은 2004년 이후 달 탐사 프로젝트 '창어공정'을 수행하면서 유인 위성을 비롯하여 무인 위성 발사와 우주정거장 설치에 성공함으로써 미국과 러시아에 버금가는 우주 탐사 기술과 능력을 인정받고 있다.

양자 과학 실험 위성은 현대 물리학의 기초로 불리는 양자역학(Quantum Mechanics) 상용화에 신기원을 이룰 것이라는 기대를 모으고 있다. 양자역학은 반도체를 비롯한 수많은 과학기술의 이론적 바탕이 되는 과학 분야이자 현대인의 삶에 지대한 영향을 미치는 분야이기도 하다.

중국이 발사하고 실험에 성공한 양자 과학 실험 위성은 양자역학 이론에 근거하여 정보(물체)를 훨씬 빠르게 먼 곳까지 전송할 수 있는 가능성을 확인한 것이다. 전송 속도는 지상 광케이블을 통한 전송보다 무려 1조 배나 빠르며, 전송 거리도 기존 2백 킬로미터에서 1천2백 킬로미터까지 획기적으로 늘어났다. 또 정보(암호)가 입자 상태여서 해킹이나 복제가 불가능하다고 한다. 나아가 이러한 기술이 성공적으로 정착되면 영화에서나 볼 수 있는 공간 이동도 꿈꿔볼 수 있다고 하니 이 위성 실험의 의미가 어느 정도인지 짐작할 수 있다.

중국은 달 탐사 프로젝트에 '항아'라는 신화 속 여신 이름을 붙였듯이 이번에도 위성에 특별한 이름을 붙였다. 이름하여 '묵자호(墨子號)'이다. 묵자는 춘추시대 말기에서 전국시대 초기에 활동한 사상가로, 본래 이름은 묵적(墨翟)이지만 존칭의 의미가 담긴 묵자로 부른다. 그는 전쟁을 반대한 평화주의자로 잘 알려져 있다. 그래서 묵자호를 묵자의 평화 사상과 연결하는 기사가 눈에 띈다. 하지만 이는 잘못 짚은 해석이다.

묵자는 사상가였지만 동시에 과학자이자 발명가였다. 목수로 보기도 한다. 이 때문에 중국 사람들은 그는 '과학(계)의 성인'이란 뜻의 과성(科聖)으로 추앙한다. 묵자가 남긴 책《묵자》는 신학, 정치, 경제, 교육, 윤리, 철학, 군사, 논리 등 거의 모든 학문 분야를 포괄하는 백과전서에 가깝다. 특히 물리학과 수학 이론도 적지 않게 기록되어 있어 수학자와 과학자들의 관심을 끌고 있다. 양자역학과 관련하여 묵자는 최초로 광선이 직선으로 진행하는 성질을 인식하여 작은 구멍을 통하면 물체의 상이 거꾸로 맺힌다는 놀라운 이론을 남겼다. 이 이론은 아이작 뉴턴이나 갈릴레오 갈릴레이에 비하면 무려 1천8백 년 가까이 앞선다.《묵자》의 이 같은 과학 이론은 양자역학의 이론과 많이 닮아 있고, 그래서 중국은 양자 과학 실험 위성의 이름을 '묵자호'로 부른 것이다.

중국과 중국인은 자부심의 원천을 역사와 문화, 특히 문자로 남겨

묵자기념관에 조성되어 있는 묵자의 상. 그의 고향 산둥성 텅저우(滕州)에 있다. 묵자는 춘추전국시대의 위대한 사상가이자 과학자로서 향후 중국은 물론 세계적으로 깊은 통찰력을 선사할 것으로 예상된다.

진 어마어마한 기록에서 찾는다. 한자에는 오랜 세월을 통해 축적된 각종 지혜와 정보가 압축 저장되어 있다. 제자백가 사상에서 남다른 위치를 차지하고 있는 평화주의자 묵자는 그 사상은 말할 것 없고 지금 보아도 놀라운 과학 이론들을 제시했다는 점에서 중국의 위상과 중국인의 자부심을 한껏 높이고 있다. '묵자호'란 이름 하나가 그 사실을 여실히 보여준다.

기차를 탈 줄 알면
중국의 절반(?)을 아는 것

중국에서 제대로 기차표를 예약하고 찾아서 기차를 탈 줄 알면 중국 생활에 거의 문제가 없다. 나는 그동안의 경험을 통해 '기차를 탈 줄 알면 중국의 절반을 아는 것이다'라고 조금 과장하여 말하곤 한다. 중국에서 기차 타기가 그만큼 어렵다는 말이다. 가오톄(高鐵)라고도 불리는 고속철도가 전국적으로 운행되기 전에는 더 힘들고 어려웠다. 요즘은 인터넷이나 스마트폰을 통해 예약하고 결제하고, 종이 표 없이 타고 내리는 시스템이 보편화되었다.

중국은 거미줄 같은 철로망을 자랑하는 철도의 나라다. 2022년 말 통계에 따르면 철로의 총연장이 15만 5천 킬로미터에 이르러 세계에서 미국에 이어 두 번째로 길다. 지구 둘레가 4만 킬로미터를 조금 넘으니 지구를 네 바퀴 가까이 돌 수 있는 길이다.

중국은 고속철을 가장 많이 수출하는 나라이기도 하다. 따라서 중국에서 생활하거나 여행할 때 철도를 잘 이용하면 한결 편하다. 나는 지난 30년 동안 중국을 돌아다니면서 철도를 수없이 이용했지만, 기차 운행 체계를 제대로 이해한 후 헤매지 않고 이용하는 데는 몇 년이 걸렸다. (고속철로의 길이는 세계 1위다.)

중국의 주요 교통수단으로는 철도가 단연 으뜸이다. 따라서 모든 역이 거의 매일 붐빈다. 고속철도 개통 이후 매표와 탑승이 훨씬 편리해졌지만 고속철도가 다니지 않는 지방이 아직 많고 푯값도 만만치 않아 여전히 일반 철도를 이용하는 사람이 훨씬 많다. 중국의 기차 종류는 다음과 같다. (고속철 종류는 계속 늘고 있다.)

1. 보속열차(普速列車): 초기의 보통 속도 열차로, 우리나라의 무궁화호에 해당한다.
2. 쾌속열차(快速列車): 속도가 빠른 열차로, 우리나라의 새마을호에 해당한다.
3. 화해호동차조(和諧號動車組, China Railway High-speed, CRH): 가오톄로 불리며, 우리나라의 고속철에 해당한다.
4. 부흥호중국표준동차조(復興號中國標準動車組, China Railway, CR): 가오톄 종류인 것은 같지만 열차의 등급과 수준이 더 높다. 최고 시속은 4백 킬로미터에 이르며, 핵심 기술을 모두 중국이 자체 개발했다고 한다.

보속열차와 가오톄의 좌석은 기본적으로 4등급으로 나뉜다. 가오톄의 경우 비즈니스석, 특등석, 일등석, 이등석이다.

거듭 말하지만 중국은 큰 나라여서 이동도 장거리가 기본이다. 따라서 철도가 필요할 수밖에 없다. 인구가 많고 노선이 복잡하다 보니 기차 타기가 만만치 않다. 따라서 철도와 기차에 대한 관련 정보를 습득하면 큰 도움이 된다. 철도가 지나는 주요 성시들은 중국 역사와 문화의 정수를 간직한 곳일 뿐만 아니라, 960만 제곱킬로미터 면적에 14억 명이 사는 중국을 움직이는 원동력이기 때문이다. 현지에서 장거리 이동이 필요하다면 철도를 이용하길 권한다. 가고자 하는 지역에 대한 정보를 얻으면서 일과 만남을 준비하고 중국 기차를 타보는 것도 좋은 경험이다.

단거리 교통수단 택시 이야기

중국에서 기차는 가장 보편적인 장거리 교통수단이다. 그렇다면 일상적인 단거리 교통수단은 무엇일까? 당연히 택시다. 중국 전역의 구석구석 택시가 다니지 않는 곳이 없다. 그런데 지역마다 택시에 대한 호칭이 조금씩 다르고 기본요금 또한 다르다. 외국인들은 택시를 많이 이용하게 되는데, 버스를 이용하기가 쉽지 않을뿐더러 택시 요금이 비교적 싸기 때문이다.

우리가 일반적으로 떠올리는 자동차 택시는 1907년 뉴욕에서 기원했다고 알려져 있다. 뉴욕의 해리 앨런이란 부자가 브로드웨이에서 공연을 보고 집에 가기 위해 마차를 불렀다. 마부는 통상 요금의 10배를 불렀고, 두 사람 사이에 시비가 붙었다. 앨런은 마차를 자동차로 대체해야겠다고 마음먹고, 친구에게 거리를 계산하는 시계를 만들게 하여 이를 부착한 자동차들을 운행하기 시작했다. 1907년 10월 1일 그렇게 운행을 시작한 자동차의 이름은 택시카(Taxi-car)였다. 이후 택시는 전 세계의 주요 이동수단이 되었다.

중국어로 택시는 추쭈처(出租車, 출조차)라 한다. 말 그대로 빌린 차라는 뜻이다. 내가 중국어를 처음 배울 당시에는 지청처(計程車, 계정차)

허난성 란카오현(蘭考縣) 남부역 앞에서 손님을 기다리고 있는 지방 택시. 중국 택시는 단거리 또는 중거리 교통수단으로 유용하고 요금도 비교적 저렴하다.

라고 했다. 타이완에서는 택시를 지금도 이렇게 부른다. 거리를 계산해서 요금을 받는 차라는 뜻이다. 현재 택시 기사에 대한 호칭은 대부분의 지역에서 '스푸(師傅, 사부)'라고 하면 통한다. 스푸는 특정 기술을 가진 사람에 대한 보편적인 존칭이다.

외국인이 자국이 아닌 다른 나라를 돌아다닐 때 가장 기본적으로 감안해야 하는 요소는 교통편이다. 교통편이 불편하거나 이를 제대로 이용하지 못하면 일정에 차질을 빚어서 큰 지장이 생길 수밖에 없다. 특히 장거리와 단거리 교통편의 주요 수단은 꼭 알고 있어야 한다. 택시는 많은 이가 수시로 이용하는 교통수단이므로 기본적인 용어를 비롯하여 목적지에 대한 중국어 호칭 등을 익혀두면 쓸모가 있다.

모든 길은 웨이신으로 통한다

우리에게는 위챗(WeChat)으로 잘 알려진 웨이신(微信)은 중국 최대의 인터넷 기업 중 하나인 텅쉰(騰訊, 영어명 텐센트)이 개발하여 2011년 1월 21일에 서비스를 시작한 모바일 인스턴트 메신저이다.

1998년 선전(深圳)에서 마화텅(馬化騰) 등 5인이 공동으로 설립한 텐센트는 웨이신이 2015년 말 10억 명의 사용자를 돌파하여 중국 최대 인터넷 기업으로 성장했다. 적극 사용자는 중국 인구인 14억 명의 절반인 7억 명이 넘는다. 2018년에는 인공지능 개발에 뛰어들어 세계의 주목을 모으고 있다. 2020년 자산 총액은 약 27조 원(시가총액 약 550조 원)이었고, 2023년 매출액은 약 120조 원으로 추산된다.

웨이신 앱은 무료이므로 스마트폰 사용자는 자유롭게 내려받을 수 있다. 이 앱으로 메시지, 사진, 동영상 전송뿐 아니라 음성 채팅과 영상 채팅을 할 수 있고, 자신의 고유 바코드를 이용하여 돈을 지불하거나 송금할 수도 있다.

내가 최근 중국을 다니면서 가장 놀란 것은 웨이신으로 웬만한 물건을 모두 살 수 있다는 사실이다. 호텔, 교통 수단, 식당, 마트, 구멍가게, 가판대 등 거의 모든 시설을 이용하고 지불하는 비용도 웨이신으로 결제할 수 있다. 죽 한 그릇도 현금이나 카드 없이 스마트폰으로 살 수 있었다. 오죽했으면 중국은 '거지도 QR 코드를 사용하는 무현금 사회(cashless society)'란 말이 나왔을까.

전 세계적으로 온라인이나 모바일을 이용한 전자 상거래가 전체

거래에서 차지하는 비중이 높아지고 있는데, 전문가들은 대체로 10퍼센트를 그 임계점으로 본다. 그런데 중국은 벌써 17.5퍼센트를 넘어 20퍼센트대를 향해 달려가고 있다. 특히 중국 내에서 최대 가입자를 보유한 지급 결제 기관은 은행이 아니라 알리페이라는 사실도 주목해야 한다. 우리나라 은행들이 자사의 이익에 집착하여 고객에게 편리한 전자 결제나 모바일 결제 시스템을 적극 도입하지 않았던 사이에 중국은 한참 앞서가고 있었다.

중국에 대한 이해 부족과 무지 때문에 우리는 중국에 대한 정보력에서 오랫동안 지지부진을 면치 못하고 있다. 물론 정부와 정치권의 무능, 사드 배치에 따른 중국의 보복이 결정타 역할을 하기도 했지만 관련 기업의 태만과 이기심, 그리고 공부 부족도 큰 몫을 했다.

사드 사태로 인해 우리나라 기업이 중국에서 속속 철수한 것은 기업들 탓이 아니었지만 최근 또다시 우리나라 유통 기업이 연이어 퇴출당하고 있는 현실은 어떻게 분석해야 할까? 사드 사태 이후에도 준비나 대비 없이 손을 놓고 있었던 것은 아닐까? 상품의 질은 분명 경쟁력이 있음에도 불구하고 중국을 떠나야 하는 원인은 역시 중국의 변화에 대한 정보 부족과 그에 따른 경쟁력 약화에서 찾을 수밖에 없다. 웨이신의 눈부신 발전은 이러한 현실을 뒷받침하고 있다.

혹자는 이와 관련하여 1992년 수교 이래 중국은 한국에 가장 손쉬운 시장이었지만 최근 몇 년 사이 갑자기 '넘지 못할 벽'이 되었다면서, 그 까닭을 '간사공'이란 용어를 들어 설명했다. '간사공'이란 '간절한 만큼 성취하고, 사랑한 만큼 받고, 공부한 만큼 안다'라는 뜻이다.

상낭히 설득력 있는 말이다. 한국 정부와 기업이 지금까지 중국과 중국 시장에 대해 간절하지도 않았고, 사랑하지도 않았고, 특히 공부하지 않았다는 자조 섞인 분석이었다. 뼈를 때리는 지적이 아닐 수 없다.

《손자병법》의 유명한 대목들 중 가장 잘 알려진 명언이라면 '상대를 알고 나를 알면 백번 싸워도 위태롭지 않다(知彼知己百戰不殆)'일 것이다. 나는 우리나라 정부, 기업, 중국 관련 일을 하는 사람들, 그리고 중국을 알고자 하는 모든 이에게 이 구절을 이렇게 바꾸어 들려드리고 싶다. 나를 알면 자세가 바뀌기 때문이다. 중국에 대한 인식의 대전환이 필요한 시점이고, 그 전환은 지금까지의 나를 재점검하는 바로 그곳에서 출발하기 때문이다.

'나를 알고 상대를 알면 백번 싸워 백번 다 이긴다(知己知彼百戰百勝).'

KFC는 어떻게 난공불락의 패스트푸드점이 되었을까

KFC는 1987년 550석의 베이징 첸먼점(前門店)으로 시작하여 2023년 7백여 개 도시에 약 8천 개의 가맹점을 가진 중국 내 최대 외국 프랜차이즈가 되었다. 전 세계적으로 가장 성공한 패스트푸드점인 맥도날드 가맹점이 약 6천 개인 것과 비교할 때 KFC의 성공이 두드러져 보인다. 최근 10년 사이 KFC는 고속도로 휴게소에 진출하면서 난공불락의 제국을 형성했다. 또 기차역이나 버스 터미널에도 진출하는 등 파죽지세여서 특별한 일이 없는 한 KFC의 아성은 건드리지 못할 듯하다.

이쯤에서 KFC의 성공 요인이 궁금해진다. 중국인이 소비하면 곧바로 세계 1등이 된다는 기회의 땅 중국은 수많은 기업이 진출해 패배를 맛본 배척의 땅이기도 하다. 때문에 KFC의 성공 요인은 연구 대상이 될 수밖에 없다.

성공 요인 1: 어설프지 않은 현지화

외국에서 사업하고 거래하려면 현지화에 성공해야 한다는 말은 누구나 하고, 또 누구나 듣는 말이다. 비단 외국에서뿐만이 아니다. 자국에서 사업할 때도 사업체가 있는 곳의 사람들과 잘 지내야 하는 것은 상식이다. 그런데도 실천하지 못하는 이유는 무엇인가?

크든 작든 모든 기업은 나름의 개성과 문화를 갖고 있기 마련이다. 처음부터 외국에서 사업을 시작하는 것이 아니라면 이는 당연하고 어쩔 수 없는 요인이다. 그 개성과 문화란 한 기업을 일구어놓기까지의 과정을 반영한다. 우리나라 기업 풍토의 경우에는 기업주의 리더십이 가장 강력한 개성이자 해당 기업의 문화와 직결된다. 쉽게 말해 국내에서 경영해온 나름의 방식과 방법이 그 기업의 개성과 문화 그 자체란 뜻이다. 대부분의 기업들이 외국에서도 이 방식과 방법을 버리지 못한다. 관성의 법칙이다.

현지화 전략은 기존 방식을 때로는 완전히 버리거나 철저하게 바꿀 것을 요구한다. 하지만 우리 기업주들은 하지 못한다. 왜? 그 방식으로 성공해봤기 때문이다. 사람 사는 곳인데 왜 안 통하겠는가, 라는 근거 없는 낙관이 작용한다. 이는 인지상정이다. 그러나 어쨌든 현지화의 필요성과 위력을 아는 기업주들은 현지화를 흉내내기는 한다. 하지만 이런 어설픈 현지화는 자칫 더 큰 문제를 불러오기 십상이다.

KFC는 중국 진출을 시작할 때부터 철저한 현지화 전략을 구사했다. 많은 기업이 처음 중국에 진출할 때 본사에서 직접 관리자를 파견하는 반면 KFC는 중국인만이 현지화 전략을 잘 수행할 수 있다고 생각하여 임원진을 유학파 중국인이나 타이완 출신으로 배치했다. 여기서 여타 패스트푸드 업체와 다른 행보가 시작되었다. 이것이 지금은 현지 완결형 경영 체제로 한 단계 더 발전하여 중국에서 외국 기업이 곤란을 겪는 정치와 문화, '꽌시(關係)' 문제에서도 빠른 해결책을 내놓을 수 있는 바탕이 되었다.

그렇다고 KFC가 무턱대고 현지화에 올인한 것은 결코 아니다. KFC는 선(先)직영 후(后)가맹의 원칙을 세우고 시작했다. 우선 직영점 관리를 통해 KFC의 이미지를 확실히 쌓은 후 가맹점 모집을 시작했다. KFC는 가맹점을 낼 때도 철저하게 조사해서 결정한다. 지역 상권은 물론 차량과 사람들의 통행량, 전화 통화량까지 조사한다. 세계적 커피 프랜차이즈 스타벅스도 KFC의 방식을 채택했을 정도다.

가맹점을 낼 때도 확고한 KFC만의 점수 체계가 있어 일정 점수 이하면 허가를 내주지 않는다. 일례로 4차선 이상의 도로변에 위치할 경우 먼 길을 건너서 식당에 오는 경우는 적기 때문에 반대편 통행량은 점수에 포함시키지 않는 등 철저하고 과학적인 분석으로 점수를 매겨 위치 등을 결정한다. 여기에 가맹점을 원하는 점주의 자본력을 확인하여 이전에 요식업을 해본 경험자만 가맹시키는 등 리스크 관리를 철저하게 한다.

KFC는 중국인들에게 패스트푸드를 소개하는 시점에 패스트푸드가 건강에 좋지 않다는 인식을 바꾸기 위해 초반부터 철저하게 건강한 음식임을 강조하고 건강 교육과 건강 매뉴얼 등을 내놓으며 꾸준하게 이미지를 관리했다. 여기에 가장 큰 승부 요인이 되는 메뉴를 현지화하고 다각화했다.

2000년 KFC는 40여 명의 중국 내 식품 영양 전문가를 초빙하여 중국 KFC 식품 건강 자문 위원단을 설립하고, 중국인 입맛에 맞으면서 건강한 메뉴를 출시했다. 우리나라나 다른 나라에서와는 달리 KFC는 새로운 메뉴, 중국인들이 필요하다고 생각하는 메뉴를 많이 개발해 냈다. 현지 직원이 많았기에 할 수 있었던 도전이다. 오죽했으면 KFC에 가면 없는 메뉴가 없다는 말까지 나오겠는가? 이렇게 해서 3대가 함께 와서 각자 먹고 싶은 것을 얼마든지 골라 먹을 수 있는 가족 레스토랑과 같은 이미지까지 덤으로 얻었다. 특히 한 자녀 가정의 특성을 고려하여 아동의 등하교를 맡고 있는 할아버지와 할머니를 위해 다양한 죽 메뉴를 개발한 것은 말 그대로 신의 한 수였다.

성공 요인 2: 통 크게 중국인의 마음을 잡아라

중국 속담에 "은혜와 원수는 대를 물려서라도 갚는다"라는 말이 있다. 한번 인상이 잘 박히면 웬만해서는 그 인상을 바꾸지 않는 것이 중국 사람이다.

10여 년 전 KFC는 시안을 대표하는 당나라 때 불교 사찰 대안탑 주변 개발에 적극 참여했다. 이 개발 사업은 당나라의 전성기를 상징하는 '불야성' 조성이 주축을 이루었다. 당연히 개발 기간이 길고 천문학적 경비가 들었다. 그런데도 KFC는 과감하게 이 사업에 투자했다. 공원을 조성해주고 엄청난 개발비를 부담한 KFC가 받은 대가라고는 북문의 2층짜리 건물 입점권이 전부였다.

하지만 공원 조성 후 몰려드는 고객과 관광객들로 KFC는 투자비를 회수한 것은 물론 매일 천문학적 액수의 영업 이익을 올리고 있다. 여기에 문화 친화적 기업이라는 이미지까지 확실하게 각인시켰다. 불야성 조성에 따라 KFC 지점이 계속 늘고 있고, 위치도 언제나 우선권이 있기 때문에 좋은 목을 차지할 수 있다. 정말이지 중국인의 마음을 얻으면 천하를 얻는 것이나 다를 바 없다는 말을 실감할 수 있다.

여기서 부연 설명하고 싶은 것은 대안탑이 중국인에게 갖는 의미다. 대안탑은 당나라를 대표하는 불교 사찰일 뿐만 아니라 판타지 소설《서유기》에 나오는 삼장법사의 실제 모델인 현장이 인도에서 돌아와 머물렀던 유서 깊은 사찰이다. 여기서 현장은 인도에서 가져온 원전 경전을 강론했고, 이 일은 당시로서는 가장 뜨거운 뉴스거리였다. 중국 사람들은 현장을 부를 때 현장이라 하지 않는다. '탕썽(唐僧, 당승)'이라고 부른다. 글자 뜻 그대로 '당나라 승려'란 보통명사이다. 하지만 중국인에게 '탕썽'은 거의 고유명사가 되어 있다. 당나라 승려로는 현장 한 사람밖에 없다는 인식의 반영인 것이다. 그래서 탕썽 하면 곧 현장이 되었다. 역사가 사마천의 벼슬이었던 태사와 그 벼슬아치를 뜻하는 태사공이란 보통명사가 지금은 사마천 한 사람만을 가리키는 고유명사처럼 바뀐 것과 같다.

역사와 문화를 통한 접근이 확실한 현지화다

KFC의 자세는 과거와 전통을 중시하는 중국 소비자들의 마음을 흡족하게 했다. 1987년 1백 명이 채 되지 않았던 중국 직원은 현재 약 20만에 이르렀고, 직원의 99.9퍼센트가 중국인이다. 그들의 모토 중 하나인 '중국의 KFC는 중국인의 KFC입니다(中國肯得基是中國人的肯得基)'가 힘을 얻을 수 있는 이유다. 이들은, 외국 자본에 대한 중국 소비자들의 감정이 좋지 않고 애국심을 강조하며 중화풍 제품을 선호할 때 95퍼센트 이상의 재료를 중국 현지에서 공급받았다. 그리하여 신선도가 좋고 건강한 음식이라는 이미지를 얻은 것은 물론 중국 시장 발전에 크게 기여하는 기업이란 이미지를 심었다.

맥도날드가 뒤늦게 중국이 올림픽에서 금메달을 따면 좋다는 내용의 광고를 내보낼 때 KFC는 중국인들이 좋아하는 메뉴를 개발해서 내놓았고, 패스트푸드로 건강한 음식 문화를 주도할 수도 있다는 새로운 패러다임을 보여주었다. 또한 꾸준한 국가 기여 사업으로 음식을 제대로 못 먹는 빈곤한 아이들에게 건강한 식단을 전해주는, 국가가 하지 못하는 사업을 벌이는 착한 기업이 되었다.

현지화는 무조건 현지와 현지 사람들의 비위를 맞추는 활동이 아니다. 지역석 특성, 즉 그 지역의 역사를 통해 형성된 문화적 특성과 지역 사람들의 특징을 제대로 파악한 후 존중하는 것이다. 서로 다른 문화가 만나면 대개는 갈등하고 충돌한다. 하지만 고급 문화는 서로를 존중하는 열린 마음과 소통으로 형성된다. 이는 역사가 입증했다. 현지화란 곧 그 지역의 역사와 문화, 그리고 그 역사와 문화를 지속해온 사람들에 대한 인정과 이해 그리고 존중임을 명심해야 한다.

14억 중국이란 거대한 시장에서 현지화 전략으로 성공한 사례는 갈수록 많아질 것이다. 하지만 제대로 된 현지화는 결코 쉬운 길이 아

시안공항과 연결된 복합 건물에 들어선 KFC. KFC는 고속도로 휴게소와 공항, 터미널 등에 속속 진출하고 있다. 약 20년 전부터 나는 KFC가 고속도로 휴게소와 공항, 터미널에 어떤 기업보다 앞서 진출할 것이고, 그 아성은 난공불락이 될 것이라고 예견했다.

7장 • 현지화를 위한 실용적 정보

니다. 특히 성공 이후 초발심을 그대로 유지하는 일은 더더욱 힘들다. KFC는 이제 중국 진출 30년을 훌쩍 넘어섰다. 한 세대가 흘렀다. KFC 사례는 이제 한 단계 더 성숙한 현지화를 위한 단단한 발판으로 작용할 것이다.

락앤락은 어떻게 현지화에 성공했을까

이제 우리나라 기업의 현지화 사례를 알아보자. 락앤락은 밀폐 용기를 전문으로 생산하는 중견 기업이다. 락앤락의 중국 현지화 전략은 중국의 역사를 활용한 보기 드문 사례로 기록될 것이다.

중국에서 더 잘 팔린 락앤락의 단계적 전략

밀폐 용기 제조업체 락앤락은 국내에서도 큰 성공을 거둔 기업이다. 하지만 락앤락의 주요 시장은 중국이다. 중국에서 훨씬 더 큰 수익을 거두었기 때문이다. 락앤락이 중국에서 거둔 성공 스토리에는 흥미로운 일화가 적지 않다. 특히 락앤락의 김준일 회장은 치밀한 단계적 전략을 통해 중국 시장에 접근했다. 이 점은 중국 진출을 생각하는 기업이나 경영인들이 눈여겨보아야 할 대목이 아닐 수 없다.

김준일 회장은 국내의 밀폐 용기 시장 규모가 한정되어 있고, 타 경쟁사의 추격 등으로 국내에서는 더 이상 회사를 키우기 힘들다는 것을 각종 통계와 지표를 통해 확실하게 인식했다. 이에 2004년부터 본격적으로 중국 시장 파고들기에 돌입했다. 중국 시장 공략을 위한 1단계 전략으로 처음부터 '고급 브랜드 고가 전략'을 펼쳤다. 당시는 한류붐이 최고조에 달했던 시절이어서 시기적으로도 고가 전략을 펼치기에 좋은 여건이 형성되어 있었다.

락앤락은 이미 웨이하이(威海)에 공장이 있었지만, 여기서 생산한 제품은 모두 수출하고 내수로 풀지 않았다. 대신 비싼 관세를 물어가면서 '메이드 인 코리아' 제품을 들여와 중국에 판매했다. 당시에는 '메이드 인 차이나'는 싸구려, '메이드 인 코리아'는 고급이라는 인식이 일반적이었다.

김 회장이 락앤락 1호 직영점을 가장 고급스러운 장소에 낸 것도

락앤락 상하이 영업 법인(사진 제공: 락앤락 홍보부)

7장 • 현지화를 위한 실용적 정보

같은 이유에서였다. 그가 선택한 곳은 중국 경제의 중심 상하이에서도 외국인이 가장 많이 오는 번화가로 인정받는 화이하이루(淮海路)였다. 이 지점의 연간 임대료만 우리 돈 약 5억 원에 이르렀다.

화이하이루 인근은 서울의 청담동 비슷한 명품 거리다. 명품 거리 한복판에 주방 용품 업체가 들어간다고 하니 다들 정신 나간 전략이라고 입을 모았다. 그러나 이 고급화 전략은 중국 소비자들에게 제대로 먹혀들었다. 락앤락을 명품 주방 브랜드로 인식하기 시작한 것이다. 화이하이루점의 월 매출액은 3억~4억 원에 달했다.

중국 역사를 현지화에 접목하다

김준일 회장은 2007년 중국 장쑤省의 주요 도시 쑤저우에 현지 생산 법인을 세우면서 본격적으로 중국 내수 시장을 노크하기 시작했다. 이 과정에서 그는 쑤저우 주민들이 춘추시대 정치인 오자서를 대단히 존경한다는 것을 알았다. 평소 중국 역사에 관심이 많은 덕분이었다.

김 회장은 오자서의 후손들과 협의하여 오씨종친회의 조언을 받고, 결국 공장 안에 오자서 동상을 세웠다. 그러자 많은 지역 언론과 매체가 '외국 기업이 중국에서 처음으로 중국 명인의 동상을 세웠다'라고 일제히 보도했다.

흔히 서양에서 비즈니스를 하려면 헬레니즘과 헤브라이즘에 대해 알아야 한다고 한다. 서양 역사와 문화의 기초인 두 축을 이해하지 못하면 제대로 접근할 수 없다는 뜻이다. 마찬가지로 중국에서 사업하려면 중국어만으로는 안 된다. 중국의 역사와 문화에 대한 상당히 높은 수준의 이해도와 지식이 요구된다. 중국은 어떤 면에서 서양보다 이런 요소들이 더 필요한 나라이다.

오자서 동상 제막식 날 중국에서 엄청난 영향력을 지닌 오자서종 친회가 신문과 방송 관계자를 대거 불렀다. '외국 민간 기업이 공장 내부에 중국 인물을 모신 최초의 사례'라는 타이틀과 함께 락앤락 쑤저우 공장의 오자서 동상 제막식은 신문·방송 기사를 통해 중국 전역으로 퍼져 나갔다. 당시 상황을 김준일 회장은 이렇게 회고했다.

락앤락 쑤저우 공장의 오자서 동상(사진 제공: 락앤락 홍보부)

7장 • 현지화를 위한 실용적 정보

"생각지도 못했던, 돈으로 환산할 수 없는 홍보 효과를 누렸습니다. 저도 그때 처음 알게 된 사실인데 오자서종친회에 속해 있는 사람이 전 세계적으로 6백만 명이나 된답니다. 뉴욕에 총본부가 있을 정도로 거대 조직이더군요. 그 조직이 도움을 주면서 이후 쑤저우 공장 일은 일사천리로 술술 풀려나갔지요."

중국 역사를 현지화에 접목하여 예상 밖의 놀라운 홍보 효과를 거둔 락앤락은 다양한 현지화 전략을 마련했다. 정기적으로 어린이 그림 그리기 대회를 통해 우수 작품을 선정하여 제품 디자인에 반영하는 것은 물론 많은 수입액을 불우 어린이 돕기에 쓰고 있다. 주요 유적지에 락앤락 로고가 들어간 안내판을 만들어 제공하는 세심한 전략도 함께 시행했다. 이렇게 해서 락앤락은 중국과 중국인을 제대로 아는 기업이란 이미지를 얻고 나아가 중국인의 마음을 사로잡았다.

중국 사업에서 실패하지 않는 접근법

중국에서 현지화 전략으로 큰 성공을 거둔 외국 기업 한 곳과 국내 기업 한 곳의 사례를 소개했다. 이를 바탕으로 중국에서 사업하려는 기업이나 사람들에게 몇 가지 접근 방법을 제공하고자 한다.

첫째, 서두르지 않는다. '만만디'에 대한 오해를 풀면 자연스럽게 이해할 수 있는 팁이다. 특히 사업 시작 단계에 서두르는 것은 절대 금물이다. '만만디'는 절대 크기에서 나타난 중국 특유의 관용어인 동시에 중국인의 기질을 가장 잘 반영하는 말이기도 하다. 서두르지 말라. 또 중국인 앞에서는 '만만디'란 말도 가급저 사용하지 말라.

둘째, 급할수록 돌아가라. '만만디'와 같은 맥락이다. 우회 전술은 중국 병법서에 빠짐없이 등장하는 중국인 특유의 전략 전술이자 처세 철학이다. 잘 살피면 돌아가는 길이 훨씬 빠르다는 것을 실감하게 된다. 이는 중국의 교통 상황과도 흡사하다. 서두르지 않는 이유를 여기서도 확인할 수 있다.

셋째, 한 지역을 집중 공략하라. 한 곳에서 성공하면 대개 다른 지역에 지점을 내는 것이 우리 기업들의 보편적 현상이다. 하지만 지역적 차이가 큰 중국에서는 이 전략이 잘 통하지 않는다. 따라서 한 지역을 집중 공략해서 확실하게 성공을 거두는 것이 위험 부담을 안고 이곳저곳을 공략하는 것보다 훨씬 유리하다. 단, 언제든 옮길 수 있는 후보지를 몇 군데 미리 물색해두는 준비는 필요하다.

넷째, 중앙이 아닌 지방을 물색하여 공략하라. 우리 기업들이 실패했거나, 실패하고 있거나, 실패할 확률이 높은 이유 중 하나는 대부분 중앙 대도시에 사업장을 만들려 한다는 것이다. 사실 상하이나 베이징, 톈진이나 광저우 등과 같은 대도시는 점포세가 서울 저리 가라 할 정도로 비싸다. 그리고 경쟁 상대도 수두룩하다. 이미 터를 단단히 잡은 경쟁 상대 역시 적지 않다. 먹거리 프랜차이즈들은 특히 이 점을 귀담아들어야 한다. 중국인은 먹는 것을 좋아한다. 이 성향은 중앙이든 지방이든 차이가 없다. 중국은 인구 3만~4만 명 정도인 우리나라의 군에 해당하는 소도시의 인구가 보통 50만 이상이다. 지방을 제대로 공략할 수 있다면 얼마든지 위험 부담을 대폭 줄이고 성공할 수 있다.

다섯째, 자신의 사업과 가장 맞는 곳이 있다. 절대 크기와 14억 인구, 그리고 다양성이란 점을 염두에 두고 중국 시장을 조금만 공부하면 내가 하고자 하는 사업과 맞는 지역이 틀림없이 있다. 중국에서 사업이 성공할지 여부는 사전 준비에서 절반 이상 판가름 난다고 해도 지나친 말이 아닐 것이다. 많은 공부가 필요하다.

여섯째, 이름으로 접근하라. 사업장의 이름을 잘 지어야 한다. 중국인은 이름 하나 짓는 데도 심혈을 기울인다. 외래어가 들어오면 자기 식으로 바꾼다. 코카콜라를 가구가락(可口可樂, 커커우커러)으로, KFC를 긍덕기(肯德基, 컨더지)로 표기한 절묘한 센스를 보라. 커커우커러는 '마셔서 입에 좋고, 그래서 즐겁다'라는 뜻이다. 컨더지는 닭고기를 물어뜯을 때 나는 소리 '컨'과 닭고기를 얻는다는 뜻의 '더지'가 합쳐진 단어다. 락앤락의 중국 이름인 러커우(樂扣) 역시 상당히 수준 높은 작명이라 할 수 있다. 중국인이 좋아하는 즐거울 '락' 자와 잠근다는 뜻을 가진 '구' 자를 결합하여 뜻과 발음을 동시에 보여준다. 작명 역시 그 지역과 맞아야 한다. 이름만 잘 지어도 성공할 확률이 크게 높아진다. 전문가의 조언이 필요한 부분이다.

일곱째, '불가근(不可近), 불가원(不可遠)'을 잘 견지하라. 지나치게 가깝게도, 지나치게 멀리하지도 말라는 뜻이다. 하룻저녁 술 한잔에 간과 쓸개를 다 빼주려 하는 것이 한국 사람의 특징이다. 중국 파트너가 있거나 필요한 사람이라면 명심해야 할 계명이다.

여덟째, 거듭 강조하지만 역사와 문화로 접근하라. 중국 사업에서 실패한 원인은 대부분 현지화 전략이 실패했기 때문이다. 즉, 좋은 자리, 좋은 물건으로도 중국 사람들의 마음을 얻지 못했다는 말이다. 문화와 역사를 알아야 중국인의 기질과 성격, 나아가 지역적 정서와 풍토 등을 제대로 이해할 수 있다. 현지화 전략의 필수 요소이다. 이 역시 공부가 많이 필요한 항목이다.

중국은 공산당 이외 다른 당이 있기는 하지만 사실상 공산당 1당 독재 체제이다. 국가를 대표하는 주석보다 공산당 총서기가 우위에 있다. 현 국가 주석 시진핑은 당 총서기와 군대 주석을 겸하고 있는 막강한 권력자이다. 그는 대외적으로 미국과의 대결, 대내적으로 코로나19라는 전대미문의 역병의 시련 속에서도 장기 집권의 길을 닦았다. 한 가지 알아둘 점은 중국은 1당 독재에 지도자의 역할이나 비중이 막대하긴 하지만, 지도자를 선출하는 과정은 대단히 합리적이라는 사실이다. 9천2백만 명 가까운 공산당원을 대상으로 20~30년간 그 능력을 시험하고, 다시 상무위원 7~9인의 집단 지도 체제에서 한 사람을 선택하는 시스템이기 때문이다. 8장에서는 현대 중국의 지도자들과 대형 프로젝트에 관해 이야기하겠다.

8장

중국의
지도자들과 미래

수십 년간 검증받는 중국 지도자

얼마 전까지만 해도 서양이나 우리나라는 중국의 권력 교체 방식에 그다지 주목하지 않았다. 중국의 최고 지도자인 당 총서기 겸 국가 주석을 선출하는 방식을 간단하게 설명하자면 이렇다. 공산당 엘리트 수백만 중 일부가 20~30년 가까이 검증을 거쳐 7~9명으로 이루어지는 상무위원이 되면 최고 지도자가 될 수 있는 자격을 얻는다. 상무위원이 된 후에는 10년 가까이 14억 인구를 통치할 수 있는 지도자급인가에 대해 리더십을 검증받는다. 그리고 치열한 정치 협상을 통해 한 명의 최고 통치자가 선출된다. 2020년 통계로 중국 공산당원은 약 9천 2백만 명이고 상무위원은 일곱 명이다. 상무위원은 중앙정치국 위원 25명 중에서 뽑힌다.

지금까지 우리나라도 그렇고 서양도 중국의 지도자 선출 방식이 민주적인 국민투표가 아니란 이유로 얕보았던 것이 사실이다. 그저 최고 공산당 지도자들 몇이 모여 자기들끼리 나누어 먹는 식 아니냐는 인식이었다. 하지만 앞에서 간단히 설명했듯이 치열한 경쟁과 오랜 능력 검증을 거쳐야 한다. 무엇보다 상무위원에 진입하는 것이 하늘의 별 따기다. 물론 공산당 청년당, 태자당과 같은 엘리트 집단이 있지만 여기서도 경쟁은 필수다. 무엇보다 14억 인구가 투표를 통해 지도자를 선출할 경우 어떤 문제가 발생할지 누구도 짐작하기 어렵다. 직접 투표는 거의 불가능하다고 봐야 한다. 향후 과학기술과 사회관계망 서비스(SNS)가 더 발전하면 스마트폰 등으로 투표하는 방식이 나올 수도 있겠다. 요컨대 중국은 자기 나라에 적합한 나름의 지도자 선출 방식을 택한 것이다.

이와 같은 지도자 선출 방식에는 역사적 뿌리가 있다. 일찍이 역사가 사마천은 《사기》 첫 권 〈오제본기〉에서 요 임금이 자기 아들이 아니라 순(舜)을 민간에서 발탁하여 수십 년 동안 후계자 훈련을 시킨 다음 살아생전에 임금 자리를 넘긴 이른바 '선양(禪讓)'이라는 권력 계승 방식을 높이 평가했다. 오늘날 중국 지도자 선출 방식의 역사적 뿌리는 바로 상고시대의 선양에 닿아 있다. 그 핵심은 '나와 가까운 사람이 아니라 능력 있는 사람을 뽑는다'이다. 가만히 살펴보면 중국 최고 지도자들의 경우 2세가 자리를 물려받거나 2세, 3세까지 정치권력이 이어지는 경우는 거의 없다. 최고 권력자 자리는 말할 것도 없다. 반면 미국, 일본, 우리나라는 2세, 3세 정치인이 상당히 많다.

캐나다 출신의 정치철학자 대니얼 A. 벨(Daniel A. Bell, 1964~)은 2015년 미국 프린스턴대학교출판부를 통해 《차이나 모델(China

요와 순의 선양을 나타낸 약 2천 년 전의 벽돌 그림. 나와 가까운 사람이 아니라 유능한 사람에게 자리를 넘기는 선양을 실천한 요 임금은 왜 아들에게 자리를 물려주지 않느냐는 질문에 "한 사람의 이익을 위해 결코 천하가 손해 볼 수 없다!"라고 말했다.

Model)》이라는 책을 출간하여 뜨거운 반응과 논쟁을 불러일으켰다. 특히 '중국의 정치 지도자들은 왜 유능한가', 다시 말해 '중국의 정치 지도자들 중에는 왜 어리석고 못난 사람이 없는가'라는 뜻의 도발적인 부제 때문에 더 큰 이슈가 되었다.

투표를 통해 지도자를 선출하는 이른바 민주주의 사회와 강한 권위주의에 기댄 소수 엘리트 집단에서 지도자를 선출하는 사회주의의 우열을 놓고 지금까지는 대부분이 투표 방식을 택하는 민주주의가 우월하다고 보았다. 그러나 최근 이른바 우월한(?) 민주주의 국가들의 국민들이 직접 뽑은 지도자의 자질이 형편없는 것으로 판명되면서 지금까지의 인식에 심각한 회의를 품는 사람이 많아졌다. 사실 우리나라도 자질이 형편없는 지도자를 투표로 뽑지 않았던가? 벨은 바로 이런 의문에서 출발하여 중국 지도자 선출 방식과 억대 중국 지도자의 자질을 심층적으로 파헤친 결과 중국과 같은 방식으로 선출된 지도자들이 대단히 유능하더라는 결론을 얻었다. 사실 장장 30년에 걸친 검증 과정을 거치면 무능하고 자질이 떨어지는 지도자는 걸러질 수밖에 없다. 국민들의 눈과 귀를 가리는 것도 1, 2년이지 30년 이상 그렇게 할 수는 없다. 따라서 자연스럽게 그 과정에서 유능한 지도자가 훈련되어 나온다.

이 책 곳곳에서 강조하는 바대로 중국인은 과거와 전통을 대단히 중시한다. 5천 년 이상 단절되지 않고 면면히 이어진 역사와 그 시간을 통해 축적된 경험과 지혜는 오늘날의 문제를 푸는 실마리와 해답을 제시하기에 충분하다. 중국인에게 과거와 역사는 통찰력을 얻는 보물창고와 같기 때문이다. 오늘날 중국을 이끄는 지도자를 뽑는 방식의 뿌리 역시 저 먼 과거에 닿아 있고, 그 방식 또한 대단히 합리적이다. 수천 년 경험과 시행착오 및 그에 대한 수정과 성찰의 결과물이기 때문이다.

그렇다면 이런 방식으로 선출된 역대 중국 지도자들의 자질, 특히 인문 소양에 관해 살펴보자. 중국 공산혁명을 성공시키는 데 앞장선 마오쩌둥을 비롯하여 현 국가 주석 시진핑에 이르는 몇몇 지도다.

역사책을 놓지 않았던 마오쩌둥

역대로 중국 정치 지도자들의 인문 소양과 그것이 정치력과 인민에 미치는 영향은 적지 않게 언급되어왔다. 역사를 중시하는 중국인의 특성에 맞추어 지도자들의 역사와 역사서에 대한 관심도 넓고 깊었다. 이런 점에서 중국 역사서의 출발이자 진보적 역사관을 대표하는 사마천의《사기》, 정치학과 통치의 교과서로 불리는 사마광(司馬光, 1019~1086)의 편년체 역사서《자치통감(資治通鑑)》에 대한 관심은 지도자들의 인문학 소양과 역사관 등을 가늠하는 하나의 지표가 되어왔다.

역사와 역사서에 대한 관심으로 말하자면 정치 지도자들 중 마오쩌둥을 따를 사람이 없을 것 같다. 천하가 알아주는 독서광이었던 그는 1934년 1년에 걸친 대장정(大長征)이라는 고난의 행군 중에도 역사서를 손에서 놓지 않았다. 대장정은 중국 공산당 홍군(紅軍)이 국민당 군대의 포위망을 뚫고 370일 동안 장장 9천6백 킬로미터를 걸어서 옌안(延安)으로 탈출한 사건을 말한다. 지금 옌안은 공산혁명의 성지가 되어 있다.

마오쩌둥은 특히 사마천의《사기》와 사마광의《자치통감》을 애독했다. 전하는 말에 따르면 두 역사서를 여러 차례 반복해서 읽었으며, 1949년 장제스(蔣介石)를 대륙에서 내몰고 베이징에 입성했을 때 그의 낡은 가죽 가방에는 두 역사서가 들어 있었다.

마오쩌둥은 어릴 때부터 역사에 관심이 많아서 이미 아동기에 당숙에게《사기》를 배웠고, 10세가 지나면서는 각국의 역사서와 지리를 섭렵했다. 그의 독서 편력은 넓고 깊었는데 역사에 대한 관심과 독서가 단연 으뜸이었다. 공부라는 면에서 보자면 마오쩌둥과 장제스의 성공과 실패를 가른 중요한 요인 중 하나가 다름 아닌 역사에 대한 관심과 공부 아니었을까 하는 생각마저 든다.

마오쩌둥은 위대한 역사가 사마천을 몹시 존경하여 "사마천은 후난성(마오쩌둥의 출신지)을 유람했고, 시후(西湖)에서 배도 탔으며, 쿤룬산(崑崙山)에 오르기까지 했다. 그는 명산대천을 두루 돌며 자신의 가슴을 더욱 넓혔다"라고 했다. 또 〈인민을 위한 복무〉라는 글에서는 사마천과 《사기》의 가치를 이렇게 말했다.

> 사람은 언젠가는 죽는다. 그러나 죽음의 의미는 모두 다르다. 중국 고대의 문학가 사마천은 "사람은 누구나 한 번은 죽기 마련이다. 어떤 죽음은 태산보다 무겁고, 어떤 죽음은 새털보다 가볍다. 죽음을 사용하는 방향이 다르기 때문이다"라고 했다. 인민의 이익을 위해 죽는다면 태산보다 무거운 죽음에 비할 수 있고, 파시스트에게 몸을 팔고 인민을 착취하고 인민을 박해하는 사람의 죽음은 새털만도 못하다 할 것이다.

마오쩌둥은 정치가이자 혁명가였다. 인민과 함께 공산혁명을 이끈 투사였다. 그는 중국 인민을 바른길로 이끌고 계몽하기 위해서는 무엇보다 자기 의식을 철저히 개혁해야 하고, 그 바탕은 독서와 공부라고 확신했다. 어릴 적부터 이어진 그의 독서 습관과 역사 공부는 이런 자각으로 더욱 굳어져 죽는 순간까지 계속되었다.

70여 년에 걸친 그의 독서 편력과 역사 의식은 끝내 공산혁명 성공이라는 위업을 이루는 데 크게 작용한 인문 소양으로 확립되었다. 말년의 오점에도 불구하고 그가 중국인에게 가장 존경받는 지도자로 남아 있는 이유는 혁명가라면 끊임없는 공부와 노력을 통해 인민의 힘과 역사의 규칙을 자각해야 한다는 것을 몸으로 보여주었기 때문이다.

마오쩌둥의 흥미롭고 의미 있는 '사다(四多) 공부법'

독서광 마오쩌둥은 다양한 공부법을 제기했는데, 그중에서도 많이 읽기, 많이 쓰기, 많이 생각하기, 많이 묻기를 말하는 '사다'가 가장 유명하다.

'많이 읽기'에는 여러 책을 많이 읽는 것 외에도 중요한 책과 문장을 여러 번 읽는 반복 읽기도 포함된다.

'많이 쓰기'는 공부나 수업을 하면서 배운 것을 쓰고, 끝난 뒤 다시 읽고 쓰는 습관이 필요하다. 각종 기록 노트 외에도 문장 전체를 베껴보는 쓰기도 필요하고, 또 요점만 골라 정리하는 공부도 병행해야 한다. 이것이 여러 해 쌓이면 훌륭한 자료가 될 것이다. 마오쩌둥은 책을 볼 때 늘 메모하고 썼다고 한다. 밑줄을 긋고, 자신의 생각과 의견을 책에 메모하는 것이 독서 습관이었다.

'많이 생각하기'는 공부하는 과정에서 어떤 관점이 정확하며 어떤 시각이 잘못되었나를 마음속으로 생각하고 판단하여 토론이나 비판하는 자리에서 찬성이나 반대냐 의문이냐를 표시하는 것이다. 마오쩌둥은 여러 방면에서 역대 학자들의 다양한 견해에 근거하여 이를 종합, 비교한 다음 자신의 견해를 제출했다고 한다.

'많이 묻기'는 잘 이해되지 않는 부분에 대해 때를 놓치지 말고 가르침을 청하는 자세를 말한다. 후난성 제1사범학교 재학 시절 마오쩌둥은 학교에 남아 자습할 때도 의문 나는 사항이 있으면 선생님을 찾아가 질문하는 것은 물론 그것으로 모자랄 때는 창사(長沙)까지 나와 사람들에게 가르침을 청했다고 한다.

글을 쓰고 있는 마오쩌둥. 마오쩌둥의 공부법은 많이 읽기, 많이 쓰기, 많이 생각하기, 많이 묻기의 '사다(四多)'로 요약된다.

"당대의 인물이 곧 역사의 주인이다."(마오쩌둥)

인문학 소양이 깊은 원자바오

중국 지도자들 중 인문학 소양 하면 2003년부터 2013년까지 총리를 지낸 원자바오(溫家寶, 1942~) 전 총리를 빼놓을 수 없다. 그와 관련한 일화 중 가장 유명한 것은 2006년 중난하이(中南海)에서 있었던 유럽 기자들과의 질의 응답이다. 당시 핀란드 헬싱키에서 열리는 아시아유럽정상회의(ASEM)에 참석하기에 앞서 유럽 언론인들과 만난 자리에서 그는 당나라 시인 두보의 시 〈객지(客至)〉를 인용하면서 인사말을 했다. 〈객지〉는 손님을 맞이하여 술을 나누는 내용으로, 언론인들을 반

갑게 맞이한다는 의미에서 이 시를 먼저 인용했다.

원자바오는 영국의 〈타임스〉 기자가 "잠자기 전에 주로 읽는 책은 무엇인가? 책을 덮은 뒤 잠 못 이루게 하는 고민거리는 무엇인가?"라고 질문하자 "내가 좋아하는 작품을 인용해 답변하겠다"라며 중국 고전 명구들을 내리 인용했다. 특히 청나라 때 시인 정판교(鄭板橋, 1693~1765)의 시 〈무제(無題)〉의 일부인 다음 대목을 낭독했다.

> 관아에 누우니 쏴쏴 들려오는 바람에 흔들리는 대나무 잎 소리
> (衙齋臥聽蕭蕭竹)
> 백성들 신음소리 같구나(疑是民間疾苦聲).

그는 이 대목을 낭송하면서 눈물을 글썽거리기까지 했다. 자나 깨나 인민을 생각한다는 자신의 마음을 정판교의 시를 빌려 전한 것인데 기자들이 크게 감동했다는 후문이다.

중국의 정치 지도자들은 이렇듯 역사, 고전의 명구와 명인들의 어록을 이용하여 정치적 견해와 입장 등을 간접적으로 전달하는 것이 일상화되어 있다. 그 행간에 내포된 진짜 의도나 비유 등을 제대로 이해하지 못하면 대화나 협상 등에서 낭패를 볼 수 있다.

우리나라 정치인이나 유력 인사들이 고사성어를 비롯하여 고전의 명언과 명구들을 인용하는 현상이 갈수록 보편화되고 있다. 하지만 대부분이 즉자적이고 직설적이며 공격적인 것을 선호하는 편이다. 우리나라의 정치 상황에 따른 결과겠지만, 고전을 깊이 이해하고 고사성

어의 의미심장한 요소를 제대로 활용하기에는 공부가 깊지 않기 때문이기도 하다.

당시 언론과의 대화에서 원자바오가 인용한 또 다른 시는 송나라 유학자 장재(張載, 1020~1077)의 작품이었다. "세상을 위해 마음을 정한다. 백성들을 위해 명을 세운다. 지난 성인들을 위해 끊어진 학문을 잇는다. 후세를 위해 태평 시대를 연다"라는 내용이었다.

천재지변을 당한 중국 인민들을 찾아가 진심 어린 눈물로 그들을 위로하여 세계인의 마음을 울렸던 그는 떨리는 목소리로 전국시대 초나라 시인 굴원(屈原)의 시 〈이소(離騷)〉를 인용하여 "내 긴 한숨과 눈물은 바로 고통받는 백성들 때문"이라며 짙은 회한을 드러내기도 했다.

중국의 인문 정신은 각계각층의 지도자들이 은유와 상징으로 자신의 입장과 견해를 암시하는 수단과 방법으로 널리 활용되고 있다. 이는 비판을 유보하는 작용을 부수적으로 동반하기 때문에 지도층 인사들 입장에서는 마다할 리 없는 인문적 자산으로 단단히 정착했다고 볼 수 있다. 권위 있는 고전과 명언 그리고 명인들을 끌어다가 자신의 의도와 견해를 간접적으로 표출함으로써, 듣는 사람들을 은유와 상징 등 메타포가 깃든 사유의 세계로 이끄는 언행은 크게 잘못 활용하지 않는 한 상당한 호소력을 발휘한다.

언어의 격이 그 사람의 격이다. '언격(言格)이 인격(人格)'이다. 사회적으로 지도적 위치에 있는 사람은 이 점에 특히 유의해야 한다. 그들의 입에서 나오는 말이 그들의 자질을 스스로 검증하기 때문이다. 역사와 고전을 통해 인문학적 소양을 함양함과 아울러, 한 사회의 책임

평양을 방문하여 김정일 전 국방위원장에게 선물을 설명하는 원자바오 전 총리.
그는 역대 중국 지도자들 중 인문학 소양이 가장 깊은 것으로 정평이 나 있다.
(사진: 조선중앙통신)

있는 일원으로서 언어의 격을 높여 사회 구성원과의 관계를 보다 격조 높은 차원으로 끌어올리는 공부에 나서보자. 역사와 고전은 이를 가능케 하는 충분한 힘이 있다는 사실에 격려받으면서 말이다. 중국에 대한 깊은 지식과 이해는 덤으로 따라올 것이다.

실용적 역사 인식으로 무장한 시진핑

시진핑 현 중국 국가 주석은 지금까지 많은 저서를 출간했다. 그는 책에서 다양한 고전과 역사서 및 한시를 고루 인용했다. 그래서인지 국가 주석 취임 이듬해인 2014년에는 몇몇 학자가 '시진핑의 언어 역량'이란 부제가 달린 책《평이근인(平易近人)》을 내서 그가 즐겨 인용하는 고전 구절들을 인용하고 분석하기도 했다.

흥미로운 사실은 이 책의 제목이다. 시진핑 주석의 이름인 '평'과 '근'을 가져다 책 제목으로 삼았기 때문이다. 더 의미심장한 점은 '평이근인' 네 글자가 단순히 이름과 연계될 뿐만 아니라 그 자체로 전거를 가진 사자성어라는 사실이다. '평이근인'은 사마천의 《사기》〈은본기〉에 나오는 구절로, 정치가 '백성에게 가깝고 쉬워야 한다'라는 뜻이다.

알다시피 2014년 시진핑은 한국을 방문하여 정상회담을 가졌다. 한마디로 시진핑은 한·중 관계를 '동주상제(同舟相濟)'라는 사자성어로 요약했다. '동주공제(同舟共濟)'로 더 많이 쓰이는 이 사자성어의 출전은《손자병법》〈구지(九地)〉편이다. 관련 대목을 보면 다음과 같다.

오나라 사람과 월나라 사람은 서로 미워해왔다. 그러나 같은 배를 타고 건너다가 바람을 만나면 왼손과 오른손처럼 서로를 구한다.

같은 배를 탄 관계이므로 서로 도와야 한다는 뜻이다. 언론들은 대서특필했다. 당시 시진핑이 취임 후 1년 만에 북한보다 우리나라를 먼저 찾았고, 두 나라의 관계를 같은 배를 탄 관계로 비유했으니 우리 나라를 그만큼 우대한다는 것 아니냐는 것이었다. 사실 이 네 글자는 중국 정치 지도자들이 외교 무대에서 흔히 입에 올리는 단골 메뉴다. 2009년 원자바오가 미국과의 회담에서도 인용한 바 있다.

하지만 정작 시진핑의 말에는 뼈가 있었다. 같은 배를 탔으면 어려운 상황에서는 서로를 도와서 힘차게 노를 저어야 목표를 향해 갈 수 있는데, 지금 상황은 중국만 열심히 노를 저을 것고 한국은 손을 놓고 있는 것 아니냐는 묘한 뉘앙스가 함축되어 있었기 때문이다. 경제를 비롯하여 여러 방면에서 깊어지는 한·중 관계의 현재 상황에 비해 한국 정부의 대미 의존도나 중국에 대한 인식과 태도에는 문제가 있다는 지적이 바로 네 글자에 은근히 내포되어 있음을 우리는 제대로 읽어내지 못했다.

아니나 다를까? 정상회담 결과를 발표하는 공동성명은 속 빈 강정이었다. 북한에 대해 강력한 메시지 같은 것을 기대했던 정부 당국은 당황(또는 황당?)했을 것이다. 부랴부랴 막후 접촉이 진행된 것 같았지만, 그렇게 해서 나온 남북 관계에 대한 시진핑의 메시지는 또 하나의 고전 속 명구였다.

얼음이 석 자씩 얼려면 하루 이틀 추워서는 안 된다(氷凍三尺非一日之寒).

이 구절은 중국 사대기서(四大奇書) 중 하나인 소설《금병매(金甁梅)》등에 나오는 속담 같지만 원전은 한나라 때의 학자 왕충(王充, 27~?)

의 대표 저서 《논형(論衡)》에 나오는 '빙후삼척(氷厚三尺), 비일일지한(非一日之寒)'이란 대목이다. 왕충은 이 말에 이어서 "흙이 쌓여 산이 되려면 성급해서는 안 된다"라고 말한다. 세상사 이치가 그렇다. 무슨 일이든 상당한 시간의 축적과 그 시간을 관통하는 경험의 축적이 전제되어야만 제대로 할 수 있다.

시진핑은 이처럼 고전 속 대목을 인용하고 거기에 자신과 중국의 입장을 슬그머니 담아서 남북 관계에 대한 입장을 간접적으로 전했다. 남북 관계에는 시간이 필요하다는 뜻이다. 사물의 형성이나 사람의 관계는 오랜 시간 익고 쌓이는 과정이 필요하다는 것을 세련되게 비유한 셈이다. 하지만 우리나라의 기대치와는 거리가 먼 메시지였다.

시진핑은 일본의 집단 자위권 행사 등 군사적 도발에 대해서는 사마천이 《전국책(戰國策)》에서 인용한 '지난 일을 잊지 않는 것은 뒷일의 스승이 될 수 있다(前事之不忘, 後事之師也)'라는 명언으로 경고하기도 했다. 과거사를 망각하고 또다시 군사적 야욕을 드러내는 일본에 대한 심각한 경고 메시지였다. 이 명언은 난징의 랜드마크나 마찬가지인 '난징대학살기념관'에도 걸려 있다. 사실 난징대학살기념관은 우리가 부르는 명칭이고, 중국의 정식 명칭은 '난징대도살기념관'이다.

2017년 7월 6일 한·중 정상회담이 독일에서 이루어졌다. 사드 사태로 경색되었던 양국 관계가 개선될 계기가 마련되었다. 회담에서 시진핑은 '창장강의 뒤 물결이 앞 물결을 밀어낸다(長江後浪推前浪)'라는 명언을 인용했다. 시간의 흐름에 따라 부단히 발전한다는 뜻이다. 이 구절이 우리나라 대통령의 자서전에 인용된 것에 주목하여 언급하며 회담 분위기를 화기애애하게 이끌었다. 이 명언은 북송 때의 문인 유부(劉斧, 생몰 연도 미상/11세기 초반)의 〈청쇄고의(靑瑣高議)〉란 글에 나왔고, 이후 많은 사람이 시와 문장에 인용했다.

한·중 관계의 정상화와 정상회담을 우호적이면서 성공적으로 이끌려면 많은 공부와 안배가 필요하다. 자리 배치는 물론 소소한 선물, 특히 말 한마디 한마디와 상대에 대한 정보 파악에 각별한 주의를 기울이는 중국 지도층의 특성을 고려한다면 향후 양국 관계를 위해서는 더 세심한 배려가 필수적이다. 두 나라의 관계가 언제 개선될지 전망이 몹시 어둡지만, 정치 지도자라면 역사는 물론 경제와 문화적으로도 중요한 상대인 중국과 중국 지도자에 대한 공부는 선택이 아닌 필수라는 점을 강조하고 싶다.

시진핑은 2010년 무렵 국가 주석으로 확정되었고 2013년 주석으로 취임했다. 이해 위대한 역사가이자 중국이 자랑스럽게 내세우는 사마천에 대한 제사가 국가 제사로 승격되었다. 그리고 우연인지는 몰라도 취임 이후 시진핑이 사마천과 《사기》를 자주 언급했다. 역대 다른 지도자에 비해 단연 압도적이다.

이 변화의 배경을 살펴보니 시진핑의 고향 푸핑(富平)과 사마천의 고향 한청(韓城)은 같은 산시성에 있고, 거리는 불과 1백여 킬로미터였다. 뿐만 아니라 사마천 사당과 무덤 아래로 광장이 들어섰고, 국가가 나서서 사마천과 《사기》를 테마로 하는 약 25제곱킬로미터 규모의 '국가 문사(文史) 공원'을 조성하고 있다.

사마천과 《사기》에 대한 시진핑의 관심은 역대 다른 지도자들과

격을 달리한다. 그의 역사 인식은 전문가를 방불케 할 정도로 실용적인데 한 언론에 기고한 글의 일부를 보자.

역사와 문화를 발굴하고 이용하는 데 주목하고 그 기원과 뿌리 그리고 혼을 찾아 역사와 현실의 결합점을 찾아야 합니다. 또 역사와 문화 속의 가치 이념, 도덕 규범, 치국 지혜를 깊게 발굴할 줄 알아야 합니다. 예컨대 사마천의 《사기》, 반고(班固)의 《한서(漢書)》에는 선인들의 지혜가 응축되어 있어 오늘날 나라를 다스리고 정치를 펼치는 데 적지 않은 계시를 줍니다. 옛사람은 '경전을 읽으면 기초가 튼튼해지고, 역사를 거울로 삼으면 논리가 커지고 훌륭해진다'라고 했습니다. 발굴하고 이용하는 일을 잘해야만 거친 것을 제거하고 정교한 것을 취할 수 있고, 과거를 지금에 활용하여 문화인이 되고, 역사를 정치의 밑천으로 삼을 수 있습니다.(〈차이나뉴스〉 2014. 5. 15, 〈한성일보〉 2015. 3. 27)

앞으로도 시진핑이 인용하는 인문 고전의 내용에 주목하는 동시에 사마천과 《사기》에 대한 중국의 관심을 지켜볼 필요가 있다. 사마천과 《사기》가 국가 전략 차원에서 부각되고 있다는 생각을 지울 수 없기 때문이다.

시진핑의 30년과 세 개의 30년

시진핑이 집권한 이후 공산당 기관지나 관련 매체에 가장 많이 등장한 선전 문구 혹은 용어는 단연 '중국몽(中國夢, China Dream, Chinese Dream)'이다. 중화 민족의 부흥을 위한 '중국과 중국인의 꿈'을 실현할 책무를 짊어진 시진핑에게는 놀랍게도 '시진핑의 30년'이란 수식어가 따랐다. '시진핑의 30년'은 무엇을 의미할까? 간단히 말해 중화 민족의 부흥을 위한 '중국몽'을 실현하기 위해 시진핑에게 30년이란 시간을 주겠다는 뜻이다.

그렇다면 30년이란 시간은 시진핑의 집권 기간을 가리키는 말인가? 시진핑이 당 총서기와 국가 주석을 30년 동안 장악한단 말인가? 시진핑의 독재를 염두에 둔 기간인가? 아니라면 무엇인가? 도대체 임기 10년의 권력자에게 무려 한 세대에 해당하는 30년을 갖다 붙인 저의는 무엇일까?

2018년 시진핑 집권 2기가 시작되기에 앞서 차기 지도자가 지명되지 않자 많은 언론은 시진핑의 장기 집권 내지 독재 체제가 구축된 것 아니냐면서 다양한 전망을 내놓았다. 하지만 이런 진단은 번지수를 잘못 짚은 것이다. 현재 권력이 미래 권력을 지명 내지 지목하는 것은 덩샤오핑 때 나타난 특수 현상이지 오랜 관례가 결코 아니다. 시진핑은 이를 정상으로 되돌려놓았을 뿐이다. 다만 그의 권력 기반이 전례 없이 강화된 것은 사실이다. 그가 주석에서 퇴임한 이후에도 정치력을 행사할 수 있는 기반이 갖추어졌고, 코로나19 사태 등으로 인해 다

중화 민족의 부흥을 가리키는 '중국몽'은 향후에도 중국을 이끌어갈 구호이자
원동력으로 작용할 것이다.

시 10년 임기의 국가 주석과 당서기가 되었다. 이런 점에서 시진핑의
30년은 실제로 30년 집권이 가능하다는 표어가 될 수도 있다.

덩샤오핑이 생전에 장쩌민과 후진타오까지 지명했던 것은 개혁
개방과 밀접한 관련이 있다. 그는 개혁개방 기조가 적어도 30년간의
한 세대는 유지되어야 한다고 보았고, 이 기조를 흔들지 않고 유지할
유연한 지도자를 선택했다. 그의 안목이 정확했음은 이후 두 지도자가
개혁개방 기조를 충실하게 지킨 것만 보아도 알 수 있다. 전해오는 이
야기에 따르면 덩샤오핑이 세상을 떠나기 전에 누군가가 후진타오 다
음으로 생각하는 인재가 있느냐고 묻자 그는 그것은 다음 세대가 알아
서 할 일이라며 일축했다고 한다.

덩샤오핑은 개혁개방이 30년 동안 지속되면 그다음 단계에는 새로운 기조가 필요하다고 보았다. 현재 중국 지도부는 개혁개방 기조를 보다 심화시키기 위한 단계로 '개혁개방의 전면 심화'라는 새로운 기조를 선택했다. 시진핑의 30년은 이 새로운 기조와 시간과 공간을 같이한다. 물론 그의 권력 기반이 공고해진 것과 '시진핑의 30년'은 분명 관련 있다. 개혁개방의 전면 심화 과정 역시 30년 동안 유지될 것이기 때문이다.

'시진핑의 30년'은 단순히 시진핑 집권을 염두에 둔 용어가 아니라 중국의 미래가 담긴 상징적 구호이자 14억 중국인의 구심점이다. 또 30년이란 숫자는 한 세대를 가리키는 시간인 동시에 시진핑뿐만 아니라 개혁개방을 수식하는 숫자이고, 이전에도 여러 차례 사용되었다는 사실을 알아둘 필요가 있다.

30년이 포함된 용어는 시진핑 이전에도 사용된 바가 있다. 크게는 세 개의 30년이 있다. 그것들의 의미는 무엇일까.

첫 번째 30년은 1921년부터 1949년까지를 가리킨다. 중국은 공산주의 국가다. 중국에서 공산당이 창립된 해는 1921년이다. 그리고 치열한 내부 투쟁인 공산혁명을 거쳐 중화인민공화국이 건국된 해는 1949년이다. 1921년부터 1949년에 이르는 이 기간이 첫 번째 30년이다. 당시 중국 인민은 엄청난 희생과 대가를 치른 끝에 약 1백 년에 걸친 반(半)봉건, 반(半)식민지 상태의 낡은 중국을 끝내고 신중국을 수립했다. '공산혁명 30년'이라 줄여서 부르기도 한다.

두 번째 30년은 1949년부터 1978년까지를 가리킨다. 이 기간에 중국은 사회주의 혁명과 사회주의 건설에 박차를 가해 국제사회에 모습을 드러내기 시작했다. 1966년부터 1976년까지 10여 년에 걸친 '문화대혁명'이라는 극심한 계급투쟁과 지독한 병목 위기를 겪었지만 1976년 마오쩌둥이 사망한 후 안정을 되찾고 덩샤오핑의 주도로 개혁개방에 돌입했다. 이 30년을 '마오쩌둥의 30년'이라 부르기도 한다.

세 번째 30년은 1978년부터 2012년 18차 인민대표대회 때까지를 가리킨다. 덩샤오핑의 개혁개방 정책에 따라 중국은 놀라운 성장과 발전을 이룩했다. 개혁개방 전 15위에 불과했던 GDP는 2012년 세계 2위로 뛰어올랐다. 이 30년을 흔히 '덩샤오핑의 30년'이라 부른다.

네 번째 30년은 2012년 18차 인민대표대회부터 신중국 건국 1백주년이 되는 2049년까지를 가리킨다. 이 기간이 '시진핑의 30년'이다. 이 기간은 중화 민족의 부흥과 '중국몽'을 실현하는 최후의 30년이자 관건이 되는 30년이라고 말한다.

중국은 21세기에 '두 개의 100주년'을 맞이했거나 맞이한다. 2021년은 공산당 창립 1백 주년이 된 해였고, 2049년은 공산당 정권, 즉 신중국 수립 1백 주년이 되는 해이다. 그 사이 중국은 14억 인민이 풍요로운 삶을 누리는 '소강(小康) 사회'를 완성하고, 나아가 미국을 앞지르고 G1으로 우뚝 선다는 목표 달성에 매진하려 한다. 그러기 위해서는 개혁개방을 전면 심화시켜야 하며, 따라서 개혁개방과 마찬가지로 한 세대인 30년이 필요할 것이라고 본 것이다. 이 책무를 시진핑이 짊어졌고, 그래서 30년이란 시간을 부여하면서 '시진핑의 30년'이란 구호를 붙였다.

8장 • 중국의 지도자들과 미래

공산혁명의 성지 산시성 옌안에 있는 혁명 주역들의 동상. 왼쪽부터 둥비우(董必武), 저우언라이, 마오쩌둥, 류사오치(劉少奇), 주더(朱德)이다.

네 개의 30년에는 나름의 역사적 의미가 내포되어 있다. 공산주의 혁명 과정과 중국의 현대사를 일목요연하게 정리할 수 있기 때문이다. 중국이 '시진핑의 30년'을 통해 염원하는 대로 '소강 사회'를 달성하고 미국을 앞지르거나 미국과 대등한 힘을 축적한다면 향후 세계사는 중국을 중심으로 재편될 가능성이 다분하다. 22세기는 중국의 세기가 될 가능성이 점점 커지고 있다. '시진핑의 30년'과 다른 '세 개의 30년'이 갖는 의미는 바로 여기에 있다. 우리나라는 중국의 큰 그림을 파악해서 그에 대응할 수 있는 정책과 전략을 수립해야 한다. 우리 기업 또한 마찬가지다.

인류 역사상 최대의 프로젝트 '일대일로'

중국은 세계 역사상 최대, 최고의 공정(工程, 프로젝트)을 세 차례나 해 냈다. 하나는 무려 5천 킬로미터에 이르는 만리장성이고, 다른 하나 는 약 1천8백 킬로미터에 이르는 남북을 잇는 대운하다. 오늘날 우리 가 보는 만리장성은 춘추시대부터 명나라에 이르기까지 2천여 년 동 안 계속 확장한 그야말로 대역사(大役事)의 결과물이다. 대운하는 기 원전 6세기 무렵부터 시작되어 13세기까지 약 1천7백 년에 걸쳐 완공 된 거대한 물줄기다. 베이징-톈진-허베이-산둥-장쑤-저장에 이르는 네 개의 성과 두 직할시를 관통하며 남북의 경제를 연결하는 대동맥 이다. 물론 운하가 통과하는 중소 도시는 훨씬 더 많다. 나머지 하나는 1994년 정식으로 건설하기 시작해서 2009년까지 15년에 걸쳐 완공한 창장강의 싼샤댐이다.

그리고 2013년 시진핑의 취임과 함께 추진된 '일대일로(一帶一路)' 프로젝트가 세계적인 주목을 받기에 충분한 또 한 번의 대역사로 기록 될 전망이다. 세계를 '하나의 띠와 길로 연결'하겠다는 야심 찬 프로젝 트이기 때문이다. 혹자는 이를 두고 '인류 역사상 최대의 프로젝트'라 고 불렀다. 이 프로젝트에는 여러 이름이 따랐는데 특히 '뉴 실크로드 (New Silk-road) 프로젝트'라는 이름이 눈길을 끈다.

정확히 말해 '일대일로'는 '비단길 경제 벨트'와 '21세기 해상 비단 길'의 줄임말이다. 2013년 9월과 10월 시진핑이 각각 제기한 '신(新)비단길 경제 벨트'와 '21세기 해상 비단길'에 대한 전략적 구상을 말한다. 중국이 발표한 이 프로젝트의 취지와 의의를 정리하면 다음과 같다.

일대일로는 합작 발전의 이념이자 제창이다. 이 프로젝트는 또 중국과 관련된 국가들의 기존 시스템에 의지하고, 기존에 가지고 있거나 실천하여 효과를 본 구역과의 합작이라는 기초를 빌린다. 역사적 개념이자 하나의 부호로 자리 잡은 비단길, 즉 실크로드를 차용하여 평화발전의 기치를 높이 치켜들고 주동적으로 주변국과의 경제적 합작 관계를 형성하려는 사업이기도 하다. 이를 통해 정치적 신뢰 형성, 경제융합, 문화 포용을 이루어내는 이익 공동체를 구축하고자 한다.

'일대일로'는 세계적으로 가장 큰 매력을 가진 프로젝트로서 많은 투자와 이윤을 창출할 것으로 예상한다. 더 중요하게는 세계를 하나로 연결하는 새로운 조류를 형성하여 평등 합작, 문화 교류, 경제 번영을 실현하고자 하는 사업이다. 이는 군사 패권이 아닌 미래의 세계 질서를 형성하는 또 다른 축이 될 것이다.

더 자세히 알아보면 이 사업은 기본적으로 태평양 쪽을 봉쇄하고 있는 미국과의 충돌을 피해 육상과 해상 두 라인, 즉 육상 실크로드와 해상 실크로드를 건설하는 것이다. 따라서 서쪽 육상 실크로드는 2천 년 전 개척된 실크로드를 기초 노선으로 해서 철로, 도로, 송유관, 도시 건설 등 각종 인프라를 구축하고자 한다. 남쪽 해상 실크로드는 6백 년 전 명나라 정화(鄭和)의 남해 원정대가 개척한 남중국-인도양-

아프리카를 잇는 바닷길을 장악하는 것이 목표이다.

육상 실크로드는 신장 웨이우얼 자치구에서 시작해 칭하이–산시–네이멍구-동북 지린-헤이룽장까지 이어진다. 해상 실크로드는 광저우–선전–상하이–칭다오-다롄 등 동남부 연안 도시를 잇는다. 따라서 중국과 중앙아시아, 남아시아, 서아시아를 연결하는 핵심 거점으로 신장 웨이우얼 자치구가 개발되며, 동남아로 나가기 위한 창구로는 윈난이, 극동으로 뻗어 나가기 위해서는 동북 3성이, 내륙 개발을 위해서는 시안이 각각 거점으로 활용된다. 중국과 다른 아시아를 연결하는 해상 실크로드의 거점으로는 푸젠이 개발된다. 육상 실크로드의 기점이자 핵심 거점은 2천 년 전과 마찬가지로 시안이다. 이런 점에서 3천 년 고도이자 10조 고도였던 시안이 미래 중국의 문화 수도 역할을 할 것이다.

일대일로가 성공적으로 마무리되면 중국을 중심으로 육·해상 실크로드 주변의 60여 개국을 포함한 거대 경제권이 구축될 전망이다. 지리적으로 유라시아 대륙부터 아프리카 해양에 이르는 60여 개 국가, 국제기구가 참가해 고속철도망을 통해 중앙아시아, 유럽, 아프리카를 연결하고 대규모 물류 허브 건설, 에너지 기반 시설 연결, 참여국 간의 투자 보증 및 통화 스와프 확대 등의 금융 일체화를 목표로 하는 네트워크를 건설한다. 2049년 완성하는 것이 목표이며, 인프라 건설 규모는 1조 4백억 위안(약 185조 원)으로 추정된다. 이를 위해 중국은 400억 달러(약 52조 원)에 달하는 뉴 실크로드 펀드를 마련하고, 이 프로젝트를 효율적으로 추진하기 위한 아시아투자개발은행(AIIB)을 통해

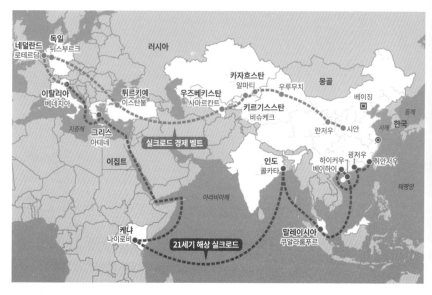

일대일로 프로젝트로 열릴 육상 실크로드와 해상 실크로드를 나타낸 지도

인프라 구축을 뒷받침하고 있다.

일대일로 구축이 성공적으로 마무리되면 중국은 안정적 자원 운송로를 확보할 수 있고, 이는 지속적인 경제 성장으로 이어질 것이다. 또 교역국 확대와 도시 건설 등에 따라 중국의 과잉 생산을 해소할 수 있고, 건설 수요가 급증하여 지역 간에 균형 있는 발전을 이룰 수 있다. 현실적으로는 중국이 가장 많이 보유하고 있는 외환, 즉 달러를 효과적으로 활용할 수 있는 방안이라는 분석도 나온다.

맺음말

　이 책을 잇는 후속작을 위해 나는 전공과는 거리가 먼, 그러나 중국과 관련한 다양한 책을 읽었고, 지금도 정독하고 있다. 이 과정에서 내가 얻은 소중한 성과는, 적어도 균형 잡힌 시각과 관점으로 중국을 바라보는 전문가들의 인식과 지금까지 내가 쓰고 말해온 중국에 대한 인식이 거의 일치한다는 사실이다. 이를 다음 몇 가지로 정리하여 맺음을 대신한다.

　첫째, '혐중' 풍조의 원인은 일방적 친미와 낡은 이데올로기에 함몰된 무지한 정치와 언론의 부추김과 일방적 매도 때문이다. 수천 년 동안 시간과 공간을 공유해온 한·중 관계에서 두 나라가 함께 번영을 누린 시기의 공통점은 평화와 교류였다.
　둘째, 향후 세계사는 미국 독주 체제나 미·중 양강 체제를 넘어 다자주의 체제로 재편될 것이라는 점이다. 이 재편 과정은 미국이 아닌 중국을 중심으로 진행될 것이다.
　셋째, 2등(중국)과 1등(미국)의 싸움의 결과에 대한 예측이다. 나는

'중·미의 경쟁에서 어느 쪽이 이길까'라는 질문을 많은 기업인에게 받았다. 그때마다 나는 한마디로 말했다. 싸움은 2등이 1등에게 거는 것이 일반적인데, 중·미의 싸움은 거꾸로 1등이 2등에게 거는 싸움이고, 따라서 1등은 이겨도 이기는 것이 아니다. 게다가 여러 지표가 2등의 승리를 예측하고 있다. 이것이 나의 대답이었다.

넷째, 중·미 경쟁의 승부를 예측할 수 있는 여러 지표 중 하나로 나는 다른 전문가들이 드는 중국굴기, 군사굴기, 우주굴기, 플랫폼굴기(차이나 플랫폼), 경제굴기 외에도 '문화굴기'에 주목할 것을 강조한다. '문화굴기'는 중국의 소프트파워 전략의 핵심이다. 5천 년을 통해 거의 무한대로 축적된 역사와 문화 콘텐츠가 엄청난 밑천이 될 것이다. 이 책은 이러한 인식을 대변한다.

다섯째, 후속작에 대한 가닥이 잡혔다는 점이다. 역시 나의 전공과 그동안의 공부 및 150차례가 넘는 역사 현장 탐방 경험을 살려 역사와 문화를 통해 중국을 망원경과 현미경으로 들여다보기로 했다.

서문에서 언급한 대로 중국은 우리에게 오랜 과거이자 현재의 유력한 조력자이자 미래의 동반자이다. 조력자와 동반자의 관계가 아니라고 생각한다면 이렇게 말하겠다. 우리 정부는 서로를 유력한 조력자이자 미래 동반자 관계로 만들 수 있는 정책과 전략을 수립하는 것은 물론 민간 부문의 지속적인 교류도 촉진해야 한다.

한·중 관계가 그렇게 바뀌기 위해서는 이해가 전제되어야 한다. 알아야 이해할 수 있다. 그것도 제대로 알아야 한다. 알기 위해서는 공부해야 한다. 관련 책들을 읽으면서 또 하나 느끼고 알게 된 사실은 '혐중'을 조상하는 부류의 공통점은 중국을 이해하기는커녕 알려고도 하지 않는다는 것이다. 알려고 하더라도 한쪽으로 치우친 공부에만 열중한다. 더 심각한 것은 이들은 다른 쪽으로는 전혀 생각하려 하지 않는 확증편향에 찌들어 있다는 사실이다. 문제는 이들이 현실 여론을 주도하는 세력이라는 점이다.

이 책도 이들에게 '친중' 소리를 들을 것이 뻔하지만, 여기에는 이 말로 답을 대신하고자 한다. 이 책의 핵심을 대신하는 말이기도 하다.

'혐중과 친중 중 한쪽을 택하라면 주저 없이 친중을 택하겠다. 누구를 혐오하기보다는 가까이 지내는 것이 낫지 않은가?'

2024년 12월
한·중 관계의 변곡점에서